2판

예비교사와 현장교사를 위한

초등 음악교육

Music Education in Elementary School

승윤희 · 민경훈 · 양종모 · 정진원 공저

학지사

2판 머리말

『초등 음악교육』 교재를 만들어 사용한 지 벌써 5년이 넘었다. 그동안 이 교재는 많은 사람의 신뢰를 받으며 전국의 예비초등교사와 현장교사들에게 음악교육 입문서의 역할을 충실하게 해 왔다. 그 사이에 국가 교육과정이 바뀌었고, 초등학교 음악 교과서도 전면적으로 개편되었다. 최근 학교 교육 현장은 교육과정 개편 주기 이상으로 빠르게 변하고 있다. 이러한 변화는 초등학교 음악 수업의 목적, 내용, 방법 등을 재확인하고 조정하게 한다. 21세기에는 사회 · 문화적 환경이 다양해지고 복잡해짐에 따라 음악의 역할과 기능이 다방면으로 확장되었다. 또한 눈부신 테크놀로지의 발전은 음악을 생산하고 공유하는 방법을 바꾸어 놓고 있다. 그러나 초등 음악교육이 학생들의 기본적인 음악 능력을 길러 주고 음악의 아름다움에 대한 안목을 열어 줄 수 있는 경험을 제공해야 한다는 것은 이 시대에도 변함없이 공유되는 대전제임에 틀림없다.

이러한 변화를 수용하면서 음악교육의 발전을 위해 노력해야 하는 것이 학자들의 사명이기에 교재의 내용을 보완하여 개정판을 준비하기로 하였다. 개정판을 준비하면서 저자들은 두 가지 원칙에 동의하였다. 첫째는 초등 음악교육을 위한 기본서로서 초판과 마찬가지로 음악교육의 전문적인 이론을 체계적으로 구성하되 초등 수업의 눈높이에 맞춘 구체적인 실제를 함께 제시함으로써 교육적 근간과 활용성을 확보하는 것이고, 둘째는 2015 개정 교육과정에 따른 음악과 교육과정의 변화를 반영하여 내용 전달의 시의성을 개선하는 것이다.

이에 따라서 개정판에는 다음과 같은 변화가 있다. 전체적으로는 내용을 보다 명료하게 이해할 수 있도록 용어와 표현들을 새롭게 검토하고 수정하였으며, 예시의 시의성 개선을 위하여 예시 악곡들은 가능한 한 새 교육과정에 따른 교과서의 자료들로 대체하였다. 또한 저자들이 5년간 이 책으로 가르치면서 발견한 크고 작은 문제점과 학부생 및 대학원생들의 의견도 함께 반영하여 수정·보완하였다. 그리고 제1장, 제5장, 제10장을 대폭 수정하였으며 제7장은 새롭게 추가하였다. 제1장에서는 음악교육의 가치, 음악교육의 시대적 흐름, 음악교육의 당위성의 순서로 내용을 재정리하였다. 제5장에서는 새롭게 고시된 2015 개정 음악과 교육과정의 특징과 변화를 이전 음악과 교육과정과 비교 분석하여 제시하였다. 음악 만들기를 제시한 제10장에서는 개념을 설명하는 부분과 함께 학생들이 단계적으로 실습할 수 있는 실습 활동을 보충하였다. 새로 추가한 제7장에서는 새로운 음악과 교육과정에 기반하여 음악의 구성 요소와 개념을 다루었다. 다양한 교과서 악곡 속에서 음악의 구성 요소와 음악 개념을 이해하기 쉽게 설명함으로써 이후에 교과서 분석과 재구성 능력 향상에 도움을 주고자 하였다.

이 책이 학교의 음악교육에 조금이나마 도움이 되기를 기대했던 저자들의 최초 바람은 더욱 커진 느낌이다. 음악교육은 음악의 본질과 가치를 떠나서는 어떠한 효과도 기대하기 어려우며, 의미 있는 초등 음악교육을 위해서는 음악교육에 대한 교사의 확고한 가치 인식과 다양한 음악 지식, 유연한 실천 능력을 쌓아야 할 필요성이 더욱 커졌기 때문이다. 좋은 음악 수업을 꿈꾸고 실천하고자 노력하는 예비교사와 현장교사들이 음악교육을 이해하고 수업을 준비하며 진행하는 과정에서 이 책이 어떠한 기여라도 할 수 있기를 바란다.

초판에 이어 개정판을 출판하기까지 늘 관심과 배려로 도와주신 학지사 김진환 사장님, 개정판을 맡아 여러모로 수고해 주신 김서영 선생님과 관계자 여러분께 감사를 드린다.

2019년 3월

저자 일동

1판 머리말

이 책은 초등학교에서 음악을 가르칠 때 필요한 기본 이론과 실천 방법을 제시한 음악교육 입문서이다. 음악을 가르치기 위해서 교사는 학습목표를 설정하여 수업 계획안을 만들고, 그것을 가르칠 수 있는 효과적인 방법을 고안하며, 학생들을 가르치고 그 성과를 평가한다. 음악 교사가 이러한 일련의 과정을 성공적으로 수행하기 위해서는 음악교육의 제반 지식을 습득해야 한다. 이 책은 교사가 음악을 가르치는 데 필요로 하는 이론과 실제적인 자료의 내용을 담고자 하였다.

이 책에 제시된 음악교육의 이론은 보편성에 근거하고 있으며, 악곡과 악보의 예들은 초등학교 음악 수업 상황을 염두에 두어 교과서와 초등 음악 수업의 눈높이에 맞춘 자료들로 제시하였다. 따라서 이 책은 음악교육의 전문적인 이론을 보다 쉽게 이해하고 그 이론들을 효과적으로 수업에 적용할 수 있도록 구체적이고 체계적인 내용으로 구성되어 있다.

이 책의 내용은 크게 제1부 음악교육 이론 알기, 제2부 음악교육 실천하기, 제3부 음악교육 확장하기의 3부로 구성되어 있다. 제1부에서는 일반적인 음악교육의 철학과 심리학 내용, 자크-달크로즈, 코다이, 오르프 교수법, 우리나라 음악과 교육과정 등의 음악교육에 관한 기본적인 이론을, 제2부에서는 음악 수업의 설계, 노래 부르기, 악기 연주하기, 음악 만들기, 감상하기, 평가하기 등의 음악을 가르칠 때 필요한 실제적 지침을, 제3부에서는 창의성 계발을 위한 음악교육, 다문화 교육을 위한 음악교육, 통합교육을 위한 음악교육 등 음악교육의 최근 동향을 제시함으로써 음악교육의 영역을 확장하고자 하였다.

이 책이 학교에서 음악 수업을 준비하는 예비 교사와 수업 개선을 위해 노력하는 현장 교사들에게 실질적인 도움이 되기를 기대한다. 음악교육에 관한 이론과 지도 방법을 더 쉽게 이해하고 현장에서 음악교육을 더 수월하게 실천하는 데 이 책이 활용되어 학교의 음악교육에 조금이나마 도움을 줄 수 있으면 하는 것이 저자 모두의 바람이다.

마지막으로 이 책이 출판되기까지 아낌없는 지원을 해 주신 학지사의 김진환 사장님, 모든 과정을 인내심을 가지고 수고해 주신 하시나 선생님, 그리고 도와주신 모든 직원께 진심으로 감사의 말씀을 드린다.

2013년 3월

저자 일동

차례

제2부 음악교육 실천하기

제3부 음악교육 확장하기

제1부

음악교육 이론 알기

제1장

왜 가르치는가

‘음악을 왜 가르치는가?’의 질문은 음악교육에 있어서 가장 중요한 철학적 문제이다. 이 문제는 음악교육의 정당성을 공고히 해 줄 뿐만 아니라, 음악교육의 목적과 목표 설정 그리고 내용 결정에 중요한 영향을 준다. 이 장에서는 음악교육의 가치, 음악교육의 흐름 그리고 학교 음악교육의 지향점으로 구분하여 음악을 왜 가르치는지에 대한 문제를 다룬다. 첫째, 음악교육의 가치에서는 인간의 표현적 본성, 미적 감수성 그리고 인간 교육으로 구분하여 학교에서 음악을 가르치는 이유를 알아본다. 둘째, 음악교육의 흐름에서는 고대 그리스 시대부터 현대에 이르기까지의 서양 음악교육의 흐름 그리고 개화기 시대부터의 한국 음악교육의 흐름을 다룬다. 셋째, 학교 음악교육의 지향점에서는 음악성 계발, 미적 경험, 인성 교육, 공동체 기여, 다문화 교육 등과 관련해서 음악교육이 지향하는 방향과 과제를 알아본다.

1. 음악교육의 가치

학교에서 음악을 왜 가르치는가? 이 질문은 음악교육을 위한 철학적 기초를 고민하거나 음악교육의 중요성에 대한 신념과 소명 의식을 생각하게 한다. 이 장에서는 인간의 표현적 본성, 미적 감수성 그리고 인간 교육으로 구분하여 학교에서 음악을 가르치는 이유와 음악교육의 가치에 대해 알아본다.

1) 인간의 표현적 본성

인간의 삶은 음악과 함께해 왔다. 원시인들의 터전이었던 동굴 속 벽화와 유물에는 악기나 음악 활동을 한 흔적이 그려져 있고, 악기로 추정되는 동물 뼈나 소라 등도 세계 여러 지역에서 발견되었다. 인간은 아름다운 소리를 내는 악기를 발전시켜 왔고, 생각과 감정을 담은 노래와 악기 연주를 즐겨 왔다. 인간이 음악과 뗄레야 뗄 수 없는 관계에 있다는 것은 음악이 인간의 본성 속에 강하게 자리잡고 있다는 것을 의미한다. 언어와 같이 음악의 발생도 세계의 어느 민족에게서나 찾아볼 수 있다. 많은 민족은 본능적으로 그들 나름대로의 음악을 자연스럽게 창조해 나갔다.

인간은 태어나기 전부터 소리를 듣는다. 태아는 듣기 좋은 소리에 편안해하고, 시끄러운 소리에는 움츠리거나 찡그린다. 즉, 인간의 음악에 대한 반응은 세상에 태어나기 전에 이미 형성된다고 한다. 이러한 점에서 인간의 소리에 대한 반응은 생태적 본능이라고 할 수 있다.

이처럼 소리를 듣는다는 것이 생태적 본능이자 행위적 본능이라는 점에서 인간에게 필요한 음악을 학교에서 가르치는 것은 당연한 것이라 할 수 있다. 듀이(J. Dewey)는 외적인 언어의 표현을 넘어서 인간의 내적·주관적 느낌과 감정을 표현하고 전달할 수 있는 매개체의 하나가 바로 음악 예술이라고 말하였다(성경희, 1988). 이러한 면에서 인간의 타고난 미적 본성을 최대한 발현시켜 주는 것이 바로 학교 음악교육의 과제라고 할 수 있다.

2) 미적 감수성

미적 감수성이란 아름다움을 느끼는 민감성을 의미하며, 이러한 민감성은 개인의 성질과 성향으로 발전하게 된다. 아름다움을 느끼는 인간의 감정과 아름다움에 반응하는 것은 인간의 타고난 본성이다. 이러한 면에서 인간은 누구나 음악을 통해 아름다움을 느낄 수 있는 기회를 부여받아야 한다. 따라서 학교 교육은 기본적인 음악교육을 통해 학생의 음악적 잠재력과 미적 감수성을 계발시켜 주어야 한다.

학교 음악교육의 주요 목적 중 하나는 학생들이 음악의 아름다움을 느끼고 발견하며 즐길 수 있는 심미적 감수성을 계발하는 것이다. 그러므로 교사는 이를 위해서 학생들로 하여금 심미적 경험을 최대한 많이 가질 수 있는 기회를 주어야 한다. 리머(B. Reimer)는 "심미적 음악교육은 교사가 음악을 지도하는 과정에서 학생들이 음악 작품의 표현 형식을 심미적으로 다룰 수 있도록 도와주는 데에 주력함으로써 이루어질 수 있다."고 주장한다.

음악 작품의 표현 형식을 심미적으로 다룬다는 것은 음악 작품을 표현하거나 감상할 때 작품의 예술적 의도를 이해하고 형식을 파악하여 아름다움을 느끼며, 작품의 예술적 의미를 살려 표현하는 것을 의미한다. 여기에서의 형식의 파악이란 악곡의 각 부분을 분석적으로 살피면서 구조를 파악하는 동시에 전체의 짜임을 종합적으로 파악하는 것을 말한다. 아름다움을 느낀다는 것은 작품의 예술적 의도와 형식의 총체적인 합치성과 관계성으로부터 발생되는 음향을 미적으로 받아들이는 것이다. 이러한 체험은 음악 학습을 통해 소리를 음악적으로 지각하고 민감하게 반응하는 기본적인 활동, 그리고 표현하고 개념화하고 분석하고 평가하여 음악을 내면화하는 과정을 거듭할 때 심화된다. 이 점에서 음악 학습은 어느 작품으로 어떤 활동을 하든지 각각의 작은 단위 시간에 이러한 활동들을 포함시킴으로써 궁극적으로 음악에 대한 미적 감수성의 계발을 위한 심미적 경험 학습이 가능하도록 설계되어야 한다.

3) 인간 교육

음악은 인간이 만들어 낸 정신적 산물로 인간의 삶과 그 역사를 함께하여 왔다고 할 수 있다. 인간의 삶과 밀접한 관계가 있는 음악은 인간에게 위안과 여흥을 제공하며 개인의 인성에도 영향을 끼친다. 고대부터 사람들은 음악에 내재하는 질서가 있음을 인식하였고, 이 질서가 인간의 인격 형성에 영향을 미친다고 믿었다.

고대 그리스 시대의 철학자 플라톤(Plato, 427~347 B. C.)은 음악과 관련하여 에토스론을 주장한 사상가로서 음악을 도덕적 측면에서 매우 중요하게 다루었다. 그는 인간 도야의 이상은 선(善)이며, 선의 영역은 미(美)의 교육과정을 통해서 도달할 수 있다고 주장하였다. 플라톤은 자신의 저서 『국가론(Republic)』을 통해서 이상 국가의 실현을 위한 교육 사상을 집약시켜 놓았는데, 그가 추구한 이상 국가의 실현이란 개인의 덕을 교육시켜 사회의 덕을 실천하는 데 있다고 말할 수 있다. 그는 『국가론』에서 "참된 음악교육은 인간의 영혼을 맑게 하고 도덕적으로 양육시킴으로써 고상하고 선한 사람을 만든다."고 언급하였다. 또한 그는 악기와 선법에 따른 다양한 음악이 인간 심성의 발달에 영향을 준다고 믿고, 맑고 아름다운 소리를 내는 리라(lyre), 키타라(cithara) 등의 현악기를 사용하도록 권장하였다.

플라톤의 제자인 아리스토텔레스(Aristoteles, 384~322 B. C.)는 『정치론(Politics)』에서 음악이 과연 도덕적인가, 아니면 여가적인 것인가에 대하여 의문을 제기하면서 도덕적 인간의 발달을 도모하는 음악의 가치보다는 여가 활동으로서 정서적 만족을 위한 음악의 가치에 더 비중을 두었다. 즉, 음악의 도덕적 가치보다는 개인의 정서적 측면에서 음악의 가치를 더 중요시하였다고 볼 수 있다. 이와 같이 플라톤과 아리스토텔레스는 음악교육이 추구하는 목적에 대하여 서로 다른 철학적 견해를 가지고 있었으나, 이들이 조화로운 인간을 만들어 내기 위해서 음악을 필수적인 요소로 간주하였던 것은 일치한다고 말할 수 있다.

2. 음악교육의 흐름

현재의 음악교육은 역사적 고찰을 통해 더 잘 이해할 수 있다. 체계적인 음악교육에 관한 기록은 대체로 고대 그리스 시대로 거슬러 올라간다. 따라서 여기에서는 고대 그리스 시대부터 현재에 이르기까지 서양 음악교육의 흐름을 알아본다. 또한 한국의 경우는 미국의 선교사들이 한국에 들어온 개화기 시대부터 제도적인 음악교육이 이루어졌기 때문에 개화기 시대의 음악교육부터 다루고자 한다.

1) 서양의 음악교육

(1) 고대 그리스와 로마의 음악교육

고대 그리스 시대에 교육의 주된 기능은 개인의 인격과 품위, 그리고 체력을 단련하는 데 있었다. 그 시대의 사람들은 인간의 마음, 신체, 영혼을 발달시키는 데 교육의 기본적인 목적을 두었다. 따라서 고대 그리스 초기 국가들은 심성의 발달을 위해 수사학(rhetoric)을, 신체의 발달을 위해 체육(gymnastics)을, 정신의 발달을 위해 예술과 음악(art and music)을 기본 교과로 하였다. 이 시대의 대표적인 철학자인 플라톤과 아리스토텔레스는 음악교육을 매우 중요하게 다루었다. 플라톤은『국가론』에서 그리고 아리스토텔레스는『정치론』에서 음악교육을 중요하게 다루었다.

그러나 고대 로마 시대에 접어들면서 그리스의 철학자들에 의해 가치화되었던 음악교육의 의의는 점점 쇠퇴하여 음악은 단지 오락적 · 실리적 필요에 의하여 존재하기에 이르렀다.

(2) 중세의 음악교육

중세 음악교육의 목적은 한 마디로 종교적 교화에 있다고 할 수 있다. 중세 유럽 도시에서 쉽게 볼 수 있는 상징적인 건축물은 기독교 의식이 행해지는 교회였다. 중세 초기의 교회는 교육을 조정하고 지식을 전달하는 역할을 하였다. 기원후 313년 콘스탄티누스(Constantinus) 로마 황제에 의해 기독교는 대중이 공공연하게 예배를 드릴 수 있는 합법적인 종교로 허락되었다. 음악은 예배의식에 반드시 필요하였기 때문에 신자들은 음악을 배워야만 했고, 이에 따라 음악은 교회에서 매우 중요한 부분이 되었다.

초기 로마의 가톨릭교회는 성가대원들을 교육하기 위해 성가학교(Scholae Cantorum)를 설립하였다. 6세기 말경에는 이 학교가 그레고리우스(Gregorius) 교황에 의하여 크게 확장되었으며, 성가학교의 교과과정은 가창, 화성 등 기초 실기 및 이론을 기본으로 삼았다. 중세 초기의 음악교육은 기보에 관한 공식적인 체계가 없어 주로 구전에 의해서 한 교회에서 다른 교회로 전파되었으며, 교회나 수도원에서는 다양한 예배의식에 서로 다른 음악을 사용하였다. 이와 같이 각기 다른 노래를 부르던 교회들이 9세기경 샤를마뉴(Charlemagne) 대제 시대에는 성가의 기보법이 고안됨으로써 예배에 정해진 노래를 사용하게 되었다. 그리고 11세기경에는 귀도 다레초(Guido d'Arezzo)가 계명 창법을 창안하고 기보법을 개량하여 음악지도법을 크게 발전시킴으로써 중세 음악교육에 큰 공헌을 하였다.

(3) 르네상스 시대(14~16세기)의 음악교육

14세기에 교회의 세력이 쇠퇴하고 유럽의 봉건사회가 붕괴되면서 14세기부터 16세기에 걸쳐 고대 그리스와 로마의 정신을 부흥시켜 인간의 존엄성과 가치를 회복하고자 하는 인문주의 운동이 일어났다. 따라서 인문주의자들은 고대 그리스와 로마 시대로부터 교육시켜야 할 내용들을 가져왔으며, 로마의 교육사상을 전수하기 위해 라틴어를 강조하였다.

인문주의와 종교개혁은 당시의 사회구조나 문화 전반에 걸쳐 커다란 자극을 주었으나, 중세 종교 교육의 뿌리 깊은 전통 때문에 인격 및 정서 교육으로서의 음악교육에는 큰 변화를 가져오지 못하였다. 이 시기에 루터(M. Luther)는 음악이 신으로부터 주어진 것 중 가장 훌륭한 예술이며 인간의 심성 도야에 필수불가결한 것이라고 말하였지만, 르네상스 시대에 있어서의 음악은 대체로 종교적 교육 목표의 달성을 위한 수단으로 사용되는 데 그쳤다.

그러나 다른 한편으로는 인쇄술의 발달로 인하여 음악 교수 내용 및 방법의 진보적인 변화를 가져왔을 뿐 아니라, 개신교 성가집, 찬송가, 음악 교재 등이 출판되었다. 라틴어 학교에서는 주로 그레고리안 성가를 교재로 사용하였으며, 음악 이론과 계명창도 가르쳤다. 그러나 진보적인 일부 교사들은 종교적인 곡을 가르치도록 되어 있었던 당시의 규제에서 벗어나 사랑에 관한 노래, 기사의 노래 등 세속적인 음악을 가르치기도 하였다.

(4) 17세기의 음악교육

17세기에 유럽을 지배했던 실학주의 교육사조는 인문주의에 대립되는 사조로서 과학적 탐구와 실제적인 생활에 대해 관심을 두었다. 즉, 고전어나 문학보다는 자연과학과 관련된 교과를 중시하였고, 실제 생활에 필요한 지식을 가르쳐 사회에 유능한 인물을 길러내는 것을 목적으로 삼았다. 이와 같이 17세기의 실학주의 교육사조는 현실적이고 실리적인 입장에 치우쳐 있었기 때문에 인간의 심성 도야를 목적으로 하는 인간 교육으로서의 음악교육의 가치가 외면되는 결과를 초래하였다. 계몽주의 철학자 로크(J. Locke, 1632~1704)는 "음악이 방탕한 마음을 조장하기 쉬워 음악 학습에 많은 시간을 할애해서는 안 된다."고 하였고, 프랑크(A. Francke, 1663~1727)는 "음악이 세속적인 쾌락을 추구하기 때문에 어린이 교육에 해롭다."고 주장하는 등 이 당시의 철학자들조차도 음악교육을 비난하였다(供田武嘉津, 1985). 이러한 현상과는 달리 밀턴(J. Milton)은 "숭고한 음악은 사람의 성품과 태도를 평온하고 고상하게 하는 위대한 힘이 있다."고 말하기도 하였으나, 지식을 추구했던 그는 결국 음악을 생활 휴식을 위한 오락적 도구로서의 가치에 한정시켰다. 이와 같이 17세기는 전반적으로 사회 및 교육의 풍조가 실리적인 측면으로 흘러감에 따라 인간 교육으로서의 음악교육의 목표를 거의 무시해 버린 시기라 할 수 있다.

(5) 18세기의 음악교육

18세기는 서양이 근대화 과정에서 겪어야 했던 격변의 시기로, 계몽주의 사조의 팽배, 프랑스혁명, 미국의 독립 등 심한 사회적 변혁이 있었다. 이 시기의 음악교육을 유럽과 미국으로 나누어 살펴보고자 한다.

① 유럽의 음악교육

18세기에 접어들어 절대주의 시대가 점점 쇠퇴해 가면서 계몽주의 사조가 나타나기 시작하였다. 이 시기에는 서구 사회의 근대화 과정에서 인간의 존엄, 자유 등에 관한 새로운 이념이 싹트기 시작하였고, 프랑스혁명에 의한 옛 계급사회의 붕괴 등과 같은 큰 사회적 변화가 일어났다. 이러한 사회 현상의 대변혁은 교육에도 큰 영향을 끼쳤다. 이 시기에 교육적인 측면에서 중대한 변화는 보통교육 제도가 발달함에 따라 교육의 보편적 원리와 음악교육의 내용 및 방법에 대한 새로운 인식이 싹텄다는 점이다. 이와 같이 근세 유럽의 교육사상사에 큰 영향을 끼친 교육사상가들로는 루소(J. J. Rousseau, 1712~1778), 바제도우(J. B. Basedow, 1723~1790), 페스탈로치(J. H. Pestalozzi, 1746~1827) 등을 들 수 있다.

대표적인 계몽사상가인 루소는 자연의 순리에 순응할 때 인간의 자발성과 창조성, 그리고 주체성이 증진된다는 의미에서 자연주의를 주창하였다. 그는 당시 재능이 있는 특정 아동들에게만 행해졌던 음악교육을 모든 아동에게도 시키기 위해 숫자 악보를 개량하여 보급하였다. 특히 루소는 그의 유명한 저서 『에밀(Emile)』에서 "어린이를 어른의 축소물로 보거나 어린 시절을 어른이 되기 위한 준비 과정으로 생각해서는 안 되며, 어린이는 어린이로서의 절대적 가치를 인정하는 데에 교육의 출발이 있다."라는 아동 교육관을 통해 근대 교육의 보편적 원리를 제시하였다.

독일의 교육학자인 바제도우는 실천주의 철학의 기초 위에 근대 교육의 체계를 세웠다. 그는 교육의 목표를 어린이로 하여금 사회에 봉사하고 애국심을 가지며, 현실 생활에서 행복한 삶을 영위하도록 하는 데 두었다. 그리고 이것의 실천을 위해 음악의 교육적 가치를 인정하고 모든 어린이를 위하여 음악을 보편적인 교과목으로 선정하였다.

스위스의 교육자 페스탈로치는 루소와 범애주의 교육자들의 영향을 받아 음악을 종교적 · 도덕적 인간 도야를 위한 중요한 수단으로 여겼으며, 모든 어린이를 위해 음악을 교육에 포함시킬 것을 주장하였다. 페스탈로치의 철학적 기초를 이어받아 교육 목표와 음악지도법을 실천한 음악교육자들로는 파이페르(M. Pheiffer, 1771~1850), 네겔리(H. Nägeli, 1773~1836), 첼러(C. A. Zeller, 1774~1839) 등이 있다. 파이페르와 네겔리는 페스탈로치의 교육 이념과 방법을 적용한 『페스탈로치의 원리에 의한 가창지도법(Die Gesangsbildungslehre nach Pestalozzischen Grundsätzen)』이라는 책을 발간하였다.

② 미국의 음악교육

미국에서는 성가대를 발전시킨 가창학교(singing school)가 1717년 보스턴에 설립되었고, 이것은 후에 공립학교에서 음악을 배우는 첫 번째 사례가 되었다. 가창학교의 대표적인 교사로는 홉킨슨(F. Hopkinson, 1737~1791), 빌링스(W. Billings, 1749~1821) 등이 있었다. 이들은 몇 주에서 몇 개월 동안 한 곳에 머무르면서 집이나 교회, 학교 등에서 수업을 하였으며, 한 곳에서 수업이 끝나면 다른 마을로 옮겨 가 음악을 가르쳤다. 가창학교는 아동뿐만 아니라 어른에 이르기까지 누구에게나 허용되었으며, 그 당시 대중들의 음악교육을 위한 중요한 교육기관이 되었다. 1806년 홀요크(S. Holyoke, 1762~1820)는 가창학교에서 노래 활동 이외에 기악음악까지 포함시켰으며, 그 이후 공공연주회에서 헨델의 〈메시아〉 중 '할렐루야'를 연주하기도 하였다. 가창학교는 1720년대부터 19세기 후반까지 계속되었으며 시골 일부 지역에서는 20세기까지도 존속하였다.

(6) 19세기의 음악교육

19세기는 시민사회의 형성, 산업혁명 등으로 특징지어지는 근대화, 다양화 시대였다. 이 시기의 음악교육은 비교적 침체의 시기였다고 볼 수 있다.

① 유럽의 음악교육

19세기 유럽에서는 근대화 과정에서 시민사회의 형성, 영국에서 일어난 산업혁명, 자연과학이 만들어 낸 공업 기술의 발달, 민주적인 정치 제도의 실현, 신인문주의의 대두 등 경제적 · 사회적으로 많은 변화가 있었다.

19세기 초 유럽의 음악교육에 대한 기본 이념은 페스탈로치의 철학적 기초를 바탕으로 하였으며, 파이페르, 네겔리 등의 가창지도법이 적용되었다. 그러나 이 당시의 여러 가지 사회적 변화를 계기로 교육의 방향이 실리주의에서 주지주의의 경향으로 흘러감에 따라 음악교육의 가치에 대한 인식은 다시 쇠퇴하였다. 주지주의적 과학교육사조에 큰 영향을 끼친 사상가로는 헤르바르트(J. Herbart, 1776~1841)와 스펜서(H. Spencer, 1820~1903) 등이 있다. 주지주의가 교육의 주류를 이루었던 이 시대에는 예술교육의 가치가 상대적으로 인정받지 못하였으며, 심지어 스펜서는 예술은 생활의 심심풀이라고까지 말하였다. 실러(J. Schiller, 1759~1805)의 예술교육론이나 신인문주의자들의 영향으로 일부에서 일어났던 음악교육의 가치에 대한 주장도 역시 상류계층 사람들과 일부 재능 있는 사람들을 위한 음악 활동에 국한되었다(이홍수, 1990: 12-13).

19세기 후반 독일을 중심으로 주지주의와 과학만능주의 사조의 폐해에 대한 자각이 일어나면서 일반 대중을 위한 예술교육운동이 전개되었고, 인간 교육에 있어서 예술의 가치와 필요성이 새롭게 인식되기 시작하였다. 이러한 새로운 인식은 19세기 예술문화의 부흥을 가져오게 하였으며, 음악교육의 제도를 정착시키고 질적으로 발전을 가져오는 계기를 마련하였다. 19세기 유럽의 음악교육 발전에 공헌한 사람들로는 러스킨(J. Ruskin, 1819~1900), 귀조(F. Guizot, 1854~1888), 토마시크(J. F. Thomascik, 1790~1875) 등을 들 수 있다. 러스킨은 "참다운 도덕적 인격의 함양은 예술교육에 의해 이루어진다."고 언급했으며, 귀조는 "조화로운 사회를 만들기 위해서는 아동들에게 예술교육이 필요하다."고 강조하였다. 토마시크는 "예술은 인간교육의 일환으로 모든 어린이를 위해 교육이 이루어져야 한다."고 주장하였다.

② 미국의 음악교육

19세기 미국 음악교육의 체제는 페스탈로치의 이론으로부터 영향을 받아 이루어졌다. 페스탈로치의 교육 이념과 방법을 적용한 네겔리의 저서 『페스탈로치의 원리에 의한 가창지도법』은 우드브리지(W. C. Woodbridge) 등 미국 초기의 음악교육자들에게 많은 영향을 주었다. 우드브리지는 페스탈로치의 교육 이념을 실현하고 있는 스위스, 독일 등의 학교를 돌아본 후 학교 교육에 음악교육이 필요하다고 주장하였다. 네프(J. H. Naef)는 1809년 페스탈로치의 방법에 기초하여 초등학교를 설립하였으며 음악을 기본 과목으로 하여 모든 아동들에게 음악을 가르쳤다. 1830년 네프는 미국교육연구소(American Institute of Instruction)에서 '페스탈로치 음악 지도 체계의 원리'에 대한 개요를 발표하였으며, 이는 오늘날까지 미국 음악교육의 지침이 되고 있다. 그 내용은 다음과 같다(Monroe, 1907: 145).

- 기호를 가르치기 전에 소리를 가르치고 음표와 그 이름을 배우기 전에 노래 부르는 것을 배우게 한다.
- 소리의 유사점과 차이점 그리고 적절한 효과와 부적절한 효과를 이론으로 설명하기보다는 능동적인 경험을 통해 인식하게 한다.
- 리듬, 가락, 표현 방법 등을 하나씩 따로 다룬 다음에 전체를 다룬다.
- 하나의 요소를 완전히 습득한 후에 다음 단계로 넘어간다.
- 음악의 경험적 활동을 먼저 한 후에 원리와 이론을 알려 준다.
- 악곡의 분석이나 연습은 악곡의 이해와 연주에 적용할 목적으로 한다.
- 기악음악에 사용하는 음 이름을 가르친다.

메이슨(L. Mason)은 1838년 공립학교의 교과과정에 음악을 정규 교과로 포함시키기 위해 보스턴 교육위원회에 음악이 지적·도덕적·신체적으로 아동에게 어떤 점에서 유익한가를 보고하였으며, 같은 해 미국 보스턴 교육위원회는 보스턴의 모든 학교에 음악을 정식 과목으로 승인하였다.

(7) 20세기의 음악교육

20세기에는 유럽과 미국의 학교에서 음악 지도가 활발하게 전개되면서 음악교육은 새로운 국면을 맞이한다.

① 유럽의 음악교육

20세기 초 유럽에서는 페스탈로치의 교육 이념을 발전시켜 음악교육의 개혁적인 변화를 가져오게 되었다. 특히 20세기 중엽에 접어들면서 스위스의 자크-달크로즈(E. Jaques-Dalcroze, 1865~1950), 헝가리의 코다이(Z. Kodàly, 1882~1967), 독일의 오르프(C. Orff, 1895~1982) 등의 음악교육 철학 및 지도 방법에 대한 연구는 20세기 음악교육에 커다란 변화와 발전을 가져왔다.

독일에서는 새롭게 일어난 청소년 운동에 힘입어 1900년대 초 '청소년 음악 운동'이 일어나는 등 음악 활동이 활발히 전개되었다. 독일의 철학자이자 음악사회학자인 아도르노(Th. W. Adorno, 1903~1969)는 "학교 음악교육의 목적은 음악의 언어와 작품을 이해하는 것을 배우고 표현 능력을 향상시키며, 음악에 대한 비판 능력을 길러 주는 것이다."고 주장하였다. 이것은 시대의 변화에 따른 정신적 이해의 중요성을 강조하는 것이며, 또한 학교 음악교육이 실기적인 기능 외에도 음악적 감수성을 중요하게 다루어야 한다는 것을 일깨워 주고 있다. 이 외에 아이츠(K. A. Eitz, 1848~1924), 외데(F. Jöde, 1887~1970) 등과 같은 음악교육자들의 연구와 실천은 독일 음악교육의 성장에 많은 변화를 가져왔다. 20세기 중엽에는 오르프가 독창적인 음악교육 방법을 고안하여 학교 현장에 이를 적용함으로써 전 세계에 혁신적인 지도 방법을 알리게 되었다.

1900년대로 접어들면서 영국의 음악교육은 저명한 음악교육자들을 중심으로 예술 감상이 교육의 중요한 분야임을 강조하고 다양한 강연을 펼치는 등 활발한 움직임을 보였다. 헤이워드(F. H. Hayward)는 『감상 교수(The Lesson in Appreciation)』라는 책을 출간하여 음악교육계에 좋은 자극을 주기도 하였다. 이후 1944년에 개정된 새로운 교육법을 계기로 기악 학습의 비중이 커짐으로서 음악교육이 보다 다양해지고 활발해졌다. 또한 1968년부터 1972년에 걸친 '예술과 청소년 프로젝트' 등을 통해 음악교육의 질적 향상을 가져왔다. 오늘날은 가창 위주의 음악 수업에서 벗어나 기악, 감상, 창작을 포함하는 다양한 음악 경험을 통한 포괄적 음악교육에 힘쓰고 있다.

프랑스는 법규상으로 1850년에 음악을 필수 과목으로 초등교육에 포함시켰으나 1880년대에 이르러 비로소 제도적으로 실현되었다. 그때까지는 주로 뛰어난 음악 인재를 육성시키는 데 주력하였고, 반면에 모든 아동을 위한 학교 음악교육은 소홀히 다루어졌다. 이후 1940년대에 들어와 사범학교에서 음악교육이 충실히 다루어지고 음악 교재가 출판되는 등 음악교육에 대한 연구가 활발해졌다. 특히 1964년에는 학교 음악 프로그램의 전반적인 개혁을 위한 연구 및 실행이 이루어졌는데, 그 결과 모든 아동이 학교에서 음악을 배우게 되었으며 이는 프랑스의 음악교육 수준을 높이는 중요한 계기가 되었다.

② 미국의 음악교육

20세기 초 미국의 음악교육은 듀이(J. Dewey, 1859~1952)의 실용주의 철학을 바탕으로 전인적 아동을 교육하는 데 역점을 두었으며 이러한 목적을 달성하기 위해 예술 과목은 필수적으로 모든 학교 경험의 일부분으로 간주되었다. 19세기까지 미국 공립학교의 음악은 가창 중심의 교육이었으나, 20세기에 들어와 기악 분야에서도 많은 발전이 이루어졌다. 제1차 세계대전 이후 밴드가 각광을 받기 시작했고, 매칼리스터(A. R. McAllister)와 같은 기악 지도자로 인해 학교 밴드의 기초가 확립되었다. 학교 당국에서는 밴드가 비교적 구성원을 조직하기에 용이하고 협동적인 집단 학습 경험을 조장할 수 있으며 스포츠와도 탁월하게 팀을 이룰 수 있다는 것을 인식하였다. 따라서 다른 학교와의 교류 및 운동 경기를 위해 인기를 끌고 있는 밴드 프로그램 개발 등이 관심의 대상이 되었으며, 그러한 노력은 미국 음악교육의 특징적인 모습으로 부각되었다.

2) 우리나라의 음악교육

(1) 개화기의 음악교육

우리나라 음악교육의 역사는 고대와 삼국시대로 거슬러 올라갈 수 있으나 개화기 이전의 내용은 국악에서 보다 전문적으로 다루기 때문에 여기에서는 개화기, 즉 우리나라에 선교사가 들어온 시기 이후부터 살펴보고자 한다.

우리나라는 조선시대 말기인 1880년대에 미국 선교사들에 의해 기독교를 비롯한 서양 문화가 유입되면서 근대화된 교육체제를 갖추게 되었다. 1885년에 기독교 선교사인 아펜젤러(H. G. Appenzeller, 1858~1902)가 배재학당을 설립하였고, 이듬해 스크랜턴(W. B. Scranton, 1856~1922)은 이화학당을, 언더우드(H. G. Underwood, 1859~1916)는 경신학교를 세웠다. 이어서 1887년 엘러스(A. J. Allers)는 정신여학교를, 1890년 존스(G. H. Jones)는 영화여학교를 설립하는 등 많은 사립학교들이 세워졌다. 이 학교들의 교육과정에는 '창가(唱歌)'라는 과목이 들어 있었으며, 이것이 우리나라 근대식 음악교육의 효시가 되었다.

1895년에는 관립 소학교가 설립되기 시작하였고 소학교 교원 양성을 위한 관립 사범학교도 세워졌다. 기독교계 사립학교의 교육과정에는 '창가' 과목이 있었으나 관립 학교에는 음악교육이 빠져 있었으며, 음악을 가르치려 해도 교사와 교재가 없어서 실제 수업은 어려운 실정이었다. 일본의 내정간섭이 심해졌던 1906년에는 학제가 개정되어 '창가' 과목이 있긴 했어도 그것은 하나의 명목에 지나지 않았고, 다만 기독교 학교에서 찬송가와 외국민요, 또는 민간인들이 세운 사립학교에서 애국가, 학도가(學徒歌) 등의 창가가 불리는 정도로 음악교육다운 교육은 실시되지 못하였다.

1894년 갑오개혁을 계기로 문호 개방 정책과 새로운 외세 침략에 직면하여 근대적 군사 편성과 군인의 사기를 앙양하기 위해 서양식 군악대가 절실히 필요하게 되었다. 이러한 시대적 상황에서 1901년 독일인 에케르트(F. Eckert, 1852~1916)에 의해 복장과 악기를 완전하게 갖춘 새로운 스타일의 서양식 군악대가 창단되었다. 같은 해 에케르트는 최초로 〈대한제국 국가〉를 작곡하여 공식 행사에서 연주하기도 하였다. 그러나 1910년 '특위연대(特衛聯隊) 군악대'라는 호칭을 박탈당하고 '이왕직 양악대'라는 이름으로 바뀌었으며, 1916년 에케르트가 세상을 떠나자 이왕직 양악대는 해산되었다. 그 후 민간 유지들의 도움으로 1920년에 '경성악대(京城樂隊)'라는 이름으로 다시 활동하다가 결국 1930년에 해산되고 말았다. 이 경성악대에서 활동하던 음악인들은 해방 이후 학교의 음악교사가 되었으며, 대중에게 음악 문화에 대한 새로운 인식을 심어 주었다는 점에서 큰 의의가 있다고 볼 수 있다.

한편, 민간인에 의해 1909년 설립된 조양구락부는 친교적인 성격을 띠고 있었으나 음악교육에 목적을 두었으며, 1912년 최초의 전문 음악교육기관인 조선정악전습소로 개칭되었다. 이 조선정악전습소에서는 구가악을 전습하고 서양에서 들어온 신악을 발전시키는 데 의의를 두었다. 조선악에는 가곡, 거문고, 가야금, 양금, 단소 등을 그리고 서양악에는 성악, 악리, 풍금, 사현금 등이 포함되었다.

(2) 일제강점기의 음악교육

1910년 8월 한일합병조약 이후에는 대한제국의 학부에서 발행한 『보통교육 창가집』이 조선총독부 발행으로 바뀌고, 본격적인 식민지 정책의 교육이 실시되었다. 『보통교육 창가집』은 일본의 '창가'를 거의 그대로 번역한 것으로, 이는 일본의 노래와 서양의 가곡 및 민요 등을 가르침으로써 젊은 학도들 사이에 조성되어 있던 애국적인 사회풍토를 흐려 놓기 위함이었다. 식민지 정책이 점차 강화되어 감에 따라 일반 학교는 일본의 민요나 창가를 부르게 함으로써 한민족의 전통음악과 언어를 점점 말살시켜 나갔다. 특히 1939년 이후 사용된 창가집에 수록된 노래들은 모두 일본어 가사로 되어 있었으며, 서양의 선율을 그대로 부르는 창가들과 일본식의 단순한 창가들이 학교에서 불렀다. 그러나 이러한 상황에도 불구하고 몇몇 의식 있는 한국 작곡가들은 한국 아동의 정서를 담은 동요를 작곡하여 보급하는 운동을 벌였으며, 또한 일제의 통치 아래 고통을 받으면서도 저항할 수 없는 슬픈 운명을 담은 노래들을 만들었다. 1924년에 발표된 윤극영의 〈반달〉은 일제 치하에서 우리 민족에게 용기와 희망을 심어 준 우리나라 최초의 동요로 알려져 있다.

(3) 해방 이후의 음악교육

해방 이후 새 정부가 수립되고 사회는 급속한 변화 속에 움직여 갔다. 1948년 대한민국이 주권국가로서의 체제를 갖추게 되고, 1954년에 제1차 교육과정이 제정·공포되면서 국정교과서가 연차적으로 개편 또는 편찬되었다. 음악과 교육과정은 음악 체험을 통한 인격 형성과 국민적 교양, 애국·애족의 정신을 강조하는 데 목표를 두었다. 내용체계는 가창, 기악, 감상, 창작, 음악의 기초 이론으로 구분되어 있으며 음악에 관한 기초 지식과 기능 연마 등의 지도를 강조하였다(교육과학기술부, 2008). 또한 전통음악과 관련해서는 한국의 전통적인 악기와 음악가들을 소개하고 음악을 감상하는 교육이 주로 이루어졌으며, 1950년대에는 국립국악원, 국악고등학교, 서울대학교 음악대학 국악과가 신설됨으로써 전통음악을 체계적으로 지도하는 계기가 마련되었다.

1970년대에는 종래의 기능 위주의 교육에 대한 비판과 함께 새로운 학문 중심의 교육과정 편성을 주장하는 경향이 뚜렷해졌다. 1973년에 개정·공포된 교육과정은 음악 기초능력 계발, 표현 및 감상 능력의 함양, 민족사의 전통을 바탕으로 한 민족주체 의식의 고양과 민족문화의 창조 등을 제시하고 있다. 그 후 1975년 국악교육연구회가 조직되면서 국악교육에 점차 변화와 발전을 가져오기 시작하였다. 이 연구회를 중심으로 초·중·고등학교에서의 국악교육에 대한 국악 전문인들의 노력과 관심으로 음악 교과서에서 국악의 비중이 점차 증가하게 되었다.

1980년대에는 많은 국내 학자가 외국에서 학위를 받은 후 우리나라에 들어와 미국을 중심으로 한 다양한 음악교육 이론, 즉 개념적 접근법, 포괄적 음악교육론, 심미적 교육론 등이 파급되기 시작하였다. 1981년 공포된 제4차 교육과정은 전인적 발달에 중점을 두고 기존에 강조되었던 음악의 기능 훈련보다는 미적 체험을 더 강조하게 되었다. 이 교육과정의 기본 정신은 시대적 흐름에 맞춰 학습자 중심의 개념적 접근법, 창의적인 음악 활동을 통한 포괄적 음악교육을 따르고 있다. 그러나 학교의 현실은 기존의 전통적인 교수법에 머물러 있었으며 새로운 교육 이론을 수용하기에는 어려움이 따랐다.

1990년대에 들어와서는 외국의 새로운 교육 이론들이 많이 수용되기 시작하였고, 꾸준히 강조되어 오던 국악의 중요성도 함께 반영되어 국악의 학습 내용이 현저히 증가하였다. 1992년 개정된 교육과정에서는 외국의 교육 이론을 수용하는 과정에서 자연스럽게 음악교육의 철학적 근거를 제시하는 교육과정의 성격과 내용체계가 구성되었다. 교육과정의 기본 방침은 음악의 기초적인 구성 요소에 대한 이해를 토대로 실음에 의한 표현력 육성에 중점을 두었다.

2000년 이후 우리나라의 음악교육은 교육과정의 내용 면에서 많은 변화를 겪게 된다. 2007년에 고시된 '2007 개정 교육과정'은 기존 교육과정의 실현화 과정에서 지적된 문제점을 보완하고 음악교육의 질적인 향상을 위해 개정되었다. 이 개정안에서 주목할 점은 음악 교과의 궁극적인 목적을 학생의 전 생애를 통하여 음악의 가치를 인식하고 실생활에서 활용할 수 있는 바탕을 마련하는 데 두고 있으며, 음악교육의 활용도를 높이려는 차원에서 내용 체계에 '생활화' 영역이 첨가된 점이다. 또한 이 개정안은 국악교육의 질을 높이고자 활동, 이해, 생활화의 각 영역에서 국악에 관련된 내용을 구체적으로 지시하는 등 다각적인 면에서 기존 교육과정의 문제점을 보완하여 제시하고 있다. '2009 개정 교육과정'에 따른 음악과 교육과정은 시대적 · 사회적 · 문화적 맥락에서 음악의 다양한 역할과 기능을 강조하고 있다. 오늘날까지 여러 가지 측면에서 음악교육은 변화와 발전을 거듭하고 있으며, 이에 따라 음악 수업의 내용과 방법에 있어서도 획기적인 전환을 시도하고 있다.

3. 학교 음악교육의 지향점

학교에서 음악교육이 지향하는 방향과 과제는 무엇인가? 이 질문은 음악교육자들이 자신의 임무를 수행하는 데 있어서 끊임없이 생각하고 결정하고 행동하게 만든다. 여기에서는 음악성 계발, 미적 경험, 인성 교육, 공동체 기여, 다문화 교육과 관련하여 학교 음악교육이 추구하는 방향과 과제에 대하여 살펴본다.

1) 음악성 계발

음악성 계발이란 음악의 구성 요소를 이해하고, 음악을 느끼고 표현하며, 음악을 향수하는 능력을 발전시켜 주는 것을 뜻한다. 음악성 계발을 위해서는 실기적인 기능 습득뿐만 아니라, 음악적 창의성도 매우 중요하게 다루어져야 한다. 일반적으로 노래를 부르거나 악기를 연주하는 활동과 창작을 하는 활동은 음악적 표현 기능의 향상을 위하여 필수적인 활동이다. 음악적 기능에 대한 학습은 기계적인 실기 행위에 그쳐서는 안 되며, 음악적 능력과 음악적 개념을 학습자의 인지 구조에 맞도록 적절하게 체계화하여 제시함으로써 기계적 기능 학습을 의미 있는 포괄적 음악 학습으로 이끌어야 한다. 여기에서의 포괄적 음악 학습이란 '포괄적 음악성(comprehensive musicianship)', 즉 음에 대하여 감각적으로 지각 · 반응하고, 지적으로 이해 · 분석하며, 음을 가지고 창조적으로 조작 · 표현하여 연주할 수 있는 기능 모두를 통합한 종합적인 음악 능력을 기르는 것을 목표로 한다. 학교의 음악교육은 학생들이 다양한 음악 활동을 통해 음악을 주체적 · 창의적으로 체험하고 이해하며, 또한 향유하며 즐길 수 있도록 다양한 음악적 기회를 제공해 주어야 한다.

포괄적 음악 학습에서 요구되는 음악의 가장 기본적인 기능은 가창, 기악, 창작, 감상의 네 가지 활동이다. 이것을 '음악가적 기능(musicianly functions)'이라고 부른다. 포괄적 음악 학습에서는 이 활동들이 모두 포함되어야 한다. 학교에서의 음악교육은 음악가적 기능을 통한 활동을 통해서 음악의 개념을 이해하고, 이러한 활동과 이해가 심미적 체험으로 이어지는 단계를 거치는 학습이 되어야 한다.

음악 교과에서 다루는 음악 활동은 단지 실기적 기능 습득에만 국한되는 것이 아니다. 음악 수업에서 습득한 실기적 기능은 음악을 이루는 구성 요소들의 개념을 이해시키는 데 활용될 수 있다. 예를 들어, 악기의 연주 기능은 음정이나 음계와 관련한 기초적 이론 및 다양한 음악적 개념의 이해를 높이는 데 사용될 수 있다.

2) 미적 경험

학교 교육에 있어서 아름다움을 표현하고 작품을 창조하는 예술적 경험은 중요하다. 예술 교육으로서 학교 음악교육의 주요 목적 중 하나는 학생들이 음악의 아름다움을 발견하고 느끼며 즐길 수 있는 미적 감수성을 계발하는 것이다. 음악교육에서의 미적 경험은 다양한 미학적 관점, 즉 관련주의(referentialism), 형식주의(formalism), 표현주의(expressionism), 절대표현주의(absolute expressionism)의 관점에서 설명될 수 있다.

관련주의는 예술 작품의 가치를 음악 외적인 사물과의 관련성에 둔다. 관련주의의 관점에서 볼 때, 표제음악 혹은 어떠한 이념을 심어 주기 위한 목적으로 사용되는 음악은 목적 그 자체로서 예술적 가치를 인정받게 된다.

형식주의는 음악의 아름다움을 음악 외적인 세계에서 찾는 관련주의와는 달리 예술 작품의 형식적 구조의 질에서 찾는다. 음악미학자인 한슬릭(E. Hanslick)은 그의 저서『음악의 아름다움(The Beautiful in Music)』에서 "작곡가가 표현하는 아이디어는 순수한 음악적 본질 그 자체여야 한다."고 말하였다. 형식주의 미학자들은 음악의 형식적 구조의 질에 따라 예술적 가치가 결정된다고 믿는다. 형식적 속성을 이해하기 위해서는 음악을 이루는 구성 요소들과 그 요소들의 짜임새 등을 파악하는 것이 중요하다.

표현주의는 인간이 체험하는 삶과의 접촉에서 예술의 가치를 찾는다. 인간의 삶은 기쁨과 슬픔, 안정과 불안, 균형과 불균형, 긴장과 이완 등 다양한 경험으로 이어진다. 표현주의 미학자들은 인간이 체험하는 일상의 경험이 심미적 경험의 근원이 된다고 믿는다. 그들은 인간이 경험하는 과정 속에서 인간 내면에 깊숙이 파고든 느낌을 상징적 의미가 담긴 음향으로 표현하는 것이 바로 진정한 음악이라고 주장한다.

절대표현주의는 예술의 의미와 가치가 작품의 형식미적 질에 있다는 형식주의의 주장과 인간의 경험이 심미적 근원이라고 믿는 표현주의의 주장을 동시에 수용한다. 절대표현주의 미학자들은 음악 외적인 사물과의 관련성에서 예술 작품의 가치를 발견하는 관련주의의 생각을 거부하며, 또한 음악 그 자체에서 아름다움의 본질을 찾는 형식주의의 생각도 수용하지 않는다. 그들은 경험을 통해 얻은 인간 내면의 깊숙한 느낌을 상징적 의미가 담긴 음향으로 표현하면서, 이와 동시에 형식적 구조가 잘 짜여진 음악을 진정한 음악이라고 주장한다.

학교의 음악교육은 이와 같은 다양한 미학적 관점을 고려하여 음악을 표현하고 감상하면서 미적 감수성을 계발시켜 주어야 한다.

3) 인성 교육

우리나라의 학교 교육 이념은 궁극적으로 인격을 도야하고 인간다운 삶을 영위하게 하며 인류 공영의 이상을 실현하는 데 이바지하는 것이다. 이러한 관점에서 학교의 음악교육은 아름다운 음악을 통하여 고귀한 인간 정신을 고양시키는 것을 기본으로 하여 바르고 아름다운 인간적 품성을 갖출 수 있도록 다양한 음악적 경험을 통해 지고지순의 상태를 지속적으로 접하게 함으로써, 정신의 고양, 내면의 안정과 정서적 편안함 그리고 진정한 즐거움을 이루도록 하여야 하며, 그 결과로 선함과 진실함, 아름다움, 정의로움을 앞세우는 고귀한 내적 삶의 양식을 갖추는 데에 일조하여야 한다. 즉, 학교의 음악교육은 음악 활동을 통하여 자신의 음악적 능력을 향상시킬 뿐만 아니라, 음악 활동을 통해 사회적으로 원만한 인성을 지닌 인간을 육성하며, 생활에 활력을 주어 보다 밝고 풍요한 생활을 영위하는 데 목적을 두어야 한다는 것이다.

4) 공동체 기여

음악 활동은 개인의 삶과 인성 회복에 도움을 줄 뿐만 아니라, 사회와 공동체적 삶에도 기여할 수 있다. 음악 활동이 사회와 공동체에 기여할 수 있다는 사실은 자칫 노래하고 연주하는 외형상의 기능으로 비쳐질 수 있다. 그러나 음악 활동에서 우리가 더 깊이 숙고해 보아야 할 것은 공동체적 음악 행위가 인간과 인간 사이를 보다 더 깊이 연결시켜 줄 수 있다는 사실이다. 음악은 인간에게 감동을 주고 정서를 계발시키며 공동체를 실현하고 그리고 사회를 정화시킬 수 있는 원동력을 지니고 있다. 또한 음악은 모든 공동체 구성원들에게 정신적 위안을 주고 사회를 하나로 통합시키는 역할을 한다.

인간의 삶과 공동체에 기여하는 음악교육을 언급할 때, 독일의 음악교육자인 외데(F. Jöde, 1887~1970)의 국민 음악교육 사상을 빼놓을 수 없다. 외데는 1900년 초에 생활 음악 문화의 개혁과 인간성 회복의 차원에서 '청소년 음악 운동'을 전개하였다. 외데의 청소년 음악 운동은 세 가지 관점에서 큰 의미를 가진다.

첫째, 외데는 산업사회에서 나타나는 인간과 인간 사이의 사회적 소외를 염려하면서 협력을 통하여 하나가 될 것을 강조하였다. 무엇보다도 그는 합창을 통한 공동체의 즐거운 삶과 협동하는 가운데 경험할 수 있는 인간미를 가치롭게 여겼다(F. Jöde, 1927: 12). 둘째, 이 운동은 강한 엘리트주의에 대한 비판으로 하나의 문화 개혁 운동으로 전개되었다. 외데는 "외형적인 면을 중시하는 음악 연주회는 지양되어야 하며, 음악 활동은 축제와 같이 즐겁게 행해져야 한다."고 주장하였다. 즉, 그의 청소년 음악 운동은 관습적으로 사회 신분에 따라 특수층에 의하여 지배된 음악 문화 대신에 모든 사회 계층을 통합시키려는 범국민 차원에서의 '새로운 음악 문화 형성'이라는 문화 개혁 운동이었다고 할 수 있다. 셋째, 이 운동은 정신적 차원에서 새로운 인간 형성을 목적으로 출발하였다. 즉, 청소년 음악 운동은 국민들에게 음악을 통하여 희망을 불어넣어 주고, 시대의 세속적인 상황을 음악의 힘과 함께 정신으로 이겨낼 수 있다는 신념으로 전개되었다. 이와 같이 외데는 음악의 치유적인 능력을 믿고 인간성 회복과 사회 문화 개혁 운동에 앞장을 선 음악교육자라고 할 수 있다.

외데의 청소년 음악 운동은 인간과 인간 사이의 고립화 현상을 막고, 사회의 특권층에 의하여 지배되어 온 음악 문화를 모든 국민에게 개방하며, 시대의 어려운 상황을 음악의 힘으로 극복하고자 하는 신념으로 전개된 개혁적 음악 문화 운동이었다. 이러한 외대의 청소년 음악 운동은 음악을 통한 공동체적 인간 교육과 관련하여 시사하는 바가 매우 크다고 할 수 있다.

학교 음악교육은 아름다운 합창과 합주 활동을 통해 서로를 존중하고 배려하는 마음, 협동하는 마음을 기르는 데 도움을 줄 수 있다. 더 나아가 음악 활동은 학교에서뿐만 아니라 지역 사회와도 연계하여 지역 주민들에게 즐거움을 주고 공동체적 의식을 기르며 음악을 생활화하는 데 기여할 수 있다.

5) 다문화 교육

우리는 지구촌 시대에 살고 있다. 각종 산업 기술의 발달과 정보통신 기술의 발달, 교통의 발달로 민족 간 · 국가 간의 지식과 문화의 교류가 활발해지면서 '세계화' '지구촌'이라는 단어가 자연스럽게 널리 사용되고 있다. 세계화의 흐름 속에서 문화의 다양성을 인식하고, 상호 간에 서로 존중하면서 공존하는 태도를 길러주는 국제 이해 교육의 중요성과 필요성은 시간이 흐를수록 점점 더 강하게 부각되고 있다.

동서양을 막론하고 음악은 언어와 함께 인간 생활의 기본적인 요소이다. 각 나라와 민족은 오랜 역사를 거치면서 고유한 음악을 형성해 왔으며, 따라서 음악에는 그 민족의 독특한 풍습과 감정이 담겨 있다. 이러한 점에서 세계 여러 나라의 음악 문화를 접한다는 것은 여러 민족의 삶과 문화를 이해하는 길이다.

음악은 소리로서 인간의 느낌과 감정 그리고 생각을 전달하며, 인류가 시작될 때부터 인간과 함께 공존해 온 예술이라고 할 수 있다. 이러한 음악은 사회와 상호 연관성을 가지고, 사회적 · 문화적 체계 속에서 만들어지며, 아무리 개인적인 사상이나 감정이 담겨져 있을지라도 그 사회의 관습과 문화와 관련되어 있다.

음악은 문화유산을 전달하는 매체이다. 어느 나라, 어느 문화를 막론하고 인간의 삶 속에는 항상 음악이 있어 왔다. 음악은 그 나라의 문화, 사상, 가치관에 따라 다른 양상을 추구해 왔으며, 인간 삶의 중요한 한 부분으로 그 역할을 해 왔다. 이러한 음악은 그 나라의 예술적 사고를 대표하고, 그 나라의 독특한 음악적 특징을 가지고 있으며, 또한 문화의 유산으로서 이 지구상에 항구적으로 존재하고 있다.

학교의 음악교육은 인류의 음악 문화를 보존하고 계승 · 발전시켜 새로운 음악 문화의 창달에 기여하는 데 이바지해야 한다. 이러한 점에서 학생들은 우리의 전통 음악에 대해 긍지를 가지고, 전통 음계를 이해하며, 소리에 익숙해짐으로써 우리 음악에 대하여 자신감을 가져야 한다. 학교의 음악교육은 학생들에게 국악의 멋을 느끼게 해 줌으로써 우리 음악 문화를 보존하고 계승 · 발전시키는 데 충분한 역할을 해야 한다.

제2장

무엇을 가르치는가

'무엇을 가르치는가'는 음악과의 목표를 성취하기 위해 지도되어야 할 내용에 관한 것이다. 음악과 지도 내용의 결정은 음악 학습 활동을 준비하는 첫 단계로서 중요한 의미를 갖는다. 이 장에서는 음악 수업에서 가르쳐야 하는 '무엇'을 음악적 지식, 음악 활동, 음악에 대한 태도 등으로 구분하여 설명한다. 음악적 지식은 인지적 영역에 해당되는 내용을 담아 음악의 요소, 종류 그리고 관련 지식 등을 다루며, 음악 활동은 심동적 영역에 해당되는 내용을 담아 듣기와 감상하기, 노래 부르기, 악기 연주하기, 신체표현, 음악 만들기 등을 제시한다. 그리고 음악에 대한 태도는 정의적 영역에 해당되는 내용을 담아 음악적 심성의 관점으로 접근한다. 이러한 음악 수업에서 가르칠 내용에 대한 설명들은 음악교육의 본질적 가치를 탐색할 수 있는 기회를 제공한다.

1. 음악적 지식

음악을 이해하는 것은 음악교육의 궁극적인 목적이라고도 말할 수 있다. 음악적 지식을 쌓는 것은 음악을 이해하기 위한 가장 기본적이며 핵심이 되는 음악교육의 과정이다. 음악적 지식에는 소리가 음악으로 구성되기 위하여 필요한 음악의 구성 요소와 음악적 구성의 결과로 나타나는 악곡의 유형, 그리고 악곡과 관련된 배경적 요인들을 이해하는 것이 모두 포함된다.

1) 음악의 요소

(1) 소리의 요소

음악의 재료인 소리 그 자체는 극히 물리적인 현상으로서 소리를 유발시키는 발원체의 성질과 그에 가해지는 힘의 속성에 따라 음의 높이, 음의 길이, 음의 세기 그리고 음색이라고 하는 소리의 본유적인 특징이 결정된다.

〈표 2-1〉 소리의 요소

음의 높이(pitch)	음의 높고 낮음을 뜻하며, 일정 시간 내에 발생하는 진동수에 비례한다. 진동수가 많으면 높은 소리, 적으면 낮은 소리가 된다.
음의 길이(length)	음의 길고 짧음을 뜻하며, 진동시간이 길면 긴 음이, 짧으면 짧은 음이 된다.
음의 세기 (intensity)	음의 크기를 뜻하며, 진동 폭에 비례한다. 진동 폭이 크면 센 소리, 좁으면 여린 소리임을 알 수 있다.
음색(timbre)	소리의 독특한 느낌을 음색이라 하며, 서로 다른 느낌의 소리들은 만들어 내는 파장의 모양이 서로 다르다.

(2) 음악의 구성 요소

음악은 소리를 재료로 구성되지만 모든 소리가 음악이 되지는 않는다. 소리가 음악이 되기 위해서는 어떤 형태로든 구성의 의도를 반영하는 조직을 필요로 한다. 음악 요소는 음악의 원재료인 음(音)들이 음악으로 조직되면서 나타나는 다양한 속성으로서 이러한 속성들이 어떻게 조직되는가에 따라 악곡의 특성이 결정된다. 따라서 음악의 구성 요소를 이해하는 것은 음악의 보편적인 속성을 이해할 수 있는 기본적인 바탕이 된다.

악곡은 음들이 음악적 의도에 따라 결합 조직된 추상적인 조직체로서 음들은 각각의 악곡 안에서 의미 있는 구조를 갖는다. 악곡의 이해는 악곡을 구성하고 있는 음들을 감각적으로 감지하고 이 음들이 이루고 있는 음악적 구조와 의미를 인지함으로써 이루어진다. 따라서 어떤 음들이 어떤 방식으로 짜여 있는지를 알 수 있는 능력은 음악 학습에 있어서 가장 핵심이 되는 과정이다.

개별 악곡들은 독립된 구성체로서 각기 고유한 방식으로 조직되지만, 이렇게 음들이 조직되는 방식 가운데는 보편적으로 적용될 수 있는 요소들이 발견된다. 이러한 요소들을 음악의 구성 요소라고 한다. 음악을 구성하는 기본 요소는 다양하게 분류할 수 있지만, 기본적으로 소리의 본유적 특성인 음높이, 음길이, 음의 세기, 음색을 바탕으로 하여 음들이 악곡으로 형성되면서 다양한 세부적인 속성이 나타나게 된다.

〈표 2-2〉 음악의 구성 요소

음악 요소		세부 요소	내용
리듬	음악적 시간의 흐름 안에서 길고 짧은 음들의 변화에 따라 나타나는 구조적 특징	음길이	긴 소리, 짧은 소리, 음표, 쉼표
		음의 분할	균등 분할, 불균등 분할, 반분, 삼분, 사분
		박	규칙박, 불규칙박
		강세	강박, 약박, 규칙 강세, 불규칙 강세, 강세의 이동, 당김음
		박자	2박, 3박, 4박, 홑박, 겹박, 변박
		리듬꼴	길고 짧은 음들로 구성된 리듬의 단위조직
가락	음들의 횡적 구성에 따라 생겨나는 높낮이의 구조	음높이/음역	같은 소리, 다른 소리, 높은 소리, 낮은 소리, 음자리표, 보표
		음의 진행	제자리 진행, 상행, 하행, 순차, 도약, 오스티나토, 동형 진행

		가락 패턴	특정 가락의 단위조직
		가락의 성격	조성 가락, 무조성 가락, 선법 가락, 장음계, 단음계, 5음 음계, 반음계, 다장조, 바장조 등
화음	높낮이가 다른 두 개 이상의 음의 어울림	음정	온음, 반음, 2, 3, 4……도, 옥타브, 장음정, 단음정, 감음정, 증음정
		화음의 어울림	협화음, 불협화음, 완전 어울림, 불완전 어울림
		다양한 형태의 화음	3화음, 7화음, 9화음, 장화음, 단화음, 감화음, 증화음
		화음의 역할	으뜸화음, 딸림화음, 버금딸림화음 등
		화음의 진행	악곡의 구성 안에서 나타나는 화음의 변화, 종지, 마침꼴 화음
짜임새	하나 또는 둘 이상으로 이루어진 성부의 조직 형태	단성음악 (monophony)	하나의 성부
		다성음악 (polyphony)	독립적인 여러 성부의 결합, 카논, 푸가
		화성음악 (homophony)	화성으로 뒷받침된 하나의 주성부와 화성 반주
형식	악곡 구성의 원리와 그에 따라 생성된 악곡의 형태	동기와 구조	동기, 작은악절, 큰악절, 한도막, 두도막, 세도막, 작은 세도막
		반복과 대조	가요 형식, 론도, 소나타 형식, 그 외의 다양한 형식
		주제와 변주	주제와 변주곡, 푸가, 인벤션
빠르기	음악의 표현적인 구성 요소로서 나타나는 음들의 시간적 진행 양상	빠르기의 정도	매우 느리게, 느리게, 보통 빠르기로, 빠르게, 매우 빠르게
		빠르기의 변화	점점 빠르게, 점점 느리게
셈여림	음의 셈과 여림, 그에 따른 변화로 나타나는 음악의 표현적 특징	셈여림의 정도	세게, 여리게
		셈여림의 변화	점점 세게, 점점 여리게
음색	음의 발원체의 재질과 발음의 방법에 따라 나타나는 소리의 독특한 느낌	목소리의 특색	여성 목소리, 남성 목소리, 어린이의 목소리, 어른의 목소리
		악기 소리의 특색	관악기, 현악기, 타악기, 건반악기
		그 밖의 소리	자연의 소리, 주변의 소리

(3) 음악의 구성 요소 분류

음악교육학자들은 음악 지도를 위해서 다양한 방법으로 음악의 구성 요소를 분류해 왔다. 미국의 맨해튼빌 교육과정(Manhattanville Music Curriculum Program: MMCP)의 음악과 교육과정안(Thomas, 1971)에서는 다양한 음악에서 보편적으로 나타나는 음악의 개념(concept)을 음색, 셈여림, 형식, 리듬, 음의 높낮이의 다섯 가지로 분류하고 있다. 이후 MMCP에 기반을 둔 하와이 음악교육과정(Hawaii Music Curriculum Program)에서는 학생이 배워야 할 음악의 기본 개념들을 음, 리듬, 형식, 가락, 화음, 조성, 짜임새의 일곱 가지 요소로 분류하여 제시하고 있다. 음악의 구성 요소 또는 개념들은 다양한 음악에서 공통적으로 발견되는 음악의 기본 특성으로서 이들 기본 개념의 이해를 바탕으로 우리는 다양한 음악의 특징들을 이해하고 비교할 수 있다. 우리나라 음악교육에서도 음악의 구성 요소의 이해는 중요하게 다루어져 왔다. 제3차 교육과정(1973)까지는 음악의 구성 요소에 대한 별도의 분류를 제시하고 있지는 않지만 리듬, 가락, 조성, 화성, 빠르기, 음색, 형식과 관련된 음악 개념들을 음악 교과를 통해서 배워야 할 내용으로 제시하고 있으며, 제4차 교육과정(1981)에서는 음악의 기본 요소를 리듬, 가락, 화음, 형식, 빠르기, 셈여림, 음색의 일곱 가지 요소로 분류하기 시작하였다. 이후 제7차 교육과정(1997)에서는 소리의 어울림 외에 화음의 조성적 역할을 고려하여 '화음'을 '화성'으로 명칭을 바꾸어 제

〈표 2-3〉 음악의 구성 요소에 대한 다양한 분류

MMCP(맨해튼빌교육과정)	• 음색, 셈여림, 형식, 리듬, 음의 고저(timbre, dynamics, form, rhythm, pitch)
Hawaii C. P. (하와이음악교육과정)	• 음, 리듬, 형식, 가락, 화음, 조성, 짜임새(tone, rhythm, form, melody, harmony, tonality, texture)
제4차 교육과정(1981)	• 리듬, 가락, 화음, 형식, 빠르기, 셈여림, 음색
제7차 교육과정(1997)	• 리듬, 가락, 화성, 형식, 빠르기, 셈여림, 음색
정세문(1986)	• 1차적 기본 개념: 리듬, 가락, 화성 • 2차적 기본 개념: 형식, 속도, 강약, 음색
성경희(1988)	• 음의 고저(가락), 리듬, 화음, 형식, 음색, 셈여림, 빠르기, 음의 짜임새

시하였다. 학자들의 분류를 살펴 보면 정세문(1986)은 리듬, 가락, 화성을 1차적 기본 개념으로, 형식, 속도, 강약, 음색을 2차적 기본 개념으로 제시하였으며, 성경희(1988)는 음의 고저(가락), 리듬, 화음, 형식, 음색, 셈여림, 빠르기, 음의 짜임새까지를 포함하는 8가지 요소로 제시하기도 하였다. 이와 같이 음악을 구성하는 요소의 분류와 세부 명칭은 학자와 견해에 따라서 일부 차이를 보이기도 하지만 음악 이해의 기반으로서 상당 부분 공통점을 지니고 있음을 알 수 있다.

2) 음악의 종류

표현적 속성을 가진 인류가 오늘날까지 만들어 낸 악곡의 수는 헤아리기 어렵다. 또한 악곡의 유형과 성격도 여러 가지 형태로 나타난다. 음악적 지식에는 다양한 악곡의 경험을 통해서 나타나는 악곡의 특성에 따라 그 종류를 구분할 수 있는 것도 포함된다.

음악의 종류는 여러 가지 기준에 의하여 분류될 수 있지만, 크게 음악의 표현 매체와 연주 형태를 중심으로 구분해 볼 수 있다. 그러나 각각의 악곡은 나름대로의 독특한 배경과 목적을 가지고 있어서 모든 악곡을 몇 가지의 한정된 기준으로 명쾌하게 분류하는 것은 쉽지 않다.

(1) 표현 매체 및 성격에 따른 종류

음악은 그것을 표현하는 중심 매체에 따라 크게 성악곡과 기악곡으로 나눌 수 있다. 성악곡은 사람의 목소리를 중심 표현 매체로 하여 작곡된 음악이며, 기악곡은 악기만을 표현 매체로 하여 작곡된 음악이다. 성악곡의 경우는 악기의 반주 없이 연주되는 경우와 피아노를 비롯한 악기들의 반주를 동반하는 경우를 생각해 볼 수 있다.

성악곡과 기악곡은 악곡 구성의 규모와 성격에 있어서도 차이를 보인다. 성악곡은 음악 형식의 기본 틀이 되는 가요 형식을 중심으로 구성되며, 기악곡은 성악곡에 비하여 보다 복잡하고 다양한 구조로 확장된다. 성악곡과 기악곡의 기본적인 종류는 〈표 2-4〉와 같다.

〈표 2-4〉 성악곡과 기악곡의 종류

매체	종류		성격
성악곡	민요		각 나라 사람들의 입으로 전해져 내려온 노래로, 기원이 불분명하다. 소박하고 간결한 표현 속에 민족적 정서를 담고 있다.
성악곡	동요		어린이를 위해 만들어진 노래로 구성이 단순하고 반복적이며 음역이 좁다. 어린이의 정서에 어울리는 가사를 가지고 있다.
성악곡	예술가곡		단순한 형식 속에 시와 음악의 융합을 도모한 음악으로, 대개 절로 나뉘며 가사에 대한 묘사성이 강하다.
성악곡	극음악	오페라	이야기 전체를 노래로 표현한 대표적인 극음악으로, 음악적 요소, 문학적 요소, 미술적 요소, 무용적 요소가 합쳐진 종합 예술이다.
성악곡	극음악	뮤지컬	음악과 춤이 극의 전개에 긴밀히 짜 맞추어진 연극의 한 형태이다.
성악곡	극음악	판소리	한 명의 소리꾼이 고수(북치는 사람)의 장단에 맞추어 창(소리), 말(아니리), 몸짓(발림, 너름새)을 섞어 가며 긴 이야기를 엮어 가는 연주 방식이다.
성악곡	극음악	기타	창극, 경극, 가부키, 오페레타 등의 다양한 극음악 형태가 존재한다.
기악곡	춤곡		춤을 수반하는 음악으로, 춤의 특징을 살려 작곡되었지만 춤을 수반하지 않고 음악만이 연주되고 감상되기도 한다(미뉴에트, 왈츠, 마주르카, 폴로네이즈, 폴카 등).
기악곡	행진곡		행진할 때 사용되는 음악 또는 그러한 정경을 묘사한 예술적인 음악으로, 단순 명쾌한 리듬과 규칙적인 프레이즈를 사용하며, 2박자, 4박자를 사용하는 경우가 많다.
기악곡	연습곡		독주 악기의 연습을 위해 작곡된 소규모 음악으로, 일반적으로 음계, 분산화음, 트리오, 옥타브 등 특수한 테크닉의 완성을 목적으로 작곡된다.
기악곡	소나타		원칙적으로 표제가 없는 절대 음악적인 기악을 위한 독주곡 또는 실내악곡으로, 2악장 이상의 복악장으로 구성되며 제1악장은 소나타 형식이다.
기악곡	협주곡		독주 악기와 관현악이 함께 연주하기 위해 만들어진 곡으로, 피아노 협주곡, 바이올린 협주곡, 플루트 협주곡 등이 있다.
기악곡	교향곡		관현악으로 연주되는 다악장 형식의 악곡으로, 교향곡은 기본적으로는 4악장으로 이루어져 있다. 구성은 보통 제1악장(소나타 형식의 빠른 악장, 이 앞에 장중한 서곡이 오는 경우도 많다), 제2악장(느린 빠르기의 완만한 악장), 제3악장(미뉴에트 또는 스케르초), 제4악장(론도 또는 소나타 형식의 매우 빠른 악장)으로 되어 있다.

	조곡 (모음곡)	각각 춤곡의 성격을 가지며, 모두 조성이 같은 몇 개의 악장으로 이루어지는 중요한 기악 형식으로 바로크 시대에 기원을 두고 있다.
	실내악곡	기악을 중심으로 하여 5명에서 10명 안팎으로 편성되어 실내 혹은 작은 규모의 연주장에서 연주되는 음악이다. 일반적으로 순 기악적인 것이 올바른 형태이나, 현대적 의미에서는 독창이나 인성(人聲)이 포함되기도 한다.
	기타	그 밖에 즉흥곡, 녹턴, 랩소디, 디베르티멘토, 발라드, 환상곡, 토카타 등의 성격적 소품들이 있다.

(2) 연주 형태에 따른 종류

음악은 혼자서 또는 여러 사람이 함께 표현할 수 있으며, 여러 명이 함께 표현할 경우 몇 사람이 어떤 구성과 방식으로 표현하는가에 따라 음악의 종류를 구별할 수 있다.

〈표 2-5〉 연주 형태에 따른 특징

매체	연주 형태	특징
성악	독창	혼자서 노래하는 것으로, 피아노 또는 관현악이 반주하기도 함
	제창	여러 사람이 한 성부를 같은 음정 또는 같은 옥타브로 노래하는 것
	중창	두 명 이상이 서로 다른 성부를 담당하여 노래 부르는 것
	합창	2성부 이상 노래의 각 성부를 여러 사람이 노래하는 것으로, 남성 합창, 여성 합창, 혼성 합창 등이 있음
기악	독주	어떤 악기를 한 사람이 연주하는 것으로, 자유로이 화음을 낼 수 있는 악기는 반주가 필요 없으나 그 밖의 악기는 주로 피아노 반주를 함께 함
	제주	여러 개의 악기가 같은 성부를 함께 연주하는 것
	중주	2개 이상의 악기가 서로 다른 성부를 맡아 연주하는 것으로, 2중주, 3중주, 4중주, 5중주 등이 있음
	합주	각 파트를 여러 개의 악기로 연주하는 것으로, 현악 합주, 관악 합주, 관현악 합주 등이 있음

3) 악곡 관련 지식

음악은 그것을 작곡한 작곡자가 속해 있던 시대와 문화의 영향을 받게 된다. 각각의 악곡은 악곡의 구성 요소, 매체, 연주 형태와 같은 일반적 특징 외에 해당 악곡이 만들어지게 된 배경적 특징을 가지고 있다. 음악이 만들어진 시대와 지역이나 음악을 향유하던 계층에 따라 사용되는 음악적 재료와 구성 방법, 그리고 음악적 어법과 같은 특징과 역할이 달라진다. 따라서 어떤 음악을 이해하기 위해서는 객관적인 기준에 따른 특성뿐 아니라 악곡의 배경에 존재하는 시대적 특성과 사회문화적 특성을 함께 이해할 필요가 있다.

(1) 음악사적 구분

음악의 양식은 시대에 따라 변화한다. 이러한 변화는 지속적이며 누적적으로 일어나기 때문에 한 시대와 또 다른 시대의 경계를 명확히 구분하기는 어렵다. 하지만 각 시대에는 그 시기를 규명하는 주요한 음악적 특징들이 존재하며, 음악사의 각 시대에는 그 시대의 음악적 흐름을 주도하던 대표적인 작곡가들이 있다.

〈표 2-6〉 서양음악사의 흐름과 특징

시대의 구분	특징	대표적인 작곡가
중세 (450~1450)	• 다성음악의 발달 • 기보법의 완성 • 종교음악 • 성악 중심 음악	교회와 사원 중심의 성직자 음악가
르네상스 (1450~1600)	• 화성의 발달 • 박자와 리듬의 분화 • 기악음악의 독립	네덜란드 악파 베네치아 악파 로마 악파
바로크 (1600~1750)	• 장식적인 멜로디 • 통주저음, 대위법의 발달 • 기악음악의 발달	파헬벨, 퍼셀, 코렐리, 비발디, 바흐, 헨델

	• 단계적 셈여림 • 오라토리오, 오페라의 탄생	
고전주의 (1750~1820)	• 절대음악의 강조 • 음악의 균형미와 형식미의 추구 • 주선율 중심의 화성적 음악 • 소나타 형식의 완성	하이든, 모차르트, 베토벤
낭만주의 (1820~1900)	• 고정된 형식의 탈피 • 표제음악, 가곡, 낭만오페라의 발달 • 표현성의 강조 • 국민주의 악파의 출현	슈베르트, 멘델스존, 슈만, 쇼팽, 생상스, 비제, 그리그, 로시니, 브람스, 리스트, 바그너, 푸치니, 베르디, 차이코프스키, 프로코피예프, 스메타나, 무소륵스키
근대 · 현대 (1901~현재)	• 인상파 음악, 무조성음악, 음열주의 음악, 우연성음악 등 양식의 다양화 • 조성의 파괴 • 자유 형식 • 대중음악의 발달	라벨, 드뷔시, 쇤베르크, 스트라빈스키, 베르그, 바르토크, 거슈윈, 라이히, 케이지

(2) 사회문화적 구분

음악은 인간의 삶과 긴밀하게 연계되어 있다. 따라서 음악적 양식도 독립적으로 존재하는 것이 아니라 그 양식이 속한 시대의 사회와 문화를 배경으로 하며 그에 따른 특성을 공유하게 된다. 어떤 음악은 귀족의 궁전에서 연주되었지만, 어떤 음악은 서민의 일터에서 즐겨졌으며, 어떤 음악은 인간의 감정을 표현하기 위한 것이지만 어떤 음악은 신과 소통하기 위한 종교적 제식의 목적을 갖기도 한다. 이와 같이 음악의 양식은 정치적 · 경제적 · 사회적 · 문화적 배경의 맥락으로부터 다양한 영향을 받게 된다. 음악은 그 배경적 요인에 따라서, 음악이 발생한 지역에 따라서, 그리고 음악이 작곡된 예술적 의도나 음악이 갖는 역할에 따라서 구분되기도 한다.

〈표 2-7〉 사회문화적 배경에 따른 음악의 구분

종류	특징
서양음악	음악의 문화적 배경의 구분을 위한 개념으로서 서구 유럽의 음악이란 의미를 가지며, 좁게는 서양의 예술음악을 의미한다.
동양음악	동양의 음악, 보통 서양음악에 대칭(對稱)하는 음악을 의미하며, 동양음악을 크게 나누면, 중국을 중심으로 하는 '동아시아', 인도네시아와 타이를 중심으로 하는 '동남아시아', 인도를 중심으로 하는 '남아시아', 아랍 · 터키를 중심으로 하는 '아라비아 · 이슬람' 문화권으로 대별된다.
예술음악	지적 음미와 예술적 향유를 목적으로 하거나, 또는 그러한 가치를 가지고 있는 음악을 의미한다.
대중음악	대중을 대상으로 하고 대중매체를 통해 전파되는 음악 양식을 총칭하는 말로서, 예술음악 또는 전통음악에 대한 대비적 개념으로 쓰이며, 대중가요, 유행가 등이 대표적이다.
전통음악	특정 나라 또는 민족에 전통적으로 전해져 내려오는 민요나 음악 등을 말하며, 최근에 만들어졌더라도 전통음악의 기본적인 틀을 따르거나 전통 악기를 바탕으로 연주되는 음악이라면 일반적으로 전통음악의 범주에 포함된다.
종교음악	성악이나 기악이 종교를 내용으로 하거나, 또는 종교적 목적으로 작곡된 음악을 의미한다.
세속음악	종교음악의 대립적 의미로서, 가사나 음악의 내용이 인간의 일상적인 삶과 관련되어 있는 음악을 의미한다.
민속음악	민속적인 음악이란 의미로서 사람들의 말을 통해 전승된 것, 하위 계층의 사람들 사이에서 전승된 것, 작곡가를 알 수 없는 것 등을 말한다.
축제음악	축제를 위하여 작곡되었거나 축제에 쓰이는 음악을 의미한다.
제식음악	종교적 · 사회적 의식의 과정에 쓰이는 음악, 또는 그러한 용도로 작곡된 음악을 의미한다.

2. 음악 활동

학생들은 다양한 음악 활동을 통해서 음악을 경험하고 이해하게 된다. 음악 활동은 음악적 개념을 습득하고 표현하는 통로이다. 또한 음악 수업의 다양한 활동을 통해서 나타나는 학생들의 음악적 행위는 학생들이 교사가 제시한 수업의 내용을 얼마나 이해하고 있는지를 파악할 수 있는 중요한 지표이기도 하다.

음악 수업에서 제시되는 기본적인 음악 활동들은 듣기와 감상하기(listening & appreciation), 노래 부르기(singing), 악기 연주하기(playing instrument), 신체표현하기(moving), 음악 만들기(창작, creating) 등이다. 학생의 음악적 발달을 위해서 교사는 학습 목표에 부합하는 적절한 음악 활동을 선택하고 구성할 수 있어야 하며, 수업에서 경험하는 다양한 활동을 통해서 학생들이 의미 있는 음악적 경험을 할 수 있도록 이끌어 주어야 한다.

초기 학교 음악교육에서는 가창 위주로 활동이 구성되었지만, 점차 기악, 감상, 창작 활동의 비중도 늘어나게 되었다. 교육의 목표 역시 가창 활동을 통한 시민 정신의 함양이나 정서 순화, 여가 선용과 같은 교양적 성격에서 음악을 통한 예술적 체험과 음악적 능력의 개발과 같은 음악교육의 보다 본질적인 목적에 집중하게 되었다. 특히 1960년대 중반 미국에서 이루어진 음악교육에 대한 반성적 성찰의 결과로 '포괄적 음악교육(comprehensive musicianship)'이 대두된 이후, 학교의 음악교육은 실제적으로 표현 가능한 경험성, 창의적이며 일상의 삶에 관련되는 포괄성을 강조하게 되었다. 이에 따라 학교에서의 음악교육은 창작, 감상, 연주 등의 전 분야에 걸친 균형 잡힌 교육 내용의 구성과 음악적 위계를 고려한 체계성을 중시하게 되었다.

1) 듣기와 감상하기

음악은 듣기를 통해서 이루어지는 경험 예술이다. 학생들은 듣기를 통해 악곡을 경험하고, 자신이 노래하는 것 또는 악기로 연주하는 것을 듣거나, 교사의 시범연주를 들으면서 음악을 경험하고 이해하게 된다. 음악 경험의 과정에서 음악적 요소와 형태를 지각적으로 듣는 것(perceptive listening)은 모든 음악 활동을 위해 기본적으로 필요한 활동이라고 할 수 있다.

감상 활동은 듣기를 통해서 감지한 음악적 특징들의 의미를 발견하고 이에 대한 정서적 반응을 확장시킴으로써 학생들의 음악적 감수성을 길러 주는 것을 목적으로 하는 활동이다. 감상 활동을 통해서 학생들은 자신이 표현할 수 있는 악곡보다 예술적으로 더욱 수준 높은 음악들을 경험할 수 있는 기회를 갖는다.

2) 노래 부르기

노래 부르기는 (학생이) 가장 먼저, 가장 쉽게 시작할 수 있는 음악표현 활동으로서, 특히 목소리라는 직접적인 매체를 통해서 음악을 경험할 수 있다는 점에서 음악 학습의 중요한 영역으로 여겨지고 있다. 또한 노래 부르기 활동은 음악을 경험하고 이해하는 데 필요한 음악의 미적 경험 활동일 뿐 아니라 음악 예술의 중요한 표현 양식이기도 하다.

대부분의 학생들은 노래 부르는 것을 시작으로 음악적 경험을 하게 된다. 따라서 음악 수업을 통해서 만족스럽고 즐겁게 노래 부르는 기회를 갖지 못한다면 음악에 대한 애착과 자신감을 기르는 것이 어려워진다. 교사는 노래 부르기 활동을 통해서 학생이 스스로 자신의 목소리를 조절하여 노래 부르기에 적합한 자연스러운 발성을 할 수 있도록 지도해야 하며, 적절한 음악적 표현을 위하여 정확한 음정과 리듬으로 노래 부를 수 있는 기능을 습득하도록 이끌어 주어야 한다.

3) 악기 연주하기

악기 연주하기는 노래 부르기나 감상 등 다른 활동이 제공할 수 없는 특별한 음악적 경험을 학생들에게 제공한다. 학생들은 다양한 악기를 경험하고, 점차적으로 연주 기술이 증진됨에 따라 음악에 대한 이해도 더욱 높아지게 된다. 음의 길이, 음정 관계, 여러 개의 다양한 소리의 어울림과 같은 요소들은 노래 부르기 활동만을 하는 것보다는 악기 연주 활동을 통해서 더욱 분명하게 습득될 수 있으며, 악보와 그 실제 소리 간의 관계에 대한 이해 역시 악기 연주를 통해서 쉽게 발전될 수 있다.

음악 수업에서는 다양한 종류와 유형의 악기를 다룸으로써 악기의 주법을 익히고,

여러 가지 종류의 악곡을 익히게 된다. 가능하다면 음질이 좋은 악기를 사용하여 연주에 대한 동기 부여는 물론 음악적 표현성과 감수성을 발전시키도록 한다.

4) 신체표현하기

음악에 대한 신체표현은 학생들이 음악 수업에 능동적으로 참여할 수 있는 활동이며, 음악에 대한 기본적인 반응이기도 하다. 음악을 듣고 그 음악적 특징에 따라 몸을 움직이고 동작으로 표현해 보는 것은 음악적 개념을 더욱 쉽게 이해하고 습득할 수 있도록 도와준다. 신체표현은 음악에 대한 반응을 직관적으로 표현할 수 있어 학생 주도의 창의적 표현 방법으로도 활용될 수 있다. 또한 교사는 학생들의 몸 움직임을 통해서, 어떻게 음악을 지각하고 반응하며 표현하는지를 확인할 수 있다. 몸의 움직임을 통한 음악적 표현들은 개인의 음악적 표현을 위한 기초가 되며, 독창적인 음악적 해석의 근원을 제공한다.

5) 음악 만들기

음악 교과에서의 음악 만들기는 음악적 재료를 조직하여 독창적이고 독특한 산물을 구성하는 모든 활동을 의미한다. 음악 수업에서의 음악 만들기는 즉흥연주와 작곡으로 나눌 수 있다. 즉흥연주는 구체적인 계획 없이 음악적 표현과 구성을 즉흥적으로 실행하는 것을 의미하며, 작곡은 만들고자 하는 음악을 구상하여 음악의 조직과 구성을 미리 계획하고 반복적 연주가 가능하도록 악보로 기보하여 보존하는 것을 의미한다.

즉흥연주는 학생의 음악적 발달과 보유한 지식의 수준에 따라 짧고 간단한 리듬꼴이나 가락을 즉흥적으로 연주하는 활동부터 더욱 복잡한 패턴과 구조를 적용하는 확대된 즉흥연주까지 다양한 방법으로 시도될 수 있다. 즉흥연주는 노래 부르기와 기악 활동을 통해서 이루어질 수 있으며, 신체표현, 가사 바꾸기, 이야기 꾸미기와 같이 다양한 활동과 연계하여 이루어질 수 있다.

작곡은 즉흥연주보다 더 많은 시간을 필요로 하며, 적용할 음악적 재료와 개념 및 악곡의 구성 등에 대한 분명한 계획을 가지고 이루어진다는 점에서 학습이 필요한 활동이다. 작곡 활동은 창의적 활동일 뿐만 아니라 음악의 인지적 측면을 명료화하는 역할을 한다.

〈표 2-8〉 음악 활동의 유형과 관련 활동

활동 유형	관련 활동	
노래 부르기 (가창)	• 바른 자세 • 바른 호흡 • 자연스러운 발성 • 가사의 정확한 발음 • 듣고 부르기	• 보고 부르기 • 외워서 부르기 • 악곡의 특징을 살려 부르기 • 혼자서 또는 여럿이서 부르기
악기 연주하기 (기악)	• 바른 자세 • 기초 주법 • 다양한 주법 • 듣고 연주하기	• 보고 연주하기 • 외워서 연주하기 • 악곡의 특징을 살려 연주하기 • 혼자서 또는 여럿이서 연주하기
음악 듣기 (감상)	• 바른 자세로 듣기 • 집중하여 듣기 • 악곡의 전체적인 특징을 생각하며 듣기 • 악곡의 특징적인 요소를 구별하며 듣기	• 악곡 구성의 특징을 분석하며 듣기 • 음악적 표현을 생각하며 듣기 • 악곡의 특징을 묘사하기
신체 표현하기	• (박, 리듬에 맞추어) 걷기, 뛰기, 뛰어오르기, 손뼉치기, 팔 흔들기, 구부리기, 몸 흔들기 등 • 음악의 느낌을 신체의 움직임으로 표현하기 • 음악의 특징(리듬, 가락, 장단, 빠르기, 셈여림, 형식 등)을 신체의 움직임으로 표현하기	
음악 만들기 (창작)	• 목소리와 악기로 즉흥적으로 표현하기 • 리듬 짓기 • 가락 짓기	• 의도와 계획에 따라 음악 구성하기 • 작곡 및 음악구성 능력 • 이야기의 장면이나 상황을 소리로 표현하기

3. 음악에 대한 태도

학생들이 음악에 대하여 긍정적인 태도를 가지고 즐길 수 있도록 하는 것은 음악교육의 중요한 목표 중 하나이다. 2015 개정 음악과 교육과정에서는 "음악의 가치를 인식하고, 음악 활동에 적극적으로 참여하여 음악을 즐기는 태도를 갖는다."를 초등학교 음악과 목표('다' 항)로 제시하면서 학생들의 음악에 대한 긍정적이며 적극적인 태도의 중요성을 강조하고 있다.

음악적 태도는 음악적 심성과 밀접하게 연계되어 있다는 점에서 교육적으로 중요한 의미를 갖는다. 음악적 심성이란 음악에 대한 느낌과 감정이며, 그로부터 생겨나는 정서의 상태를 의미하기도 한다. 학생들이 음악에 대하여 긍정적인 태도를 갖기 위해서는 음악을 듣는 경험 자체가 즐거워야 하고, 듣고 있는 음악이 어떤 내용인지를 알 수 있어야 하며, 그것이 의미 있게 생각되는 가치화가 이루어져야 한다. 이러한 가치화는 학생들 스스로가 자신의 느낌과 감정, 사고, 의도 등을 음악 행위의 원천으로 사용할 수 있을 때 발생한다.

음악이 인간 내면의 정서와 감정, 사고를 소통하는 과정임을 알게 되었을 때 학생들은 스스로의 음악 활동에 신중하게 되며, 타인의 음악 표현을 받아들임에 있어서도 예의를 갖출 수 있게 될 것이다. 이 같은 긍정적인 음악적 태도는 음악 작품과의 만남과 음악 활동을 통해서 음악의 아름다움과 예술적 의미를 발견할 수 있도록 하며, 타인의 느낌과 감정을 수용하고 자신의 느낌과 감정을 표현하는 지속적인 음악적 활동을 이끌 수 있을 것이다.

학생들의 음악적 태도 형성은 음악과 관련된 다양한 경험에 의하여 결정된다. 이러한 경험에는 학교에서의 음악 학습, 가정에서의 음악 환경, 지역과 사회 그리고 국가 전반의 문화적 특성과 시대의 성향 등이 포함된다. 특히 학교에서의 음악 학습과 음악 활동은 학생의 음악적 태도 형성을 위하여 체계적이며 긍정적인 영향을 미칠 수 있다는 점에서 중요하다. 학교에서의 음악교육은 양질의 음악 경험을 폭넓게 제시함으로써 학생들이 음악에 대한 긍정적인 태도를 가질 수 있는 계기를 마련해 줄 수 있어야 할 것이다.

다음은 학생의 긍정적인 음악적 태도 형성을 위하여 음악 학습에서 고려해야 할 점이다.

- 학생의 준비도와 흥미를 고려한 음악 체험의 제공
- 학생 주도적 활동을 통한 의미 있는 음악적 체험의 제공
- 다양한 유형의 음악 활동 체험의 제공
- 다양한 시대, 다양한 지역, 다양한 종류의 음악 체험 기회의 제공
- 학교 내외 행사를 통한 음악 활동 참여 기회의 확대
- 자아 표현, 자아 성취를 체험할 수 있는 음악 경험의 제공
- 음악이 갖는 문화적 · 전통적 가치의 강조
- 예술적 목적과 가치의 중요성 강조
- 음악의 개인적 · 사회적 역할의 이해와 그 중요성 강조

제3장

어떻게 가르치는가 I

'어떻게 가르치는가'는 올바른 또는 효과적인 '교육방법'을 탐색하는 질문이다. 이것은 학습자가 '어떻게 배우는가'의 질문과 분리하여 논의할 수 없다. 음악 교과에서도 '음악을 어떻게 가르치는가'에 관한 관심은 '음악을 어떻게 배우는가'에 관한 관심과 밀접한 관계에 있다. 그동안 가르치고 배우는 방법의 문제는 교육학에서 교수 · 학습 방법이라는 주제로 많은 연구가 이루어져 왔다. 학교 교육은 효율적인 교수 · 학습 방법을 위한 실질적인 도움을 심리학 연구로부터 제공받는다. 행동주의, 인지주의, 인본주의 심리학과 신경생물학 연구 분야의 지식이나 이론, 원리들은 음악 교과에서도 교수 · 학습 방법 연구의 중요한 배경이 된다. 한편, 다른 소리와는 구별되는 음악 소리를 인간이 어떻게 지각하고 인지하는지에 관심을 가지는 음악심리학 연구는 음악 능력의 발달에 관한 정보를 제공해 주고 아동의 성장과 발달에 적절한 음악 학습과 지도 방법에 도움을 준다. 이 장에서는 음악교육을 위한 교수 · 학습 방법의 배경을 교육심리학 연구와 음악심리학 연구의 순서로 살펴본다.

1. 교육심리학과 음악 교수·학습 방법

음악은 어떻게 가르치는 것이 효과적인가? 교육심리학은 음악교육의 방법을 위한 심리학적 기초를 제공한다. 이 장에서는 널리 알려진 행동주의, 인지주의, 인본주의 심리학과 최근 학습과 기억의 기제(mechanism)에 대한 관심이 높아짐에 따라 중요하게 인식되는 신경생물학 연구의 이론이나 원리들이 학교 음악교육의 목표를 달성하기 위해 음악 교수 · 학습 방법에 어떻게 적용되는지 알아보기로 한다.

또한 교육심리학에서 중요하게 다루는 내용이지만 어느 한 가지 접근이나 관점으로 한정할 수는 없는 구성주의와 다중지능 이론의 원리들도 함께 살펴보기로 한다.

1) 행동주의 심리학

행동주의 심리학은 관찰이 가능하고 객관적으로 측정할 수 있는 행동과 환경의 상호작용에 연구의 중점을 둔다. 행동주의 심리학의 기본 전제는 인간의 행동은 통제될 수 있다는 것이며, 인간 행동의 통제에 대한 기술 개발에 관심을 가진다. 행동주의 심리학은 행동적 반응을 일으키는 자극, 반응을 유지시키는 상벌의 패턴 변화와 이로 얻어지는 행동의 수정에 관심을 가지기 때문에 자극-반응 심리학(S-R 심리학)으로 불리기도 하며, 자극과 반응이 연합함으로써 학습이 성립한다고 이해하고 있어 연합이론(association theory)으로 불리기도 한다.

노래나 악기 연주의 기능 향상은 음악 학습에서 중요한 부분을 차지한다. 분명한 행동 목표의 제시, 보상(강화제)에 의한 외적 동기 유발, 반복학습의 중요성 등 행동주의 심리학의 이론과 원리는 관찰될 수 있는 학습자의 음악적 행동과 밀접한 관계를 가진다.

〈표 3-1〉은 행동주의 심리학의 이론과 원리들을 적용한 음악 교수 · 학습 방법을 간단히 제시한 것이다.

〈표 3-1〉 행동주의 심리학과 음악 교수 · 학습 방법

행동주의 심리학의 이론 및 원리	음악 교수 · 학습에의 적용	
	내용 및 범위	지도 및 활동
분명한 행동 목표	관찰, 평가 가능한 음악적 행동 목표 진술	• 모호한 학습 목표보다 관찰, 평가하기 분명한 목표로 진술(예: "음악을 느낄 수 있다."보다는 "음악의 느낌을 말할 수 있다.")
보상에 의한 외적 동기 유발	음악적 목표에 도달하기 위한 동기 유발	• 다양한 음악 활동에 있어 보상을 통해 음악적 성취를 경험할 수 있도록 지도(단, 지나친 보상은 좋지 않음) • 보상을 통해 음악적 행동을 수정할 수 있도록 지도
반복 학습	기능 향상을 위한 음악 학습	• 학습자의 연령과 집중력을 고려하여 노래와 악기는 반복적 · 지속적으로 연습하도록 지도 • 기능의 수행 외에도 악보 읽기, 청지각 학습 등은 반복적이고 경험적인 활동이 되도록 지도
구체적인 학습 조건	구체적인 음악 학습의 조건(범위)	• 선행학습과 연계하여 수업에서 성취 가능한 음악 학습의 조건을 단계별로 제시 • 학습자의 연령이 낮을수록 학습 목표는 단순하게 제시(예: "3화음을 이해하고 성부의 어울림을 느끼며 2부 합창을 할 수 있다."는 "돌림노래를 부를 수 있다."보다 훨씬 복잡함)
적절한 환경 조성	음악적 환경 조성	• 음악 학습에 긍정적으로 반응할 수 있는 음악적 환경과 음악적 성장을 지원할 수 있는 교실 환경을 제공

2) 인지주의 심리학

인지주의 심리학에서는 인간의 내적 정신과정에 관심을 가진다. 인지주의 심리학은 마음을 이루는 인지 요소 및 그 작용이 무엇인지, 지식이 학습자의 내적 정신과정에서 어떻게 구조화되는지 등을 연구한다. 이와 같이 인간이 환경을 지각하고, 해석하고, 기억하고, 탐구하는 정신과정을 연구하는 인지심리학에서는 인간을 능동적 정보처리자로 간주한다. 즉, 기억, 사고, 문제해결 등과 같은 정신적 사건들이 일어나는 단계와 능동적으로 정보를 처리하고 그것을 새로운 형태로 변형시키기도

하는 과정을 대부분의 인지심리학자들은 정보처리의 관점에서 연구한다.

음악 학습에서 중요하게 다루고 있는 인지심리학의 이론 및 원리로는 개념 학습, 인지발달이론, 정보처리이론 등을 들 수 있다. 인지주의 심리학의 이론이나 원리들은 상호 밀접한 연관성을 가진다. 예를 들어, 개념 학습은 피아제(J. Piaget), 브루너(J. Bruner), 비고츠키(L. S. Vygotsky)의 인지발달이론이나 정보처리이론과 연계하여 더 잘 이해될 수 있다. 음악적 발달 및 음악 인지발달 단계와 관련된 내용은 음악심리학 연구에서 보다 자세하게 다루기로 한다.

〈표 3-2〉는 인지주의 심리학의 이론과 원리들을 적용한 음악 교수 · 학습 방법을 간단히 제시한 것이다.

〈표 3-2〉 인지주의 심리학과 음악 교수 · 학습 방법

인지주의 심리학의 이론 및 원리		음악 교수 · 학습에의 적용	
		내용 및 범위	지도 및 활동
개념 학습		음악 개념 이해를 위한 학습	• 음악 개념의 형성은 단순한 수준에서 보다 심화된 수준으로 발전되도록 지도 • 음악 개념의 형성을 위한 다양한 활동 구성(각각의 개념은 가창, 기악, 감상, 창작 등 모든 활동 속에서 지도)
인지발달이론	피아제	감각운동기-전조작기-구체적 조작기-형식적 조작기의 일반적인 음악 발달 특징 이해	• 연령과 청지각 능력의 발달에 따른 음악 개념 지도 • 음악 발달 단계에 적절한 음악 활동 선정 • 〈표 3-7〉 참조
	브루너	활동적(작동적)-시각적(영상적)-상징적 표상양식의 단계에 있어서 학습자의 선행 음악 경험 고려, 음악 지식의 구조	• 연령이 높아도 음악 경험이 충분하지 않다면 음악을 지각하고 반응하는 활동적 단계부터 지도 • 시각적 단계에서의 음악 학습을 위한 시각(영상) 자료 개발(그림 악보, 막대 악보, 음악 개념을 그림으로 설명) • 음악 지식의 구조화를 위해 동일한 음악 개념이 반복-심화되는 나선형 교육과정 활용

비고츠키	음악 학습에서의 근접 발달영역의 이해	• 학습자의 잠재적 음악 발달 수준을 고려하여 이에 적합한(도움을 받아 해결할 수 있는) 과제를 제시 • 언어적 상호작용과 대화를 통한 지도 방식 활용
정보처리이론	음악 정보의 청각적 의미, 음악 정보의 단위, 음악적 기억, 음악 정보의 자동화 등 음악정보 처리 과정의 방식 이해	• 음악 정보는 반드시 '청각 정보'와 함께 기억 속에 저장될 수 있도록 음악 개념은 실음을 통해 가르치며, 화음의 경우 소리의 성질을 구별하게 하고, 내청 능력이 향상되도록 지도 • 음악 정보를 기억 가능하고 의미 있는 단위(프레이즈, 리듬 패턴, 화성 패턴)로 지도 • 새로운 정보와 기억 속의 정보가 서로 관련성을 가지게 하여 정보를 정교화 · 체계화 · 조직화할 수 있도록 지도 • 보다 높은 수준의 음악 정보를 처리하기 위해 악기 다루기나 악보 읽기와 같은 기초학습에서는 충분한 반복 연습을 통해 자동화 수준에 이르도록 지도
	음악 학습에 있어 다양한 인지적 전략(상위인지, 반성적 사고)의 사용	• 학습자 스스로 음악적 능력의 수준을 관찰하고, 효과적인 연습 방법을 정하여 자신의 학습 과정을 조절하고 통제할 수 있도록 지도 • 반성적 사고를 통해 학습 과정의 문제를 발견하고 음악적 능력을 향상시킬 수 있는 해결 방안을 찾을 수 있도록 지도

3) 인본주의 심리학

인본주의(인간주의) 심리학은 과학보다는 문학이나 휴머니즘을 지지한다. 인본주의 심리학에서는 인간을 적극적이고 목적적이며 행동적인 존재로 본다. 인간을 자기 자신의 운명을 주관할 수 있는 행위자로 보는 인본주의 심리학에서는 개인의 자유의지를 강조하고 개인의 내적 생활과 주관적 경험에 대한 이해를 중요시한다. 로저스(C. Rogers)와 매슬로(A. Maslow)로 대표되는 인본주의 심리학자들에 의하면,

인간은 성장과 자아실현을 추구하는 강한 내적 동기를 가지고 있고 잠재력을 최대로 계발하여 더 향상시키려는 기본 성향을 가지고 있다. 인본주의적 입장에서 교육은 삶을 통하여 계속되는 과정이며, 학습은 경험적인 것이다.

인본주의 심리학은 개인의 주관적 경험을 중요시하며 인간을 가치의 중심에 둔다. 따라서 인본주의 심리학을 음악 수업에 적용하면 학습자 중심의 음악 수업이 많이 강조된다. 또한 인본주의 심리학 입장에서의 음악 학습은 음악 수업을 통한 자아실현과 음악적 잠재력 계발을 위해 주관적이고 창의적인 음악 경험에 많은 관심을 가진다.

〈표 3-3〉은 인본주의 심리학의 이론과 원리들을 적용한 음악 교수 · 학습 방법을 간단히 제시한 것이다.

〈표 3-3〉 인본주의 심리학과 음악 교수 · 학습 방법

인본주의 심리학의 이론 및 원리	음악 교수 · 학습에의 적용	
	내용 및 범위	지도 및 활동
주관적 경험 중시	학습자 중심의 음악 수업	• 다양한 개인의 음악적 특성 인정 • 학습자에게 보다 많은 선택권 부여
내적 동기 중시	음악적 행동 표현	• 자아실현을 위해 음악을 하나의 표현 방식으로 사용할 수 있도록 지도 • 음악적 잠재력 계발을 위해 창의적으로 음악을 표현할 수 있도록 지도

4) 신경생물학 연구

신경생물학 연구에서는 인간의 뇌 구조와 기능을 통하여 마음과 행동을 연구한다. 최근의 신경생물학 연구들은 뇌의 활동과 인간의 행동, 정신 활동 산에 밀접한 관계가 있다는 것을 증명하고 있다. 학습과 기억의 기제에 대한 관심이 높아짐으로 인해 생물(신경)심리학이 현대에서 차지하는 비중은 점차 증가하고 있다. 이에 따라

생물심리학, 신경과학, 인지과학의 연구 결과를 교육에 적용하고자 하는 학습과학(science of learning)이 교수 · 학습 방법의 새로운 패러다임으로 제기되고 있다. 학습과학은 다양한 심리학 이론뿐만 아니라 학습을 다루는 뇌과학 연구 결과를 올바로 이해하고, 이를 학습 환경과 학습 과정, 교수 방법 등에 효과적으로 활용해야 한다는 새로운 접근 방법이다.

뇌의 구조와 기능, 인지와 정서, 기억 등에 관한 뇌과학 분야의 연구 결과를 이해하고 효율적인 학습을 위해 활용하고자 하는 이러한 접근 방법은 음악 수업에 있어서도 유용한 내용이다. 특히 정서의 역할, 의미를 탐색하는 뇌의 작용 등을 이해하는 것은 중요하다. 또한 언어 영역과는 달리 음악 능력을 담당하는 특정 뇌 영역은 없으며, 음악가와 비음악가의 좌 · 우반구의 음악정보처리 능력에는 명백한 차이가 있다는 사실은 음악교육에 중요한 시사점을 준다.

〈표 3-4〉는 신경생물학 연구의 이론과 원리들을 적용한 음악 교수 · 학습 방법을 간단히 제시한 것이다.

〈표 3-4〉 신경생물학 연구와 음악 교수 · 학습 방법

신경생물학 연구의 이론 및 원리	음악 교수 · 학습에의 적용	
	내용 및 범위	지도 및 활동
정서의 역할	학습 과정에서 정서의 강력한 역할을 이해하고 정서를 의미 있게 활용	• 음악 정서는 수업에서 저절로 계발되는 것이 아니기 때문에 기본 정서를 안정적으로 보호할 수 있도록 지도(집중 가능하고 심리적으로 위축되거나 불안하지 않는 교실 음악 환경 조성)
의미를 탐색하는 뇌의 작용	새로운 음악 정보에 대한 자연스러운 뇌의 작용 이해	• 유의미 패턴(프레이즈, 리듬 패턴, 화성 패턴)을 사용하는 음악 학습, 의미를 탐색하는 음악 학습, 체계적인 음악 학습이 될 수 있도록 지도
좌 · 우반구 기능의 균형적 계발	음악 활동은 좌 · 우반구의 활동임을 이해	• 음악교육이 전뇌 계발에 효과적이라는 과학적 결과를 이해하고, 좌 · 우반구가 모두 계발될 수 있도록 지각적 · 직관적 · 분석적 · 논리적 · 언어적 · 감성적 · 표현적 · 총체적 · 창의적 방법 등 다양한 교수 전략 사용

5) 구성주의와 다중지능 이론

구성주의와 다중지능 이론은 인지심리학에서 설명하기도 하지만, 여기에서는 각각의 이론으로 발전하게 된 배경부터 살펴보기로 한다.

먼저, 구성주의는 철학적 견해로서의 구성론적 인식론에서 출발한다. 즉, 구성주의는 인간이 지식을 습득하고 형성하는 과정은 단순히 수동적인 작용이 아니라 개인의 능동적인 인지 작용의 결과로 보는 상대주의적 인식론으로부터 출발한다. 이는 기존의 절대주의적 인식론에서 중요하게 여겼던 객관성 · 보편성과는 구분된다. 상대주의적 인식론 배경을 가지는 구성주의이론은 현대의 지식정보화 시대의 교육적 요구에 따르는 학습이론 또는 교수이론이라고 할 수 있다.

심리학에서 구성주의는 크게 두 가지, 즉 피아제의 발달심리에 이론적 근거를 두는 인지적 구성주의와 비고츠키의 발달심리이론에 근거를 두는 사회문화적 구성주의로 구분된다. 구성주의이론에서는 새로운 지식을 학습할 때 학습자가 기존 지식과의 관계성을 파악하여 능동적으로 지식을 구성해 가는 과정에 초점을 둔다. 이러한 관점에서 볼 때, 음악 지식은 학습자의 음악적 경험으로부터 구성되어야 하며 음악 학습은 학습자 스스로의 구성적 과정을 통해 지각하고 사고할 수 있는 내적 표상

〈표 3-5〉 구성주의이론과 음악 교수 · 학습 방법

구성주의 이론의 원리	음악 교수 · 학습에의 적용	
	내용 및 범위	지도 및 활동
학습자 중심의 교육, 문제해결력 및 사고력 향상을 위한 학습과정, 협동학습	기존 음악 지식과의 관계성 파악, 능동적으로 음악 지식을 구성하는 음악학습 과정	• 의미 없는 단순 암기가 아니라 학습자 스스로 음악 지식을 구성하는 과정을 중시하도록 지도 • 음악 지식(학습)의 구조를 능동적으로 파악하는 발견학습 방법의 활용, 협동학습 환경 조성 • 학습자의 관점을 중시하고 학습자의 이해를 촉진하기 위해 음악 교육과정을 조정하고 교과서를 재구성하여 지도
포괄적 평가	음악 평가 방법	• 다양화 · 전문화된 음악 평가 방법의 도입과 음악학습 활동의 모든 과정을 포함하여 평가

을 만들어 가야 한다.

〈표 3-5〉는 구성주의이론의 원리를 적용한 음악 교수 · 학습 방법을 제시한 것이다.

다중지능이론은 지능의 다원성을 수용하는 다차원적인 지능의 개념을 제시한 가드너(H. Gardner)의 지능이론이다. 다중지능이론은 인간의 잠재력과 인지 능력을 뇌손상 환자들의 임상적 자료에 근거하여 신경생물학적 관점에서 기술한 것이다. 가드너에 의하면, 인간의 지적 능력은 여러 유형의 능력, 즉 다양한 형태의 지능들로 구성된다. 상호관계 속에서 비교적 독립적인 이러한 지능들의 기능 수행과 작용은 서로 다른 뇌 영역에서 이루어진다.

음악 지능은 인간 누구나 가지고 있는 보편적 지능이다. 또한 음악 지능은 다른 지능이 대신할 수 없는 독립적인 지능이다. 학교 교육은 인간의 보편적 · 독립적 지능인 음악 지능을 최대한 계발시켜 주어야 한다. 지적 능력으로서의 음악 지능을 설명하는 가드너의 다중지능이론을 이해하는 것은 학교 음악교육의 올바른 이해를 위해 매우 중요하다.

〈표 3-6〉은 다중지능이론을 적용한 음악 교수 · 학습 방법을 제시한 것이다.

〈표 3-6〉 다중지능이론과 음악 교수 · 학습 방법

다중지능 이론의 원리	음악 교수 · 학습에의 적용	
	내용 및 범위	지도 및 활동
지능의 다원성 이해	음악 지능의 이해	• 인간의 보편적 · 독립적인 음악 지능의 역할 이해
다양한 지능 계발	음악 지능의 계발	• 다양한 음악 활동을 통해 모든 학습자의 음악 지능을 최대한 계발할 수 있도록 지도

지금까지 살펴본 내용에서 알 수 있듯이, 각각의 심리학 관점에 따라 음악 수업에 적용할 수 있는 원리나 이를 고려한 교수 · 학습 방법은 서로 다르지만 모두 음악 수업에서 유용한 내용임을 확인할 수 있다. 심리학 연구를 통해 알 수 있는 것은, 하나의 심리학 연구 방법만으로는 복잡한 인간의 행동과 정신과정을 모두 설명하기

어렵다는 것이다. 마찬가지로 교육심리학 연구를 통해 알 수 있는 것은, 하나의 심리학 관점에서 설명하는 효과적인 교육의 방법이 모든 상황에 적합한 절대적인 교수 · 학습 방법은 아니라는 사실이다. 따라서 수업에서는 여러 심리학 관점에서 연구되는 다양한 교수 · 학습 방법을 학습자의 수준, 학습의 단계, 학습의 종류 등에 따라 올바르게 활용하는 것이 바람직하다.

한 가지 교수 · 학습 방법을 아는 교사와 열 가지 교수 · 학습 방법을 아는 교사의 수업의 질은 분명히 다를 것이다. '어떻게 가르치는가'에 대한 고민은 심리학적 배경과 이론 및 원리들을 이해하고, 이를 음악 수업에 올바르게 적용하려는 교사의 노력에서 보다 개선된 교수 · 학습 방법을 기대할 수 있다.

2. 음악심리학 연구에 근거한 음악 교수·학습 방법

음악적 소리는 다른 소리와 어떻게 다른가? 인간은 음악을 어떻게 지각하고 인지하는가? 음악 정보는 어떻게 처리되는가? 음악심리학에서는 이러한 물음에 이론적 토대를 세우며 음악에 대한 반응, 음악의 지각과 인지 등에 관한 체계적인 연구 결과를 제공한다. 여기서는 음악심리학의 연구 영역 중에서 음악교육과 중요한 관련이 있는 음악 능력의 발달 단계와 이에 따른 초등학교에서의 음악 활동 및 지도 방법을 중심으로 살펴보기로 한다.

1) 음악 능력의 발달

'인간은 누구나 음악적'이다. 인간과 동물을 구별하는 능력으로 흔히 언어 능력과 사고 능력을 언급하지만, 음악 능력은 언어 능력이나 사고 능력보다 먼저 발현되는 인간 고유의 능력이다. 그럼에도 불구하고 그동안 학교 현장에서는 음악 능력을 언급할 때, 교육을 통해 계발되어야 할 의미를 담은 음악지능과 같은 표현보다

조기학습 결과나 선천적으로 타고난 의미를 담은 음악재능과 같은 표현이 더 많이 사용되어 온 듯하다. 음악심리학 문헌에서는 음악 능력(musical ability)을 음악 적성(musical aptitude), 음악성(musicality) 등과 구분하여 설명하기도 하지만, 넓은 의미에서 음악 능력은 유전, 학습, 경험, 환경 모두에 영향을 받는다. 심리학 연구에 따르면, 일반적으로 68%의 사람들은 평균 정도의 음악성을 가지고 있고, 14%의 사람들은 평균보다 더 음악적이며, 14%의 사람들은 평균보다 덜 음악적이다. 또한 2%의 사람들은 음악적으로 상당히 높은 재능을 가지고 있고, 2%의 사람들은 음악적으로 낮은 재능을 보인다(Gembris, 2002: 489). 인간 고유의 능력이자 보편적인 능력으로서의 음악 능력은 먼저 노래하는 활동으로 나타난다. 다음은 유아기부터 관찰되는 노래 부르기의 발달과정을 간단히 설명한 것이다.

(1) 노래 부르는 능력의 발달

'옹알이'는 인간이 태어나서 처음으로 표현하는 말소리이다. 신생아의 '옹알이'는 아직 음악적인 소리도, 언어적인 소리도 아니다. 그러나 옹알이는 음악과 언어에 공통적으로 나타나는 음고(pitch), 강세(accent), 길이(duration)의 세 가지 특징을 가지고 있으며, 시간이 지남에 따라 음악적 소리와 언어적 소리로 각각 발전하게 된다. 음악적 옹알이는 자연스럽게 노래 부르기로 발전하는데, 18개월 된 유아의 전형적인 노래는 지속적으로 변하는 음정으로 일정한 선율 윤곽(contour)을 유지하며 반복적으로 부르는 특징을 보인다.

만 2세 된 유아들은 짧은 가락들을 노래할 수 있으며, 만 3~4세 된 유아들은 노래들을 혼합하여 접속곡처럼 부른다. 이 시기 유아들은 간단한 노래를 듣고 따라 부를 수 있으며 스스로 노래를 확장하기도 한다. 만 4세 무렵의 유아는 노래를 부르다가 다른 조성으로 빠지기도 하지만, 만 5세 이후에는 짧은 노래는 안정적으로 조성을 유지하는 것이 가능해진다. 만 6~7세인 초등학교 1~2학년 무렵의 아동은 한 옥타브 정도의 노래 음역을 가지며 청지각 능력이 현저하게 발달한다. 일반적으로 아동이 정확하게 노래 부를 수 있는 능력이 발달되는 시기는 대략 만 8세경이다.

(2) 음악 능력의 발달 단계

노래로 시작된 아동의 음악 활동은 성인이 될 때까지 일련의 음악적 발달 단계를 거친다. 짐머만(M. Zimmerman)은 널리 알려진 피아제의 인지발달이론에 따라 음악 능력의 발달 단계를 연구한 음악심리학자이다. 피아제의 인지발달이론은 ① 감각운동기(0~만 2세), ② 전조작기(만 2~7세), ③ 구체적 조작기(만 7~11세), ④ 형식적 조작기(만11세 이상)의 4단계로 이루어져 있는데, 이는 연령에 따른 구분이다. 짐머만은 음악 능력의 발달 단계를 피아제의 인지발달 단계를 기초로 연구하였으며, 각 단계에 적절한 음악 활동 및 지도 방법을 제시하였다. 〈표 3-7〉은 이를 간단히 정리한 것이다.

〈표 3-7〉 음악 능력의 발달에 따른 음악 활동 및 지도

인지발달 단계	음악 능력의 발달	음악 활동 및 지도
감각운동기 (0~만 2세)	• 2세경 5도(레~라)의 노래 음역	• 음악적 반응
전조작기 (만 2~7세)	• 4세 이전에 상대적 셈여림 구별 • 전조작기 초기는 반음 구별 능력 부족 • 5~6세 일정박 유지(빠른 박) • 6~7세 청지각 능력 중요한 발달 • 6~8세 선율지각 능력 향상 • 6~9세 음정구별 능력 향상	• 전조작기 초기에는 그룹 음악 활동 • 시각적 자료 사용 • 초기에는 넓은 음정, 이후에는 좁은 음정을 구별하도록 함 • 음악 요소는 독립적 · 통합적으로 가르침 • 리듬 패턴은 선율 패턴 학습 이전에 가르침 • 선율 경험은 매일의 경험이 되어야 함
구체적 조작기 (만 7~11세)	• 6~8세 선율지각 능력 향상 • 6~9세 음정구별 능력 향상 • 8세 조성 감각 현저한 발달 • 8세 청지각의 안정 시기 • 8세 화성지각 능력의 발달을 위한 결정적 시기의 시작	• 소리를 표현하고 나름대로 기보하는 경험적 활동 • 전조작기의 음악 활동이 9세 이전에 다양하게 경험되어야 함 • 8세경부터 간단한 화음 학습 • 8~9세 조성 기억을 돕기 위한 음악 활동 강조

	• 8~9세 조성기억(tonal memory) 능력 향상(14세까지) • 9세 이후 일정박 유지(빠른/느린 박) • 9세 음악(요소)보존 능력 안정기 • 10세 두 옥타브의 노래 음역	• 음악 개념 학습
형식적 조작기 (만 11세~)	• 12세경 음정구별 능력의 결정적 시기 지나감	• 음악에 대한 인지적 판단에 악보가 도움이 됨(구체적 조작기 후기부터)

이에 비해 음악심리학자 하그리브스(D. Hargreaves)는 피아제의 인지발달이론은 주로 논리 · 과학적인 사고를 위한 인지과정을 강조하는 문제점이 있다고 주장하면서 예술 영역에 맞는 발달 모형을 제시하였다. 그가 제시한 예술 영역에 적합한 모형은 ① 감각운동 단계(0~만 2세), ② 형상적 단계(만 2~5세), ③ 도식적 단계(만 5~8세), ④ 규칙체계 단계(만 8세~15세), ⑤ 전문적 단계(만 15세 이상)의 5단계로 구성된다. 하그리브스의 예술 영역 발달 모형은 기본적으로는 피아제와 마찬가지로 연령에 따라 구분되는데, 이것을 피아제의 인지발달 단계와 비교하여 제시하면 〈표 3-8〉과 같다.

〈표 3-8〉 피아제와 하그리브스의 인지발달 단계 비교

피아제의 발달 단계	연령(만)		하그리브스의 발달 단계
감각운동기	0~2세	0~2세	감각운동 단계
전조작기	2~7세	2~5세	형상적 단계
구체적 조작기	7~11세	5~8세	도식적 단계
		8~15세	규칙체계 단계
형식적 조작기	11세 이상	15세 이상	전문적 단계

피아제와 하그리브스 이외에도 음악 능력의 발달 및 발달 단계를 연구한 학자들은 상당히 많으며, 이들의 연구 결과에서 때로는 서로 일치하지 않는 내용도 발견된다. 그러나 다양한 연구 결과를 종합하면, 음악심리학 연구가 음악 교수 · 학습 방법

에 구체적이고 실질적인 기반이 되는 내용을 체계적으로 제공하고 있다는 것을 알 수 있다.

2) 음악 능력의 발달에 따른 초등학교 음악 교수·학습

아동의 음악적 능력은 각 개인에 따라 다르지만, 인간발달의 큰 틀 안에서 주어진 환경과의 상호작용을 통해 개인의 적절한 시기에 맞추어 성장하고 발달한다. 이러한 발달과정에는 교육적으로 결정적인 시기(critical periods)가 있는데, 음악교육에서는 이러한 결정기를 아무리 늦게 잡아도 대체로 만 10세 이전으로 본다. 다시 말해서, 만 10세 이전에 질 높은 음악교육을 받지 못한다면 아동의 잠재된 음악 능력은 충분히 계발될 기회를 얻지 못한다고 하겠다. 따라서 초등학교 시기의 음악교육은 다른 어떤 시기보다도 그 중요성이 강조된다.

초등학교에서의 모든 학습은 아동의 발달과정 중에 일어난다. 따라서 이 시기의 음악 교수 · 학습은 음악적 발달을 촉진하는 방법으로 이루어져야 한다. 다음은 음악심리학 연구들을 기초로 초등학교 1~2학년, 3~4학년, 5~6학년 음악 능력의 발달 수준과 이에 적절한 음악 활동 및 지도 방법을 제시한 것이다.

(1) 초등학교 1~2학년

① 음악 능력의 발달

아동은 연령이 높아짐에 따라 청감각 능력이 현저하게 발달된다. 초등학교에 입학하는 만 6세 무렵이 되면 아동들은 청각적 민감성이 급속도로 발달하여 음악적 소리의 셈여림, 리듬, 가락, 음색, 빠르기 등의 차이를 듣고 구별할 수 있게 된다. 가락을 지각하는 능력보다 리듬을 지각하는 능력이 먼저 발달하는데, 일반적으로 이 시기는 단순한 리듬이나 가락의 패턴을 정확하게 모방할 수 있고 기본적인 음악의 요소들을 신체적으로, 그림으로 표현할 수 있다.

이 시기 아동들은 박에 대한 개념을 습득하게 되어 빠른 박에 대해서는 일정박을 유지할 수 있고, 반음 음정을 노래하는 것은 아직 어려워하기도 하지만 음정을 구별하는 능력은 꾸준히 향상되며, 한 옥타브 정도의 노래 음역을 가진다. 또한 협화음에 대한 선호가 분명해지며, 소리의 동시적 울림을 지각하지만 주로 가락에 초점을 두어 듣는다. 흔히 초등학교 저학년 아동들은 노래 부를 때 크게 부르자고 하면 빨라지고, 작게 부르자고 하면 느려지는 것을 볼 수 있다. 아동들은 아직 음의 높이, 음의 크기, 음악의 빠르기를 혼동하는 경향이 있어, 높은 소리-큰 소리-빠른 느낌의 소리를 연관 지어서 생각하고 낮은 소리-작은 소리-느린 느낌의 소리를 연관 지어서 생각한다. 그 이유는 음높이의 차이나 변화를 어휘로 나타내는 데 어려움이 있기 때문으로 보인다. 따라서 기본적인 음악의 개념은 아동들이 잘 알고 있는 단어를 사용하거나 시각적인 그림과 연결시키고 신체적인 활동을 통해 구체적인 방법으로 지도하여야 한다.

이러한 감각 통합적(cross-modal) 지각을 통한 기초 개념의 형성은 음악 능력의 발달에 있어 중요한 역할을 하게 된다. 또한 이 시기의 아동들은 어휘력과 감성 능력이 지속적으로 발달하므로 음악 경험에 대해 이야기할 수 있고 음악을 지각하고 느끼는 것을 다양한 표현 양식을 사용해 나타낼 수 있다.

② 음악 활동 및 지도 방법

초등학교 1~2학년 시기 음악 능력의 발달에 있어 가장 기초가 되는 것은 청감각의 민감성과 리듬을 지각하는 능력이다. 이러한 능력은 이후의 음악 활동에도 중요한 기초가 된다. 따라서 이 시기의 음악 활동은 음악을 잘 들으며 음악에 맞춰 걷거나 뛰거나 자유롭게 표현하는 신체 동작과 음악놀이, 노래 부르기, 다양한 리듬악기와 단순한 가락악기를 연주하는 활동이 적합하다. 또한 음악 듣기를 통해 빠르기, 셈여림, 일정박, 리듬 패턴, 박자 등을 지각하고 이에 반응하게 함으로써 음악의 기초 개념을 자연스럽게 경험적으로 습득하게 하는 음악 활동이 필요하다.

노래 부르기는 일정한 단위로 듣고 따라 부르게 하며, 음의 길이와 높이, 진행 방향(상행, 하행, 반복)을 손으로 표현해 보고 단순한 악곡의 느낌과 흐름을 감지하게 하는 활동이 가능하다. 이 시기는 한 옥타브 아래로 소리 나는 남자 교사의 노래를 듣고 따라 부르는 것보다 또래가 부른 노래나 여자 교사의 노래를 듣고 따라 부르게 하는 것이 효과적이다. 악기 연주는 다양한 리듬악기와 단순한 가락악기를 통해 느낌이나 음악적 아이디어를 소리로 표현해 보게 하는 활동이 적절하다. 이를 위해 주변의 소리, 물체의 소리, 사람의 목소리 등 여러 가지 소리를 탐색하고 모방하게 한다. 이 시기는 리듬악기와 단순한 가락악기 연주는 할 수 있지만, 노래와 악기를 함께하는 동시적 활동은 아직 어려움을 느낀다. 음악 듣기는 아동의 집중력을 고려하여 집중 가능한 만큼을 시각적인 자료와 함께 들려주는 것이 바람직하다.

(2) 초등학교 3~4학년

① 음악 능력의 발달

초등학교 1~2학년 시기에 양질의 음악교육이 지연되는 것은 다음 단계의 음악 발달에 심각한 영향을 미친다. 만 8~9세에 해당하는 초등학교 3~4학년은 청감각의 민감성이 절정에 이르는 시기이며, 이전 음악 학습의 질에 따라서 개인차가 현저하게 나타날 수 있는 시기이다. 일반적으로 음정구별과 선율지각 능력은 더욱 향상되고 조성감각과 조성기억 능력이 지속적으로 발달한다. 이 시기는 한 가지 음악 활동을 조금 더 오래 할 수 있고, 손가락 근육을 사용하는 악기와 호흡 조절을 필요로 하는 악기를 다룰 수 있어 다양한 음악 활동이 가능하다.

만 8세 무렵 아동의 음악적 발달의 특징은 화음(화성)지각 능력이 현저하게 발달하는 것이며, 하나의 가락에 리듬, 가락, 또는 조성적인 변화를 주었을 때 동일한 가락이 변형된 것임을 파악하는 음악보존 능력이 발달하는 것이다. 만 9세 무렵에는 청각지각 능력과 음악보존 능력이 안정기에 이르며 정확한 음정으로 노래를 부를 수 있다. 초등학교 3~4학년에는 이전 시기부터 나타난 협화음에 대한 선호와 감성 능력이 지속적으로 발달하게 되는데, 여러 경로를 통해 들려오는 대중매체의 영향은 서양음악의 조성체계에 더 일찍 반응하는 것을 가능하게 한다.

② 음악 활동 및 지도 방법

음악 능력의 발달과정상 초등학교 3학년부터는 간단한 화음 학습을 시작하기에 적절한 시기이다. 이전 시기에 감각 통합적 지각을 통해 형성된 기초적인 음악 개념들이 보다 구체적으로 형성될 수 있도록 수준에 알맞은 개념 중심의 음악 학습을 시작하는 것이 가능하다. 또한 음악의 구조에 대한 아동의 이해 능력이 점진적으로 발달하기 때문에, 청각적인 음악의 개념을 시각적인 부호와 연결시킴에 있어 저학년에서 사용하던 그림 악보 이외에 2선 , 3선 악보와 같이 쉬운 단계에서부터 시작하여 체계적으로 악보를 익히게 하는 것이 가능하다.

이 시기의 음악 활동은 1~2학년에서 해 오던 음악 활동과 연계하여 지도한다. 자유롭게 표현하는 아동들의 신체 동작과 음악놀이 활동들은 노래 부르기, 악기 연주하기, 음악 듣기, 음악 만들기 활동 등과 함께 한 단계 발전한다. 3~4학년 아동들은 이전 시기보다 좀 더 긴 악곡을 다룰 수 있으며 악곡의 종류도 다양하게 확장할 수 있다.

노래 부르기는 화음지각 능력이 발달함에 따라 제창뿐만 아니라 화음을 경험할 수 있는 노래 방식과 성부가 나뉘는 합창곡을 가르치는 것이 가능하다. 돌림노래, 메아리 노래, 파트너 노래와 같이 제창 연습만으로도 쉽게 화음을 경험할 수 있는 노래들이 이 시기에 적합하며, 점진적으로 간단한 성부가 첨가되는 단순한 부분 2부 합창곡이나 중창곡 등의 악곡을 경험할 수 있도록 지도한다. 악기 연주는 손가락을 사용하는 악기와 간단한 관악기를 연주하는 활동이 가능해지므로 기초 기능을 습득하게 하여 이후의 악기 연주 능력의 기초를 마련하도록 한다. 이 시기 아동들은 노래와 악기를 함께하는 동시적 활동이 가능하기 때문에 음악 활동의 영역을 넓힐 수 있도록 지도한다. 3~4학년 아동들은 다양한 악기의 활용으로 자신의 음악적 아이디어를 표현하는 방법도 더욱 발전시켜 가는데, 시각적인 부호를 이해하고 악보를 읽고 쓸 수 있는 활동은 이러한 표현 방법을 더욱 가속시킨다. 따라서 악보를 읽고 쓰는 활동은 3학년부터 체계적으로 가르친다.

(3) 초등학교 5~6학년

① 음악 능력의 발달

초등학교 5~6학년은 만 10~11세 사이의 아동이다. 음악심리학자들의 연구에 의하면, 이 시기는 음악 지각에 대한 결정적 시기가 지난 것으로 보는 의견이 지배적이다. 그러나 한편으로는 리듬, 가락, 화음 등에 대한 음악 지각과 인지 능력에 있어 정확성은 지속적으로 향상되며, 서양음악의 장 · 단조 조성에 대한 감각과 조성 기억 능력은 꾸준히 발달한다고 주장한다. 이전의 음악 학습의 질과 음악교육의 방법에 따라서 음악 능력의 개인차는 더욱 커질 수 있다.

일반적으로 만 9세 이후에는 느린 박에 있어서도 일정박을 유지할 수 있으며, 만 10세경에는 두 옥타브의 노래 음역을 가진다. 음악심리학자 짐머만은 만 12세 무렵에는 음정구별 능력의 결정적 시기가 지나간 것으로 보았다. 따라서 초등학교 5~6학년은 음정을 구별하는 능력을 계발시킬 수 있는 마지막 단계라고 할 수 있다. 음에 대한 변별력이 향상되지 않는다면 이후의 음악 활동에 있어서 음정을 구별하고 정확한 음정으로 노래 부를 확률은 사실상 매우 낮아진다. 음악 능력의 발달상의 특징과 함께 이 시기에 나타나는 중요한 특징은 만 10세 무렵이 되면 음악에 대한 개인적인 선호가 분명해지기 시작한다는 것이다. 만 10세 무렵에 시작된 음악 선호는 만 13세 정도가 되면 정체기에 이른다. 또한 만 10~11세는 지적 성장과 함께 신체적 성장이 빠른 시기로 남자 아동들은 변성기에 접어든다.

② 음악 활동 및 지도 방법

초등학교 5~6학년 아동의 음악의 구조에 대한 이해 능력은 관습적인 음악 어법이나 기호 등을 이해하고 이를 정확하게 사용하는 것을 가능하게 한다. 이 시기 아동의 음악적 지식은 이전보다 훨씬 확장되고, 음악적 기능의 숙달은 세련된 수준에

까지 이를 수 있게 된다. 또한 다양한 음악 활동에서 나타나는 표현 방식은 성인의 표현 방식과 동일한 수준으로 발달한다.

노래 부르기는 부분 2부 합창뿐만 아니라 2부 합창과 부분 3부 합창까지 가르치는 것이 가능하다. 악기 연주에 있어서도 다양한 악기를 연주할 수 있으며 여러 악기로 편성된 악곡을 합주할 수 있어 폭넓은 음악 체험을 할 수 있도록 지도한다. 보다 풍부한 음악적 경험을 내면화시킬 수 있고 독보력과 기보력의 향상을 보이는 5~6학년에서는 음악에 대한 인지적 판단에 악보가 도움이 되기 때문에 반드시 악보를 활용하여 가르친다.

제4장

어떻게 가르치는가 II

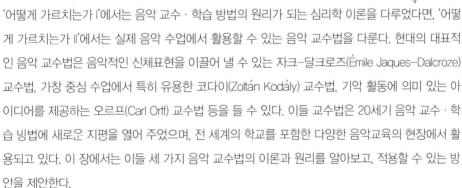

‘어떻게 가르치는가 I’에서는 음악 교수 · 학습 방법의 원리가 되는 심리학 이론을 다루었다면, ‘어떻게 가르치는가 II’에서는 실제 음악 수업에서 활용할 수 있는 음악 교수법을 다룬다. 현대의 대표적인 음악 교수법은 음악적인 신체표현을 이끌어 낼 수 있는 자크–달크로즈(Émile Jaques–Dalcroze) 교수법, 가창 중심 수업에서 특히 유용한 코다이(Zoltán Kodály) 교수법, 기악 활동에 의미 있는 아이디어를 제공하는 오르프(Carl Orff) 교수법 등을 들 수 있다. 이들 교수법은 20세기 음악 교수 · 학습 빙법에 새로운 지평을 열어 주었으며, 전 세계의 학교를 포함한 다양한 음악교육의 현장에서 활용되고 있다. 이 장에서는 이들 세 가지 음악 교수법의 이론과 원리를 알아보고, 적용할 수 있는 방안을 제안한다.

1. 자크-달크로즈 교수법

1) 자크-달크로즈의 교육 이념

에밀 자크-달크로즈(Émile Jaques-Dalcroze, 1865~1950)는 스위스의 음악가이자 음악교육자로서, 수년간의 경험과 연구를 토대로 인간에게 내재되어 있는 음악적 능력을 극대화시키기 위한 새로운 음악교수법을 제시하였다. 달크로즈는 음악을 인간의 정신과 감정, 그리고 육체에 영향을 미치는 통합적인 경험으로 보고 음악교육 역시 단순한 지식이나 기술의 습득에 그치는 한계를 극복해야 한다는 생각을 가지고 있었다.

달크로즈는 음악 경험의 과정에서 무의식적으로 일어나는 감각-반응-이해의 과정을 신체 움직임을 통한 근운동 감각(kinesthetic sense) 활동으로 의식화시키게 된다면 학생의 음악적 감지 능력과 표현 능력이 더욱 정확하고 민감하게 발달될 수 있다고 생각하였다. 청감각을 통해 받아들여진 음악은 감정적 반응과 인지적 반응을 일으키게 되는데, 이때 듣고 느끼며 이해하는 과정의 다양한 반응은 인간의 근감각 및 신경 기능들과 연결되어 나타난다. 따라서 음악 학습에서는 듣기, 느끼기, 표현하기를 각기 분리하여 훈련하는 것이 아니라 인간의 몸 전체와 연결하는 통합적 방법으로 훈련해야 한다고 믿었다.

달크로즈는 신체 움직임(movement)을 통한 근감각적 음악 훈련에 있어서 핵심이 되는 음악 요소로 리듬(rhythm)을 들고 있다. 달크로즈는 리듬을 음악의 근본 요소이자 인간의 감정을 음악적 표현으로 전환시키는 가장 분명하고 효과적인 요소라고 보았나. 음악에서 리듬은 다양한 수준의 긴장과 이완을 표현하는 기제이며, 음악적 리듬이 호흡, 심장박동, 일상적인 움직임과 같은 인간의 내재적인 리듬과 연계된다면 잠재적으로 지니고 있는 음악에 대한 감각적·표현적 기능들을 더욱 분명하게 표면화시킬 수 있다고 믿었다.

달크로즈 교수법에서는 모든 음악적 감각이 몸의 움직임과 직결되는 것으로 보며, 특히 이해란 신체와 정신 간의 상호작용을 통하여 이루어지는 것으로서 듣기-느끼기-표현하기의 순환적 체험을 통하여 이루어지는 것으로 본다. 음악적 이해는 교사의 설명이나 반복적인 훈련만으로 이루어지지 않으며, 반드시 학습자의 능동적 참여를 통한 감각적 감지와 정서적 반응, 그리고 창의적 표현을 통해서 이루어져야 함을 원칙으로 하고 있다.

달크로즈는 이 같은 신념을 근거로 다년간의 실험과 관찰, 연구를 거쳐 신체 움직임과 연계된 음악 학습 방법인 유리드믹스(Eurhythmics)를 중심으로 한 음악교수법을 제시함으로써 이후의 음악교육에 지대한 영향을 미쳤다.

2) 자크-달크로즈 교수법의 원리

달크로즈 교수법은 음악 활동과 관련된 모든 능력을 가능한 한 정확하고 민감하게 발전시키고 개선하는 것을 목적으로 한다. 음악과 관련된 능력에는 청각, 시각, 촉각 등의 감각과 변별하고 사고하는 능력, 감정을 느끼고 이를 다시 행동으로 표현하는 능력들이 포함되며, 이러한 능력을 음악적 맥락에서 훈련시키기 위하여 근감각 활동들을 통한 소리의 이미지화(phonomimesis)를 추구한다.

달크로즈 교수법은 근감각 활동과 연계된 총체적인 음악 능력의 발달을 위하여 유리드믹스, 솔페즈, 즉흥연주라는 세 가지의 주된 활동 방법을 적용하고 있다. 각각의 활동은 단계와 수준을 고려한 체계적 접근을 통하여 실시하도록 되어 있다. 특히 유리드믹스는 모든 음악 활동에서 무의식에서 작용하는 음악적 감각을 외부로 표출시키는 역할을 한다는 점에서 달크로즈 교수법의 핵심이라고 볼 수 있다. 유리드믹스는 지속적으로 변화하는 음악을 감지하고 그에 대한 신체 반응을 유도함으로써 자신의 근감각 움직임을 의식화하는 것을 목적으로 한다. 달크로즈는 유리드믹스를 적용하여 음악의 미세한 변화까지도 감지하고 그에 대한 느낌을 신체로 표현하며 이를 타인과 주고받는 상호작용까지 확장한다면, 음악을 통한 소통을 유도하는 인간 교육의 방법으로 활용할 수 있을 것이라고 생각하였다(Choksy et al., 2001: 48).

달크로즈 교수법은 유리드믹스, 솔페즈, 즉흥연주의 세 가지 활동으로 이루어진다. 각각의 활동은 분리하거나 연계하여 지도되며, 특히 유리드믹스는 모든 활동 영역에서 연계 적용된다.

(1) 유리드믹스

유리드믹스(Eurythmics)란 좋은(eu~: good) 리듬(rhythm)이란 의미이다. 달크로즈 교수법에서는 리듬을 음악 구성의 핵심 요소라고 보고, 정확한 리듬감의 개발을 음악성 발달의 중심에 두고 있다. 이때의 리듬은 시간의 흐름 속에 나타나는 소리의 길고 짧음의 조합이라는 협의의 의미뿐 아니라, 시간-공간-힘의 관계 안에서 횡적·종적으로 나타나는 음악적 긴장과 이완의 움직임을 모두 포함하는 포괄적 의미의 리듬이다.

유리드믹스 활동에서는 심장박동, 호흡 등의 신체적인 리듬이 음악적 리듬과 일치한다고 보고, 음악성을 계발하고 발전시키기 위해서는 듣고 인지한 소리의 특성을 몸의 움직임으로 표현하는 훈련이 반드시 필요하다고 보았다. 유리드믹스 활동에서는 강세, 박자, 강약, 빠르기, 음의 길이, 쉼표, 프레이즈, 형식 등의 다양하고 구체적인 음악 요소들을 귀로 듣고 변별하고 몸으로 표현해 봄으로써 음악적 집중력과 인지 능력, 그리고 창의적 표현 능력을 훈련한다.

유리드믹스에서는 신체를 하나의 음악적 표현 매체로 간주한다. 학생들은 신체 동작을 통해서 음악의 느낌을 표현하고, 음악적 개념을 습득하며, 이러한 과정을 통하여 보이지 않는 소리를 보이는 소리로 바꾼다. 이때 적용되는 신체 동작에는 정해진 형식이나 제한이 없으며, 음악을 통해서 느껴지는 리듬의 이미지와 생각을 자유롭게 표현하도록 한다. 신체 동작을 통하여 음악을 정확히 표현하기 위해서는 음악의 길이, 빠르기, 아티큘레이션, 음색, 소리의 균형, 박자와 같은 다양한 음악적 요소를 민감하게 감지하고 반응할 수 있어야 한다. 내재적 음악성을 개발하기 위한 유

〈표 4-1〉 아브람슨(R. B. Abramson)이 제시한 유리드믹스의 34가지 리듬 요소

유리드믹스의 34가지 리듬 요소							
1	시간, 공간, 무게, 균형, 힘, 유동성	10	쉼	19	리듬적 대위법	28	혼합 마디와 혼합박
2	일정박	11	음의 길이	20	당김음	29	복합 박자
3	빠르기	12	음의 분할	21	반주가 있는 단선율	30	복합 리듬
4	변화하는 빠르기	13	패턴	22	대위적 형식	31	헤미올라
5	강약	14	내재된 박	23	캐논	32	리듬의 변화
6	변화하는 강약	15	프레이즈	24	푸가	33	12음 나누기
7	악상	16	단선율 형식	25	부가 리듬	34	루바토
8	다양한 악센트	17	축소	26	혼합 박자		
9	여러 가지 박자	18	확대	27	혼합박		

리드믹스는 다양한 음악의 직접적인 경험을 통하여 이루어지며, 음악의 기본적인 소재들을 자발적이고 자유로운 방법으로 경험함으로써 민감하고 정확한 음악 능력의 개발을 추구한다. 유리드믹스에서는 리듬의 개념을 위계적 순서에 따라서 습득하는 것을 강조한다(〈표 4-1〉 참조).

(2) 솔페즈

솔페즈(solfège)는 음감 훈련을 위한 계명창을 말한다. 특히 달크로즈는 '도'의 위치를 다장조 기준으로 고정시켜 부르는 고정도법 계명창을 사용하였다. 달크로즈 솔페즈의 목적은 절대음감을 훈련하고 정확한 독보력과 기보력을 기르는 데 있다. 솔페즈 학습에서도 역시 신체 동작을 적용하는데, 예를 들어 음의 높낮이에 따라 팔을 올리거나 내리는 동작을 하거나, 음계 구성음들의 높낮이를 나타내기 위하여 신체의 위치를 여덟 단계로 나누어 음의 높이를 나타냄으로써 학생이 음들의 정확한 높낮이의 차이를 감지하도록 하였다.

솔페즈에는 노래를 부르며 팔 동작으로 음의 높낮이를 표현하는 활동 외에 줄 악보, 숫자 악보 등을 활용하여 음높이를 정확히 연상하고, 이를 기억하도록 하는 내청 훈련도 포함된다. 시창, 청음, 이론 등이 연계되어 있는 솔페즈는 청감각과 음악적 기억력을 바탕으로 창의적인 음악적 상상력을 기르는 데 도움을 주는 것을 목적으로 한다.

(3) 즉흥연주

달크로즈 교수법에서 즉흥연주(improvisation)는 각 음악 요소를 익히고 이를 연주자 자신의 독창적인 표현과 결합하는 단계이다. 즉흥연주의 단계는 '유리드믹스, 솔페즈에서의 신체적 즉흥 표현-익힌 음악 요소의 응용-자발적 즉흥연주'의 순으로 발전된다. 즉흥연주의 과정에서도 음악에 대한 반응으로서의 신체 동작은 중요한데, 음악의 느낌과 음악 요소의 특성에 따라 이를 다양한 신체 동작으로 표현하게 함으로써 음악에 대한 반응과 표현을 명료화시켜야 한다. 즉흥연주 학습에는 신체 동작 외에 말, 시, 이야기, 노래, 타악기, 현악기, 관악기, 피아노 등의 다양한 매체를 활용할 수 있다.

즉흥연주의 근거와 소재는 박자, 강세, 길이, 빠르기, 음높이, 음계, 화성 등과 관련된 음악적 요소들이다. 즉흥연주는 이러한 음악적 요소를 자연스럽게 익히기 위한 과정이며, 습득한 음악적 개념을 능동적으로 표현함으로써 음악적 창의성과 개성을 표출하는 표현 방법이기도 하다.

3) 지도 방법

(1) 유리드믹스

유리드믹스는 신체 동작을 통하여 기본적인 리듬감을 길러 주고 적극적인 음악적 표현을 유도하는 데 효과적으로 적용될 수 있다. 유리드믹스 활동이란 음악과 상관없이 몸을 무의미하게 마구 움직이는 것이 아니라, 음악에서 표현되고 있는 구체

〈표 4-2〉 유리드믹스에 적용되는 신체 활동

제자리 동작	이동 동작
• 손뼉치기	• 걷기
• 흔들기	• 뛰기
• 돌기	• 기어다니기
• 제자리 뛰기	• 뛰어넘기
• 지휘하기	• 미끄러지기
• 구부리기	• 깡충뛰기(hopping)
• 말하기	• 짝발뛰기(skipping)
• 노래하기	

적인 특징을 듣고 이를 신체의 움직임으로 바꾸어 표현하는 것이다. 달크로즈의 유리드믹스에서는 제자리에 서서 신체를 움직일 수 있으며, 공간을 이동하면서 신체로 표현할 수도 있다(〈표 4-2〉 참조).

이러한 신체의 움직임은 지도하려고 하는 음악적 개념에 따라 다양하게 조합하여 활용할 수 있다. 다음은 음악적 특징에 따른 유리드믹스 적용의 예이다.

① 일정박과 박자에 따른 강세, 빠르기의 변화 익히기

유리드믹스는 일정박을 갖는 대부분의 제재곡 학습에서 적용될 수 있다. 유리드믹스의 목적은 음악을 듣고 그에 따라 반응하는 것이므로, 일정박의 지도를 위해서는 간단한 악곡이라도 교사가 직접 연주를 해 주면서 생동감 있는 박의 느낌을 감지하고 이를 신체로 표현하도록 하는 것이 중요하다. 일정박을 위한 유리드믹스 활동에서는 박자의 유형에 따른 강세의 표현에 주의를 기울일 필요가 있다. 강박과 약박의 동작을 달리하여 박자 유형에 따른 강세의 느낌을 알도록 활동을 지도한다. [악보 4-1]과 [악보 4-2]는 제재곡 〈작은 별〉을 활용한 활동의 예들이다. 〈작은 별〉을 2/4박자의 본래 빠르기로 활동해 본 후에 박자의 유형과 빠르기 등을 달리하여 연주해 주고, 학생들로 하여금 달라진 음악의 느낌을 걷기, 뛰기, 팔 움직이기의 방법으로 표현해 보도록 한다.

- 교사의 반주에 맞추어 일정한 빠르기로 걸어 본다.
- 음악의 박에 맞추어 박수를 쳐 본다.
- 음악의 강세의 변화에 따라 표현에 변화를 주어 걸어 본다(예: 강박에서 무릎 굽히기).
- 일정박에 따라 걸으며 강세의 변화, 표현의 변화에 따라 발동작, 손동작 등을 달리 표현해 본다.
- 교사의 반주에 맞추어 공간을 움직인다. 이때 빠르기의 변화를 주의 깊게 듣고 그에 따라 움직여 본다.

악보 4-1 <작은 별>

작은 별

모차르트 곡

편곡 신미숙

• 교사가 〈작은 별〉을 2/4, 또는 4/4로 박자 감을 살려 연주해 주면 학생은 음악에 맞추어 걷기, 팔 젓기 등을 해 보면서 일정박의 움직임, 음악의 느낌 등을 몸 움직임으로 감지하여 표현해 본다. 여러 가지 빠르기 또는 가벼운 느낌, 무거운 느낌 등 표현을 달리하며 활동해 본다.

악보 4-2 3/4박자의 〈작은 별〉

• 교사는 〈작은 별〉을 3/4 박자로 변화시켜 강세의 느낌을 살려 연주해 준다. 강박에서 무릎을 굽히거나 팔 동작을 달리하여 표현해 보면서 4/4 박자와의 차이를 느껴 본다. 스타카토, 슬러, 가볍게, 무겁게, 느리게, 빠르게 등으로 표현을 달리하여 연주해 주고, 리듬, 박자, 뉘앙스의 변화를 신체로 표현해 본다.

② 손뼉치기를 통한 리듬 모방

유리드믹스 신체 동작 중 손뼉치기는 리듬 익히기를 위해 가장 보편적으로 적용되는 신체 활동이다. 리듬 익히기는 다양한 방식의 '모방'을 통해서 이루어지며, 학생의 수준에 따라 리듬의 복잡성, 길이 등의 난이도를 조절할 수 있다. 모방을 통한 리듬 익히기는 달크로즈 교수법뿐 아니라 코다이나 오르프 교수법에서도 적용하는 일반적인 방법이다. 이때 사용되는 리듬 패턴은 제재곡의 주요 리듬꼴을 활용하거나 혹은 변형된 리듬꼴을 활용하여 다양하게 구성할 수 있다. 모방에는 교사가 제시하는 리듬을 따라 할 때 간격을 어떻게 두느냐에 따라서 메아리 모방, 기억 모방, 연속 모방의 방법이 있다.

악보 4-3 메아리 모방의 예

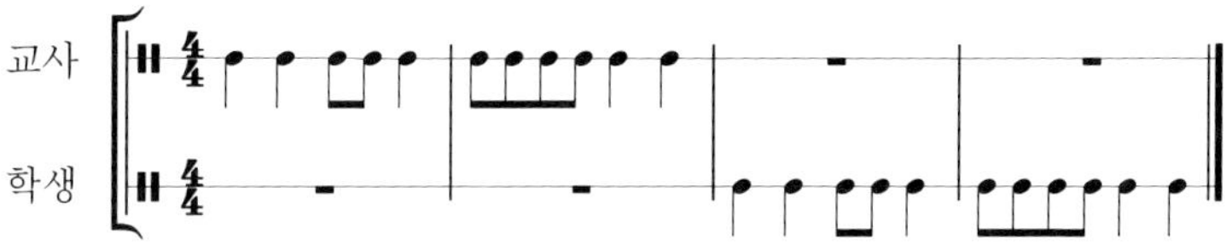

• 메아리 모방: 교사가 연주하는 리듬을 듣고 곧이어 따라 한다.

악보 4-4 기억 모방의 예

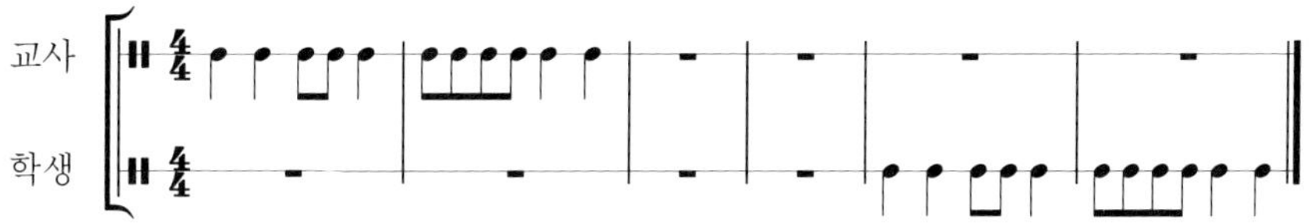

• 기억 모방: 교사가 연주하는 리듬을 듣고 간격을 둔 후 기억하여 따라 한다.

악보 4-5 연속 모방의 예

• 연속 모방: 교사가 연속적으로 연주하는 리듬을 1~2마디의 간격 차를 두고 따라 한다.

③ 악곡 구조의 감지

음악의 형식은 반복과 변화에 의하여 구성된다. 이 같은 악곡의 구조를 악보를 통해 이해하는 것은 어렵지만 음악을 통해 나타나는 변화를 신체로 감지하는 것은 훨씬 쉽게 이루어질 수 있다. 음악을 들으며 나타나는 박자, 가락의 느낌, 빠르기, 음색의 변화를 말로 설명하기에 앞서 동작으로 표현해 보면 전체 악곡의 구조 안에서 반복과 변화를 직관적으로 파악할 수 있다. 대조적인 주제를 가진 ABA 또는 론도 형식의 악곡들은 반복과 변화를 신체 동작을 통해 감지하도록 도와주는 매우 효과적인 제재들이다.

- 교사가 연주하는 음악에 따라 걷다가 가락이나 박자가 바뀌게 되면 방향을 바꾸어 움직여 본다.
- 가락이나 리듬 패턴에 따른 신체표현을 정하고 음악을 들으면서 표현해 보고 반복과 변화에 대하여 이해한다.
- 음악에서 나타나는 각각의 주제들에 대조되는 신체 동작을 정해 보고 음악을 들으면서 변화에 따라 신체 동작을 적용해 본다.
- 악곡의 구조가 어떻게 이루어지고 있는지 이야기해 보거나 도표로 그려 본다.

악보 4-6 드보르작의 <유모레스크> A 부분(리듬에 맞추어 '홉핑하기')

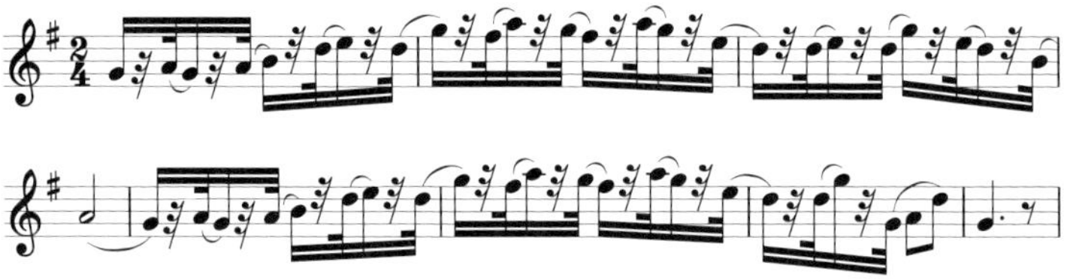

악보 4-7 **드보르작의 <유모레스크> B 부분**(제자리에 서서 가락의 흐름을 팔 젓기로 표현하기)

악보 4-8 **드보르작의 <유모레스크> C 부분**(둘씩 짝을 이루어 손을 맞잡고 박에 맞추어 밀고 당기기)

- 〈유모레스크〉를 들으면서 음악의 변화에 따라 정해진 몸 동작을 해 보고 전체 악곡에서 이들 주제들이 어떤 순서로 나타나는지를 알아보자.

(2) 솔페즈

솔페즈의 학습 방법인 계이름 부르기, 내청, 손동작, 악보 읽기와 쓰기 등은 학생들이 악보를 읽고 쉽게 노래 부르며 정확한 음감을 갖도록 하는 데 적용될 수 있다. 달크로즈의 솔페즈는 조성이 바뀌어도 각 음의 고유 명칭을 그대로 쓰는 고정도법(이동도법에서는 조표에 따라 각 음의 명칭이 바뀌어 바장조에서는 '바' 음을 '도'로, 사장조에서는 '사' 음을 '도'로 읽는다)을 적용하는데, 이는 달크로즈 솔페즈의 목적이 절대음감의 형성에 있기 때문이다. 우리나라의 계명창은 이동도법을 사용하지만, 달크로즈 솔페즈의 방법을 적절히 보충 활용한다면 정확한 음감 형성과 독보 및 기보 능력의 향상에 효과적이다.

① 신체 동작으로 음높이 익히기

음의 높낮이의 정도에 따라 팔을 올리거나 내리며 그 차이를 익힌다. 신체표현을 활용한 음높이 익히기는 여러 가지 음계 익히기에도 적용이 가능하다. 신체 부위의 높이에 따라 음을 정하여 가락에 따라 음이름을 부르며 신체로 나타내어 본다.

- 고정도법의 음이름으로 따라 부르며 음계의 순서를 익혀 본다.
- 정해진 신체의 위치로 음을 표현하며 음계의 음들을 듣고 표현해 본다.
- 서로 다른 조성의 노래를 고정도법으로 노래 불러 본다.
- 서로 다른 조성의 음계를 신체로 표현하며 노래 불러 본다.

[그림 4-1] 음의 높낮이를 신체로 표현하기

② 내청 훈련

소리를 기억하여 연상하고 이를 다시 정확하게 표현할 수 있는 능력은 내청(inner hearing) 훈련을 통해서 계발된다. 달크로즈 교수법에서 이루어지는 대부분의 솔페즈 활동은 악보 없이 듣기를 통한 따라 부르기, 기억하기, 외워서 부르기의 과정이 반복되면서 이루어진다. 악보를 활용하는 솔페즈나 노래 부르기 활동에서도 악보의 부분들을 숨기고 이를 연상하도록 하는 내청 활동은 정확한 음감을 개발시키기 위한 활동으로 적용될 수 있다.

악보 4-9 '도레미 송'의 일부를 숨기고 노래 부르기

③ 독보와 기보

달크로즈의 솔페즈에서 독보는 반드시 정확한 음의 감지 능력과 함께 이루어져야 한다. 따라서 오선보를 처음부터 소개하지 않고 학생의 음감 및 리듬 이해 능력이 향상됨에 따라 줄 악보, 숫자 악보 등을 활용하여 독보와 기보 방법을 지도하도록 한다.

줄 악보는 편의에 따라 기준 음을 바꾸어 적용할 수 있으며, 기준 음을 중심으로 음 간의 간격을 가시화시켜 주어 오선보를 익히기 전 단계의 악보 읽기 방법으로 적용할 수 있다. 한 줄 악보부터 시작하여 두 줄, 세 줄로 늘려 가면서 더 많은 음을 다루도록 한다.

고정도법을 사용하는 달크로즈의 솔페즈에서는 조성 안에서의 음들의 역할 이해를 위한 방법으로 숫자 악보를 함께 활용한다. 악보의 숫자들은 음계에서 나타나는

악보 4-10 줄 악보의 예

악보 4-11 숫자 악보 다장조 부르기의 예

음의 순서를 의미하며, 이를 부를 때는 음계 안의 순서에 해당되는 음의 고유 이름으로 노래한다. 숫자와 음표의 길이를 함께 고려하는 솔페즈는 음의 정확한 높이와 함께 박자, 리듬, 조성 등을 함께 고려해야 하는 복합적인 부르기 활동을 유도하게 된다. [악보 4-10]과 [악보 4-11]은 악보 활용의 다양한 예이다.

(3) 즉흥연주

달크로즈 교수법에서 즉흥연주는 거의 모든 활동과 연계되어 있으며 그 목적과 방법도 다양하다. 즉흥연주는 음악적 개념을 익히기 위한 방법이자 자신의 음악적 아이디어를 표현하기 위해서 연마해야 하는 기능이기도 하다. 즉흥연주에는 신체를 활용한 표현뿐만 아니라, 피아노와 그 외의 다양한 악기를 활용할 수 있으며, 몇 가지의 리듬 또는 몇 개의 음을 사용하는 단순한 즉흥연주에서부터 화음과 형식을 고려하는 복잡한 수준의 즉흥연주까지 단계적으로 발전할 수 있다.

즉흥연주를 위한 활동은 몸의 움직임, 말하기, 이야기, 노래, 타악기, 현악기, 건반악기를 독립적으로 또는 연합하여 구성한다. 즉흥연주는 대부분 유리드믹스와 솔페즈와 연계하여 이루어지며, 느낌을 위한 즉흥연주, 개념을 위한 즉흥연주, 예술적 표현을 위한 즉흥연주 등으로 나누어 설명되기도 한다(Choksy et al., 2001).

① 즉흥연주의 시작, 표현 방법 바꾸어 보기

즉흥연주는 이야기를 움직임이나 소리로 바꾸어 보거나 또는 움직임이나 소리를 이야기로 바꾸어 보는 방법으로 시작할 수 있다. 이와 같은 즉흥연주의 목적은 느낌과 상상력을 자극하고 이를 다양한 방법으로 표현해 봄으로써 창의적인 감각을 이끌어 내기 위한 것이다. 시작 단계의 자유로운 즉흥연주에서는 움직임(movement), 이야기, 시, 소음, 음악적 소리 그리고 시각적 영상 등 다양한 소재가 즉흥연주의 대상이 될 수 있으며, 동시에 즉흥연주의 매체가 될 수 있다.

② 분위기와 즉흥연주

분위기(moods)는 호흡, 자세, 움직임, 표정, 말투와 같은 인간의 행동으로 표출되며, 음악에서는 리듬, 음색, 강세, 빠르기와 같은 다양한 요소를 통해서 나타난다. 이와 같은 분위기는 즉흥연주를 시작할 수 있는 좋은 실마리가 된다. 학생들이 음악의 특징을 정확하게 분석하는 것이 어렵다 할지라도 음악으로 표현되는 분위기를 감지할 수는 있다. 분위기와 몸 동작은 상호 상승 효과가 있어서 음악의 분위기를 유발시키는 리듬, 가락, 강세의 변화, 빠르기와 같은 특징들을 몸 동작으로 표현하게 되면 이에 대한 감정의 반응이 상승되어 음악에 대한 반응은 더욱 적극성을 띠게 된다. 고조된 감성적 예민함은 음악의 분위기를 만들어 내는 더욱 다양한 특징들을 감지하게 되며, 이는 또다시 음악에 대한 더욱 확장된 반응으로 이어지게 된다.

③ 구체적인 요소에서부터 예술적 표현으로

달크로즈 교수법에서 즉흥연주는 음악의 요소와 구성 특징을 학습하는 중요한 매체임과 동시에 학습한 소재들을 재조합, 재구성하여 새로운 아이디어로 탄생시키는 방법이기도 하다. 학습을 통해서 습득된 구체적인 개념 요소들은 즉흥연주를 가능하게 만들어 주는 매우 중요한 재료들이다. 따라서 즉흥연주는 학습된 구체적인 요소들의 변환, 합성, 재구성, 재조직 등의 방법으로 접근하여 이것이 익숙해지면 스스로의 아이디어를 예술적으로 표현하는 단계까지 발전하게 된다.

④ 교실에서의 즉흥연주

교실 음악 수업에서 즉흥연주는 다양한 방법으로 적용될 수 있으며, 거의 모든 활동과 연계하여 이루어질 수 있다.

- 학생들은 들은 것을 몸 동작으로 즉흥 표현할 수 있다.
- 학생들은 익힌 음악 개념들을 손뼉치기, 노래 부르기, 타악기를 활용하여 다양한 방법으로 표현하면서 조합하고 구성할 수 있다.

- 학생들은 제재곡의 일부(리듬, 가락의 일부, 강세, 빠르기)를 바꾸어 즉흥연주할 수 있다.
- 처음에는 한두 가지의 제한된 조건과 한정된 수의 재료로 즉흥연주를 시도하다가 점차 그 범위와 복잡성을 높여 가도록 한다.

악보 4-12 제재곡의 일부를 즉흥연주로 바꾸어 부르기

4) 달크로즈 교수법에 의한 수업 구성

달크로즈 교수법은 음악을 감지하고 익히는 과정에서 적극적인 신체 움직임을 활용하기 때문에 초등학생의 음악에 대한 집중력과 표현성을 길러 주는 데 효과적으로 적용될 수 있다. 특히 박자와 리듬, 빠르기와 같이 역동적인 음악 요소를 지도하는 데 매우 효과적이다. 줄 악보와 숫자 악보는 초등학교 수준에 알맞게 활용한다면 보다 정확한 음감을 익히고 독보와 기보 능력을 기르는 데 유용하다. 다양한 방법의 즉흥 표현과 즉흥연주는 음악적 개념을 이해하고 이를 음악적 사고에 적용하도록 하는 효과적인 방법이 될 수 있다. 〈표 4-3〉은 제재곡 익히기에 달크로즈 방법을 적용하여 수업을 구성할 수 있는 예이다.

〈표 4-3〉 달크로즈 교수법을 적용한 수업의 단계

주요 단계	방법
1. 제재곡의 탐색	• 제재곡의 느낌 또는 분위기를 몸 동작으로 표현하기 • 제재곡의 느낌 또는 분위기를 이야기로 표현하기 • 제재곡을 듣고 떠오르는 느낌을 여러 가지 소리로 표현하기
2. 제재곡의 리듬 요소 익히기	• 제재곡에 맞추어 일정한 빠르기로 걷기, 뛰기, 팔 젓기 • 제재곡의 박자에 따라 강박과 약박을 표현하기 • 걷기로 기준박을, 손뼉치기로 분할박을 쳐 보기 • 박자의 유형 변화가 감지되면 걷기의 방향, 몸짓의 유형 바꾸기 • 제재곡의 리듬 패턴을 듣고 손뼉치기로 따라 하기(기억, 메아리, 연속 모방)
3. 제재곡의 가락 요소 익히기	• 손가락으로 가락선 그리기 • 가락을 몸 위치로 표현하기 • 줄 악보로 가락과 음정 익히기 • 숫자 악보로 가락과 음정 익히기
4. 리듬 즉흥	• 리듬 모방하기 • 리듬 변형하기 • 리듬 조합하기 • 제재곡의 박자 유형 바꾸어 표현하기 • 새로운 리듬으로 즉흥연주하기
5. 가락 즉흥	• 즉흥으로 제재곡 가락의 일부 변형하기 • 제재곡의 일부를 새로운 가락으로 즉흥연주하기 • 두 음으로 즉흥(높은음, 낮은음) 연주하기 • 세 음으로 즉흥(높은음, 중간음, 낮은음) 연주하기
6. 창의적 표현	• 제재곡에 나타나는 음악적 요소들(가락, 리듬, 강약의 변화, 표현적 특징)을 신체 움직임으로 여럿이서 조화롭게 표현해 보기 • 제재곡의 가사를 몸 동작으로 표현하기
7. 정리	• 제재곡의 특징과 구성 요소를 정리하고 그에 대한 느낌들을 이야기해 보기

5) 일반 수업에서 달크로즈 교수법의 적용

달크로즈 교수법의 다양한 지도 방법은 단원의 활동 목표에 따라 적절한 방법과 순서로 적용될 수 있을 것이다. 음악의 구성 요소의 특징을 신체의 움직임으로 표현해 볼 수 있는 달크로즈 교수법의 방법들은 악곡의 특징을 감지하고 표현해 보는 감상 활동에도 효과적으로 적용될 수 있다. 〈표 4-4〉는 3학년 감상 단원 '느낌이 달라요'의 지도 과정에 달크로즈 교수법을 적용한 예이다.

〈표 4-4〉 감상 수업에서의 달크로즈 교수법 적용

'느낌이 달라요': 오펜바흐의 '캉캉' 주제와 생상스 〈동물의 사육제〉 중 '거북이'	
지도 중점	• 빠르기에 따른 악곡의 느낌 • 같은 주제, 다른 빠르기의 악곡 감상하기 • 음악의 느낌을 몸으로 표현해 보기
학습 목표	• 주제 가락을 듣고 부르기로 익혀 노래할 수 있다. • 악곡의 특징을 비교하여 그 느낌을 말할 수 있다. • 두 악곡의 빠르기를 구별하며 감상할 수 있다. • 악곡의 특징에 알맞은 신체표현을 하며 감상할 수 있다.
두 악곡의 특징 탐색	• '캉캉'을 듣고 분위기와 느낌을 몸짓으로 표현해 본다. • '거북이'를 듣고 분위기와 느낌을 몸짓으로 표현해 본다. • 두 악곡의 분위기 또는 느낌의 차이를 이야기해 본다.
제재곡의 주제 가락 익히기	• '캉캉'의 주제 가락을 듣고 따라서 노래 불러 본다. • '거북이'의 주제 가락을 듣고 따라서 노래 불러 본다. • 두 악곡의 주제 가락을 표기한 줄 악보를 비교하여 같은 가락임을 확인한다. • 팔 높이 또는 신체의 위치로 가락의 높낮이를 나타내며 노래 불러 본다. (심화: 즉흥연주로 주제 가락의 일부를 바꾸어 보기, 주제 가락을 여러 가지 다른 느낌으로 연주해 보기)
빠르기의 감지와 리듬 익히기	• 리듬스틱, 신체 활동(인간 메트로놈 등)으로 일정박을 익힌다. • 박자 치기로 두 악곡의 빠르기의 차이를 감지한다. • 두 악곡의 느낌에 어울리는 동물과 그 동물의 움직임을 상상하여 몸짓으로 표현해 본다.

	• 말 리듬을 활용하여 주제 리듬을 익힌다(4분음: 차, 8분음: 쵸코, 16분음: 치키치키 등). • 익힌 리듬의 일부를 변형하여 새롭게 표현해 본다.
정리	• 주제 가락의 빠르기를 달리하여 노래 불러 본다. • 두 악곡을 들으며 박자 젓기, 음악에 맞추어 걷기, 그 밖의 몸 동작으로 다시 한 번 표현해 보고 빠르기에 따른 느낌을 이야기해 본다.

2. 코다이 교수법

1) 코다이 교수법의 이념

졸탄 코다이(Zoltán Kodály, 1882~1967)는 헝가리 민요를 연구한 민속음악학자로, 헝가리 민요에 예술의 혼을 불어넣은 작곡가인 동시에 학생들이 예술음악을 배울 수 있도록 다양한 연습곡을 만들고 음악교수법을 발전시킨 음악교육가이다.

코다이는 '음악은 모든 사람을 위한 것'이라는 신념을 가지고 인류가 남긴 귀한 예술음악을 모든 사람이 즐길 수 있도록 하고자 하였다. 그는 팔레스트리나, 바흐, 모차르트, 베토벤, 슈베르트, 브람스 등 음악의 역사를 이끌어 온 음악가들의 음악을 중시했으며, 음악적 재능이 있는 사람이건 없는 사람이건 모두가 음악교육을 받아 예술음악을 함께 즐길 수 있게 되기를 희망했다. 코다이는 모든 사람이 음악교육을 받을 수 있도록 하기 위해 다음과 같은 방안을 강구하였다.

첫째, 가창을 활용한 교수법을 발전시켰다. 모든 사람이 음악교육을 받을 수 있도록 하기 위해서는 사람들이 음악을 쉽게 배울 수 있도록 해야 한다. 기악 교육은 악기가 있어야 교육이 가능하기 때문에 제한적인 교육이 될 수밖에 없으나, 가창 교육은 목소리를 활용하기 때문에 누구나 참여할 수 있다. 코다이는 이러한 점에 착안하여 가창을 통한 교육을 할 수 있는 연습곡을 개발했으며, 가창을 활용한 지도 방법들을 고안하였다.

둘째, 솔페즈 교수법을 발전시켰다. 솔페즈는 '솔파(sol-fa)'에서 나온 말로, 음악의 기초를 의미한다. 코다이는 예술음악을 이해하기 위해서 음악의 기초 이해가 필요하다고 보았다. 이를 위해 학급에서 함께 배울 수 있는 솔페즈 수업을 할 수 있는 방법을 고민하였다. 코다이의 솔페즈 수업에서는 리듬 이름, 손기호, 날으는 음표 등을 활용하여 음악을 쉽게 읽을 수 있도록 하였다.

셋째, 음악적 모국어 교수법을 발전시켰다. 음악적 모국어란 자국의 민요를 의미한다. 코다이는 학생들이 자국의 민요를 통해 예술음악을 이해할 수 있는 연습곡을 개발하였다. 자신들의 음악 언어를 활용함으로써 보다 쉽게 예술음악에 접근할 수 있도록 하였다.

2) 코다이 교수법의 원리

(1) 음악 읽고 쓰기

코다이 교수법이 궁극적으로 지향하는 목적은 학생들로 하여금 예술음악에 대한 소양을 갖게 하는 것이지만, 교육 목표는 음악 읽고 쓰기 능력을 기르는 것이다. 음악 읽고 쓰기 능력이란 악보를 보고 노래 부르거나 머릿속으로 떠올릴 수 있으며 음악을 듣고 악보에 적을 수 있는 능력을 말한다. 음악 읽고 쓰기 능력은 악보를 보고 음악을 표현할 수 있게 하고, 음악을 들으면서 악보와 함께 음악의 구조를 정확하게 파악할 수 있게 한다. 음악 읽고 쓰기 능력은 음악적 소양의 기본이라고 할 수 있다.

(2) 음악적 모국어와 예술음악

코다이 교수법에서 가르치는 내용은 음악적 모국어와 예술음악이다. 여기서 말하는 음악적 모국어는 민요이지만 민요를 그대로 가르치지는 않는다. 코다이는 민요를 정리하고 발전시켜 예술음악을 이해하는 자료로 만들었다. 단선율의 민요는 다성음악이나 화성음악으로 재창조하여 연습곡으로 만들었고, 간단한 민요 가락은 여러 가지 화성 진행에 맞춰 변형하기도 하였다. 민요는 예술음악으로 거듭나서 학습 자료로 재탄생하였다.

(3) 음악 개념의 단계적 지도

코다이 교수법에서 강조하고 있는 교수 방법은 단계적 지도법이다. 단계적 지도법은 음악 개념을 쉬운 것부터 어려운 것으로, 간단한 것부터 복잡한 것으로 배열하고 그것을 체계적으로 지도하는 것이다. 리듬을 지도하는 단계는 처음에 사분음표(♩)를 가르치고, 다음은 8분음표가 두 개 붙은 것(♫), 다음은 4분쉼표(𝄽) 등의 순서로 가르친다. 코다이가 제시한 리듬의 지도 단계는 [그림 4-2]와 같다.

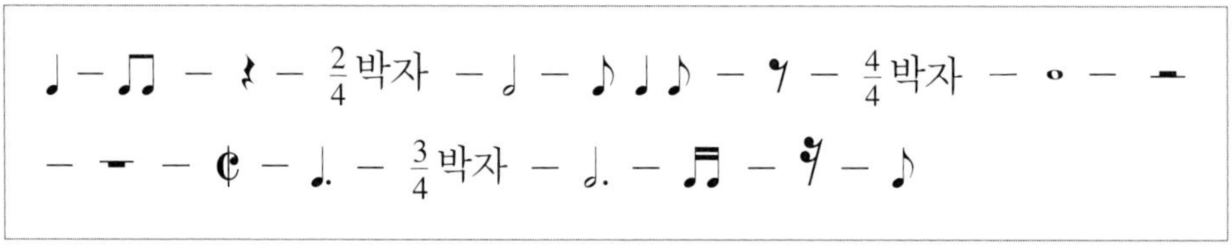

[그림 4-2] 리듬의 지도 단계

[그림 4-2]에 제시된 단계에 따라 리듬을 처음 가르칠 때는 ♩와 ♫를 다양하게 조합한 리듬 패턴으로 지도한다. 헝가리의 초등학교 1학년 음악 교과서에 제시되는 악곡은 모두 [악보 4-13]과 같은 리듬꼴로 구성된다.

악보 4-13 초급에서 지도되는 리듬 패턴

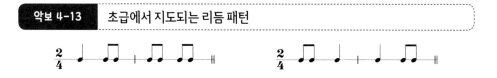

그리고 가락을 가르치는 단계는 '솔-미' '솔-라-솔' '라-솔-미' '미-레-도' '솔-미-레-도' '라-솔-도' '라-솔-미-레-도' 등의 순서로 2음으로 시작하여 3음, 4음, 5음 등 단계적으로 가르친 후, 전 음계를 사용하여 노래 부르게 한다. 즉, 처음에는 단3도를 가르치고, 그다음 장2도, 그리고 점점 음계를 확장하고 음폭을 넓혀 간다.

가락을 가르칠 때는 악보를 읽는 연습을 하는데, 초급에서는 [악보 4-14]와 같이 음자리표를 사용하지 않고 오선의 여러 위치에서 계이름을 부르는 연습을 한다. 솔-미 노래의 경우 줄과 줄, 칸과 칸 사이로 배치하며, 다양한 자리에서 계이름을 부를 수 있게 연습한다. 이러한 연습은 이동도법의 계이름 부르기에 익숙해지도록 한다.

악보 4-14 여러 위치에서 계이름 부르기

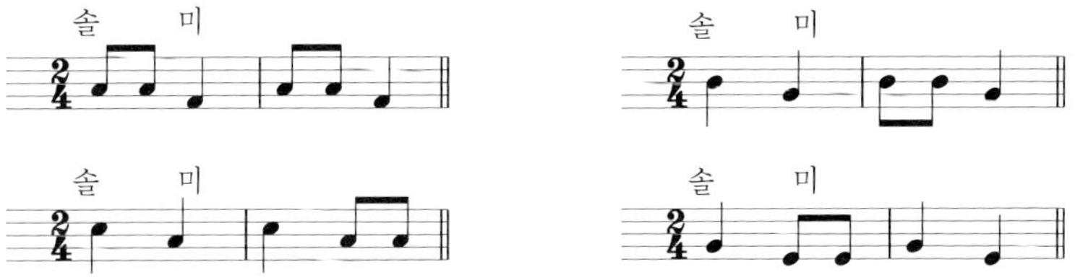

(4) 이동도법

코다이는 이동도법(Movable do)을 강조하고 있다. 이동도법이란 조에 따라 으뜸음이 이동하며 이동하는 대로 음의 이름을 바꾸어 부른다고 하여 붙여진 이름이다. 우리나라에서는 보통 계이름이라고 한다. 악보를 읽을 때 계이름으로 읽으면 조성의 특성과 음의 기능을 파악하는 데 도움이 된다.

3) 코다이 연습곡

코다이가 만든 연습곡은 대부분 노래 연습곡이며, 민요를 기초로 하는 무반주 합창곡이다. 르네상스 시대의 다성음악, 바흐의 코랄과 푸가, 그리고 모차르트의 가곡 등 다양한 작곡가의 음악 형식이 활용된다. 코다이가 만든 연습곡은 14종 22권으로 정리된다(Ittzés, 1993). 코다이 연습곡은 유치원이나 초등학교 단계부터 사용할 수 있는 초급 연습곡부터 음악 전공자들이 사용할 수 있는 고급 연습곡까지 구성되어 있으며, 단선율 연습곡과 다선율 연습곡 등 형식이나 성부도 다양하다. 악보는 '솔파 악보'와 '5선 악보' 그리고 '파트보' 등이 있으며, 음악은 2음 음계부터 5음 음계, 선법, 반음 음계, 조성음악 등 다양하다. 다선율 연습곡은 르네상스와 바로크 시대의 대위법적인 특성을 가진 음악들이 대부분이다. 〈표 4-5〉는 코다이 연습곡 중 초급과 중급용을 소개한 것이다.

〈표 4-5〉 코다이 주요 연습곡

제목(연도), 등급	음악적 특성	교육 목표
333 초급 읽기 연습곡(1943) 초급	2음-5음 음계로 된 코다이 자신이 만든 단선율 가락으로 구성되어 있음	음악의 읽기 · 쓰기 · 기억 능력 등의 연습, 솔파 악보 · 오선보 악보, 단순한 리듬 패턴 연습
5음 음계 I-IV (1945) 초급-중급	헝가리 민요의 순수 5음 음계 가락, 코다이가 직접 만든 5음 음계 가락, 헝가리 옛 민요 가락, 헝가리인과 유럽인과 구별되는 추바쉬 5음 음계 등이 있음	솔파 악보와 여러 가지 '도'의 위치를 바꾼 5선 악보 연습
비치니아 헝가리카 I-IV(1937) 초급-중급	헝가리 민요와 작곡가가 직접 작곡한 가락, 5음 음계, 온음 음계, 단순한 오스티나토를 활용한 2성부 악곡, 르네상스나 바로크의 다성음악 구성을 하고 있음. 가사는 전통적인 것과 시인들이 쓴 것이 있음	악기 없이 정확한 음정의 연습, 손기호로 연습이 가능함
정확히 함께 노래하자 (1941) 초급-중급	배음의 원리에 의한 화음 연습곡들로 구성되어 있음. 완전 어울림 음정→불완전 어울림 음정→안 어울림 음정 순서로 되어 있음	악기 없이 정확한 음정의 연습, 손기호로 연습이 가능함

출처: Ittzés(1993).

(1) 333 초급 읽기 연습곡

333 초급 읽기 연습곡은 2음 음계에서 5음 음계로 된 코다이 자신이 만든 333개의 단선율 가락으로 구성되어 있다. 음악의 읽기, 쓰기, 기억 능력 등을 훈련할 수 있도록 '리듬 악보(솔파 악보)'와 '5선 악보'로 되어 있으며, 단순한 가요 형식을 연습할 수 있도록 구성되어 있다(Ittzés, 1970). '리듬 악보'는 계이름 읽기 연습과 음이름

읽기 연습을 함께 할 수 있고, 5선에 익숙하지 않은 학생들이 음악을 적는 간단한 방식을 보여 준다. '솔파 악보'는 리듬과 계이름의 첫 자를 제시한 형태로 [악보 4-15]와 같이 제시된다. 이것은 계이름 연습을 하고, 여러 조성에 해당하는 음이름(고정도법)으로 부를 수도 있다. 예를 들면, C조에서 '도 레 도 레'를 'c d c d'로 읽고 G조에서는 'g a g a'로 읽도록 하여 여러 조의 계이름과 음이름을 이해할 수 있게 한다. [악보 4-15]는 '도 도 레 도 레 레 도 도……'의 계이름으로 부르기도 하고, 'c c d c d d c c……' 혹은 'd d e d e e d d……' 혹은 'g g a g a a g g……' 등 조를 바꾸어 가면서 고정도법의 음이름으로 부르기도 한다. 학생들이 악보를 그릴 때에는 〈표 4-6〉과 같이 음표의 머리 없이 악보로 간단하게 나타내기도 한다.

악보 4-15 솔파 악보

333 초급 읽기 연습곡

코다이

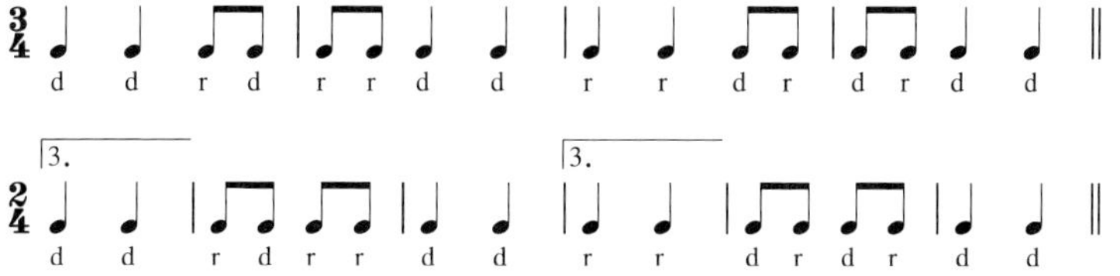

333 초등 읽기 연습곡은 [악보 4-16]처럼 오선보로 제시되는 부분도 있다. 여기서 특이한 점은 조표를 사용하지 않는다는 것이다. 학생들이 이해하기 어려운 조표를 제시하지 않고, 계명의 첫 자를 제시하여 계명으로 부르도록 유도하고 있다. [악보 4-16]은 'd(도)'를 제시하여 라장조로 읽도록 유도하고 있다.

악보 4-16 5선 악보

333 초급 읽기 연습곡

코다이

(2) 5음 음계 연습곡

5음 음계 연습곡은 헝가리 민요의 특징을 가진 5음 음계 가락으로 구성되어 있다. 이 연습곡의 가락은 코다이가 작곡한 가락, 헝가리 옛 민요 가락, 추바쉬 민요 가락 등으로 구성되어 있다. 이 연습곡의 악보는 솔파 악보로 제시되어 계이름 연습에 적합하다. 전체 4권이며, 2음의 단순한 음계부터 5음 음계까지 차례로 배치되어 있다([악보 4-17] 참조).

악보 4-17 5음 음계 연습곡

코다이

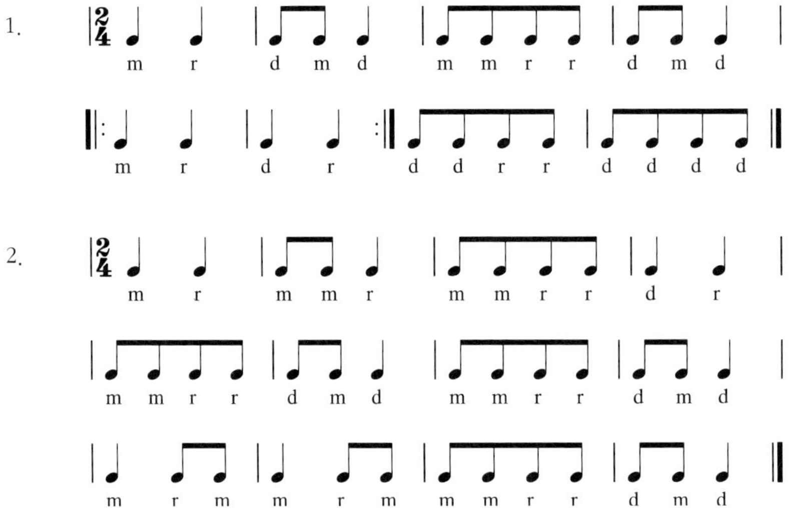

(3) 비치니아 헝가리카

비치니아 헝가리카(Bicinia Hungarica)는 헝가리 민요를 기초하여 2성부 연습곡을 만든 것이다. 가락은 헝가리 민요에 바탕을 둔 5음 음계를 사용하면서, 르네상스와 바로크 시대의 모방기법이 나타난다. 무반주 합창을 통해 음악 읽기 연습을 하는 악곡이다([악보 4-18] 참조).

악보 4-18 비치니아 헝가리카

(4) 정확히 함께 노래하자

정확히 함께 노래하자(Let's sing correctly)는 음정을 정확히 노래하는 훈련을 하는 연습곡이다. 이 연습곡으로 리듬 없이 온음표로 배음에 따라 음정을 연습할 수 있다. 악기의 도움 없이 2성부를 노래함으로써 음정을 정확히 노래 부를 수 있도록 만들었다. 합창으로 배음의 의미를 깊이 있게 이해할 수 있게 해 준다([악보 4-19] 참조).

악보 4-19 정확히 함께 노래하자

코다이

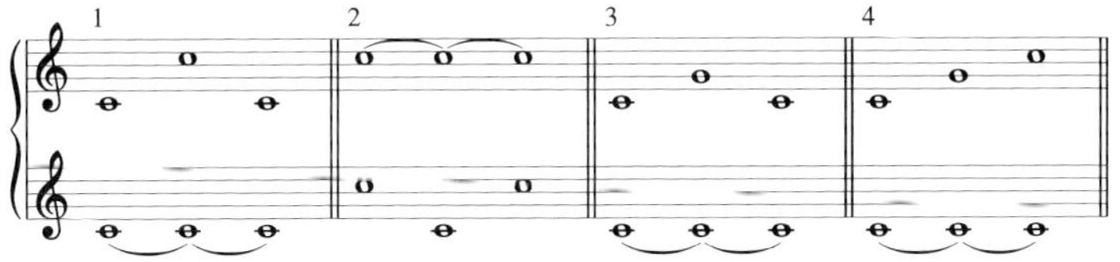

4) 지도 방법

(1) 리듬 지도법

리듬 지도법의 기본은 고정된 리듬 이름을 활용한다는 것이다. 고정된 리듬 이름은 4분음표는 항상 '타'이며, 8분음표는 항상 '티'이다. 리듬 이름은 악보의 리듬을 읽거나 치는 리듬을 받아 적을 때 유용하다. 학생들이 음표를 신속하게 받아 적을 수 있도록 간략하게 표시하는 코다이식 기보(약보)도 활용한다. 코다이가 정한 리듬 이름과 코다이식 기보법은 〈표 4-6〉과 같다.

〈표 4-6〉 코다이 리듬 이름과 기보법

전통악보	약보	리듬 이름	전통악보	약보	리듬 이름
♩	ǀ	타	𝅘𝅥𝅯 𝅘𝅥𝅮.	⊓.	리팀
♫ ♪♪	⊓ ᛚᛚ	티티	♪♩♪	ᛚ ǀ ᛚ	티타 티(싱코파)
♩♩♩ (3)	⊓⊓ (3)	트리올라	𝅘𝅥𝅯 𝅘𝅥𝅮 𝅘𝅥𝅯	⊓⊓	리티리
𝅘𝅥𝅯𝅘𝅥𝅯𝅘𝅥𝅯𝅘𝅥𝅯	⊓⊓⊓	티리티리	𝅗𝅥	𝅗𝅥	타아
𝅘𝅥𝅮 𝅘𝅥𝅯𝅘𝅥𝅯	⊓⊓	티 티리	𝅗𝅥.	𝅗𝅥.	타아아
𝅘𝅥𝅯𝅘𝅥𝅯 𝅘𝅥𝅮	⊓⊓	티리 티	𝅝	𝅝	타아아아
𝅘𝅥𝅮. 𝅘𝅥𝅯	⊓.	팀 리	𝄽	z, 𝄽	쉼
♩. ♪	ǀ. ᛚ	타 이티	𝄾	𝄾	쉬

코다이 리듬 이름은 비교적 단순한 리듬꼴에 적용하기 때문에 붙임줄이 많은 노래에 적용하는 것은 어렵다. 그렇지만 기본 원리를 활용하여 리듬 이름을 붙일 수 있다. 홑박자와 겹박자는 리듬 이름에 약간 차이가 있다. 겹박자에서 '♩.'는 빠른 곡은 '툼(탐)', 느린 곡은 '투우움(타아암)'으로 부른다. 오르프는 정해진 리듬 이름을 사용하는 것보다는 일반적인 가사를 활용하는 것이 더 음악적이라고 하였는데, 코다이는 음악을 읽고 쓰는 데 유용한 정해진 리듬 이름을 사용하는 것을 강조하였다.

예시 리듬 이름 읽기의 예

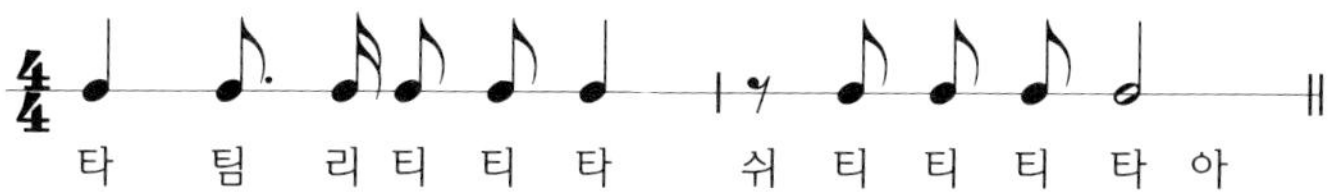

(2) 손기호

코다이의 손기호는 기본적으로는 음에 따라 각각 다른 손 모양을 가지고 있으며, 음의 상대적인 높이를 보여 준다. 예를 들어, '도'는 주먹으로 표시하고, '레'는 손바닥을 펴고 45도쯤 기울인다. 그리고 '미'는 손바닥을 펴서 수평으로 둔다. 각각의 높이는 상대적이다. 손의 모양과 위치는 [그림 4-3]에서 알 수 있다.

코다이 손기호의 기능은 세 가지로 정리할 수 있다.

첫째, 가락을 지도할 수 있다. 교사는 손기호로 가락을 보이고, 그에 따라 계이름으로 부르게 한다. 때때로 학생들이 교사의 손기호를 보면서 내청할 수 있다. 또한 교사가 계명 또는 허밍으로 노래를 부르고, 교사가 부르는 노래를 학생에게 손기호로 표시하게 함으로써 학생들이 음을 알고 구별할 수 있도록 하는 데에도 사용된다.

둘째, 화음을 지도할 수 있다. 화음 지도를 위해서 학생들을 두 성부로 나누고, 교사는 양손을 써서 각 성부에게 각 손기호의 소리를 내게 한다. 학생들은 두 성부를 손기호에 따라 소리 내어 화음의 아름다움을 경험할 수 있다. [그림 4-4]는 양손을 사용하여 화음을 표시하는 손기호를 나타낸 것이다.

셋째, 전조를 지도할 수 있다. 전조는 이론으로 지도하기 전에 실제 소리를 통해 지도하여야 한다. 소리로 전조를 지도할 때는 한 손으로 가락의 계명을 손기호로 보여 주다가 어떤 계명에서 다른 손으로 바꾸어 다른 계명을 보여 주면서 가락을 이으넌 전조된 가락을 부르게 할 수 있다. 예를 들어, 다장조에서 사장조로 변하는 가락에서 오른손으로 '도레미 솔'을 표시하고 '솔'에서 왼손으로 '도'를 표시하면서 바꾸어 주면 딸림조로 변하게 된다. 이후에 '도시도레도'와 같은 가락을 제시하면 전조의 느낌을 경험하게 할 수 있다.

[그림 4–3] 코다이 손기호

도-도

도-미

도-솔

도-파

레-파

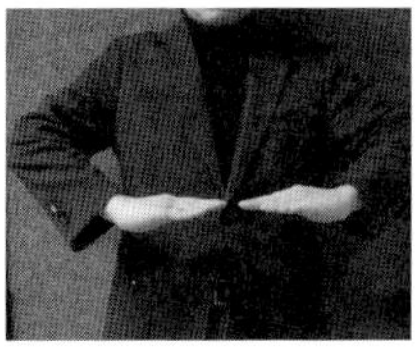

미-미

[그림 4-4] 화음을 표시하는 손기호(양손 손기호)

(3) 날으는 음표

날으는 음표(flying note)는 긴 막대기 끝에 음표의 머리를 붙인 것이다. 오선보에 날으는 음표를 옮겨 가며 학생들에게 음을 읽게 하는 데 사용한다. 교사는 준비된 선율을 사용할 수도 있고, 즉흥적으로 가락을 만들어 노래하게 할 수 있다. 초보자들에게는 오선보를 크게 그려 사용한다.

[그림 4-5] 날으는 음표

(4) 손가락 기호

손가락 기호는 다섯 개의 손가락을 오선을 대신하여 보여 주며 계명창을 훈련하게 하는 것이다. 손가락은 오선의 선이 되고 손가락 사이는 칸이 되게 하여, 손가락과 사이를 다른 손으로 가리키면서 계명창을 하게 한다. 보통은 왼손 손가락을 벌려

오선으로 하고 오른손으로 왼손의 부분들을 가리키며 학생들에게 계명으로 부르게 한다. 손에는 음자리표가 없기 때문에 첫 음의 계명을 지정하고 지도한다.

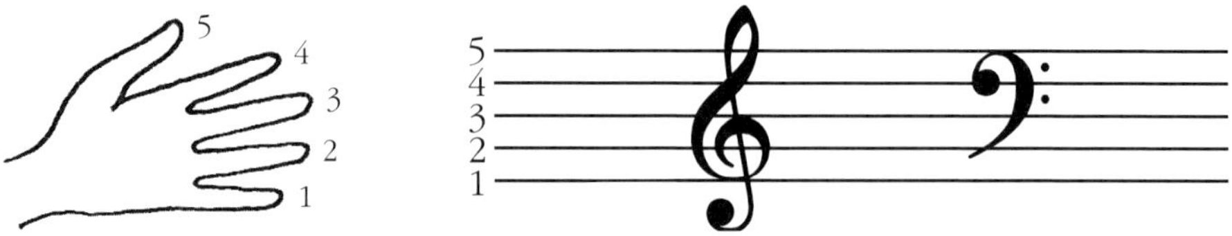

[그림 4-6] 손가락 기호

(5) 음 기둥

음 기둥은 '음 사다리'라고도 부르는데, 계이름을 세로로 써 놓은 기둥이다. 음 기둥은 소리의 높이와 음 간격을 지도할 때 사용한다. 음 기둥을 그릴 때에는 반음과 온음의 간격을 잘 표시하여 학생들이 음의 상대적 위치를 잘 이해할 수 있도록 한다. 음 기둥을 세워 놓고 각 음을 지시하면서 가락을 부르게 하면서 음을 익힌다.

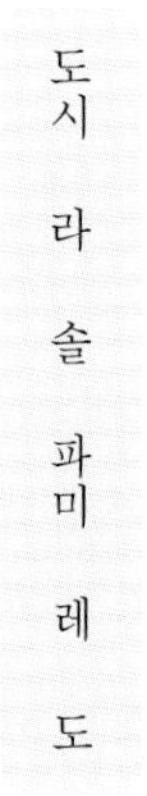

[그림 4-7]
음 기둥(음 사다리)

5) 코다이 교수법에 의한 수업 모형

코다이 교수법에 의한 수업 모형은 코다이의 음악교육 이념에 기반을 두고, 코다이가 강조하는 수업 목표를 세우며, 특성에 맞는 교재와 코다이의 지도 방법을 활용하여 구성할 수 있다. 가창 중심 수업에서 코다이 교수법을 적용한 수업 모형을 제안하면 〈표 4-7〉과 같다.

코다이 교수법에서는 리듬 읽고 쓰기-가락 읽고 쓰기-화음으로 노래 부르기 등을 기본적인 단계로 보고 있다. 이에 따른 주요 단계를 설명하면 다음과 같다.

〈표 4-7〉 코다이 교수법을 활용한 가창 중심 수업 모형

주요 단계	코다이 교수법
1. 리듬 읽고 쓰기	• 리듬 읽기 –리듬 카드, 리듬 카논, 리듬 질문 대답(즉흥), 리듬 받아쓰기 등 활용 • 리듬에 맞게 가사 읽기(따라 읽기 혹은 악보 읽기) • 리듬 쓰기 –리듬 이름으로 받아쓰기 –리듬 악보로 받아쓰기 –음표로 받아쓰기
2. 가락 읽고 쓰기	• 가락 읽고 쓰기: 악보, 손기호, 날으는 음표, 가락 카논 –계명창하기(악보, 계이름 등), 손기호 활용, 질문 대답(즉흥), 가락 카논 –가락 받아쓰기[손기호로 받기, 계이름(d, r, m 등)으로 받아쓰기, 악보로 받아쓰기, 날으는 음표로 받아쓰기] –가락 만들기(손기호, 계이름, 악보 등) • 가락에 맞게 가사 부르기
3. 화음으로 노래 부르기	• 기본적인 화음 느끼기(무반주 합창하기) –지속음과 함께 가락 연습하기 –양손으로 손기호 하기, 가락 카논, 화음 쓰기 등 활용 • 합창하기

- 리듬 읽고 쓰기: 제재곡의 리듬을 익히고 리듬을 듣고 쓰는 단계까지 포함한다. 리듬 익히는 단계에서 리듬 카드 활용, 리듬 카논하기, 리듬 질문 대답, 리듬 받아쓰기 등의 방법을 활용할 수 있다. 그리고 이 단계가 끝나면 제재곡의 리듬을 가사로 읽는 단계를 거친다. 리듬을 익히는 것은 노래를 부르기 위한 전 단계이기 때문에 가사의 리듬을 정확히 익히는 것이 중요하다. 그리고 익힌 리듬을 쓸 수 있는 능력을 기르기 위해 리듬 쓰기를 한다. 리듬 쓰기는 학생들의 수준에 따라 리듬 이름이나 리듬 악보 혹은 음표로 받아쓰도록 한다.
- 가락 읽고 쓰기: 가락 읽고 쓰기는 계이름으로 부른다. 가락은 먼저 읽는 단계로 시작한다. 여기에서 활용할 수 있는 지도법은 손기호, 날으는 음표, 손가락, 음 기둥, 가락 카논 등 다양하다. 가락을 읽은 다음에는 쓰는 단계이다. 가락 쓰

기는 소리를 들려주고, 손기호로 표시하기, 계이름(d r m 등)으로 표시하기, 악보로 표시하기 등 다양한 방법을 활용할 수 있다. 제재곡의 가락을 활용하여 가락 읽고 쓰기를 마친 후에 가락에 맞게 노래 부르도록 한다.

- 화음으로 노래 부르기: 코다이 교수법에서 화음으로 노래 부르는 것은 정확한 음정을 노래하는 데 매우 중요한 방법으로 본다. 단선율 악곡이라도 지속음을 활용하거나 간단한 화음을 넣어서 배음을 생각하면서 가락을 노래 부르게 한다. 지속음은 가락의 으뜸음으로 하거나 가장 잘 어울릴 수 있는 소리를 하성부에서 소리 내게 하는 것으로 활용할 수 있다. 화음으로 노래 부르기를 잘 하기 위해 양손 손기호에 따라 노래 부르기, 가락 카논하기 등을 활용할 수 있다.

6) 일반 수업에서 코다이 교수법의 적용

〈표 4-8〉은 일반 수업에서 코다이 교수법을 적용할 때의 예를 보여 준다. 〈봄바람〉과 〈작은 별〉(음악 4, 천재교과서, 10~11쪽)을 지도할 때, 리듬과 가락을 읽고 쓰는 과정에서 코다이 교수법을 활용하는 방법을 제시한다.

〈표 4-8〉 일반 수업에서 코다이 교수법의 적용 예

주요 단계	코다이 교수법
1. 리듬 읽고 쓰기	• 리듬 읽기 −코다이 리듬 이름을 활용하여 | ♩. ♪ ♩ ♩ | ♩ ♫ 𝅗𝅥 ‖ 으로 읽는다. −전체를 읽은 후 학생들이 어려워하는 부분을 함께 읽는다. • 리듬 쓰기 −제재곡의 주요 음은 리듬꼴(♩. ♪ ♩ ♩, ♩ ♫ ♩ ♩, ♩ ♩ 𝅗𝅥 등)을 치고 쓰게 한다(학생들은 리듬 이름으로 쓰거나, 리듬 악보로 쓰거나 일반적인 음표로 쓰게 한다). • 리듬을 만들어 친구들과 함께 서로 리듬 쓰기를 한다.

2. 가락 읽고 쓰기	• 가락 읽기 –낱으는 음표로 다장조 음계를 연습하고, 여러 가지 가락을 불러 본다. 차례가기, 뛰어가기 등 다양한 형태의 가락을 연습한다. –제재곡의 가락을 낱으는 음표를 보며 불러 본다. –악보를 계이름으로 읽는다. –음정이 정확하지 않거나 가락의 흐름이 매끄럽지 않은 부분은 손기호를 이용하여 정확히 부를 수 있도록 한다. –〈봄바람〉을 허밍으로 부른다. • 가락 쓰기 –손기호로 다장조의 간단한 가락(도, 미, 솔, 도)을 보여 주고, 계이름으로 받아쓰게 한다(이때 계이름은 알파벳의 첫 자만 쓰게 한다). –허밍으로 다장조의 간단한 가락(도도레미도)을 들려주고, 계이름으로 받아쓰게 한다(이때 계이름이나 오선보를 활용하여 쓰게 한다).
3. 합창하기 (〈봄바람〉, 〈작은 별〉)	• 〈봄바람〉 주요 3화음 반주에 노래 부르기 –교과서에 제시된 주요 3화음의 근음(도, 파, 솔)을 박과 함께 리듬에 맞게 노래 부른다. –두 모둠으로 나누어 한 모둠은 주요 3화음의 근음으로 노래 부르고, 한 모둠은 〈봄바람〉 가락을 노래 부르도록 한다. • 〈작은 별〉 주요 3화음 반주에 노래 부르기 –주요 3화음 근음과 〈작은 별〉 가락을 함께 부른다. • 〈봄바람〉과 〈작은 별〉 화음 반주와 함께 부르기 –세 모둠으로 구분하여 한 모둠은 〈봄바람〉, 한 모둠은 〈작은 별〉, 한 모둠은 주요 3화음의 근음을 노래 부른다. • 목소리로 여러 가지 화음 반주하며 노래 부르기 –한 모둠이 '도'만 소리 내고, 다른 모둠은 가락을 부르는 방법으로 합창한다. –주요 3화음 반주를 I도는 도–솔, IV도는 도–파, V도는 시–솔 등으로 2성부로 부르면서 가락과 함께 합창한다. *합창할 때 악기를 가급적 자제하고, 목소리만을 사용하여 자연배음을 강조한다.

3. 오르프 교수법

1) 오르프의 교육 이념

칼 오르프(Carl Orff, 1895~1982)는 20세기 독일의 대표적인 작곡가이자 선구적인 음악교육가이다. 음악지도 방법에 있어서 자크-달크로즈의 유리드믹스에 영향을 받은 오르프는 추상적인 음악이 아니라 보다 구체적인 음악에 관심을 가지기 시작하였다. 오르프는 '리듬'을 음악, 언어, 춤, 신체 동작에 내재하는 기본적인 요소로 보고, 리듬은 춤 동작으로부터 발전되고 가락은 언어 리듬에서 발전되며 울림(sonority)은 리듬의 층(layers)에서 발전되어야 한다고 느꼈다(Mark, 1986: 119). 음악교육의 기본이 되는 리듬교육은 아동기에 시작하는 것이 효과적이라는 것과, 음악은 모든 아동을 위한 것이라는 믿음에서 그는 아동이 놀이를 통해 자연스럽게 음악활동을 시작할 수 있게 하였다.

음악, 언어, 춤, 신체 동작을 통합한 오르프의 접근 방법은 기초음악(Elementare Musik, elemental music)이라는 개념으로 설명할 수 있다. 기초음악이란 원초적이며 근원적인 음악을 의미한다. 오르프는 기초음악을 자연적이고 신체적이며 경험적인 음악으로 설명하였는데, 본능적이고 자연발생적인 움직임과 리듬은 기초음악활동의 기본 요소이다. 기초음악은 음악만으로 존재하는 것이 아니라 언어, 춤, 신체 움직임과 서로 분리될 수 없는 통합된 형태로 존재하며, 음악적 요소(elemental music), 악기 요소(elemental instrumentarium), 말과 움직임 요소(elemental word and movement)는 하나의 통일성을 이룬다.

기초음악에서 즉흥연주는 중요한 부분을 차지한다. 오르프는 음악교육이 인류의 진화 단계를 따라야 한다고 믿었다. 오르프에 의하면, 아동에게 잠재되어 있는 음악성을 계발시키기 위해서는 아동이 음악의 역사적 발달을 다시 경험해야 한다. 원시시대의 음악처럼 아동의 음악은 세련되지도 섬세하지도 않지만, 자연스럽고 발달의 속성과 계발의 가능성을 가지고 있다. 이와 같은 이유에서 즉흥연주는 기초음악에서 중요한 부분을 차지한다. 즉흥연주는 쉽고 자연스러운 음악 활동으로 시작하여 점차 발전되고 심화된 음악 활동으로 전개되며, 아동의 음악성과 창의성을 계발하는 것을 목표로 한다.

2) 오르프 교수법의 원리

아동들의 음악적 경험을 중요하게 여기는 오르프 교수법에서는 아동들이 모방하고, 탐색하며, 독보와 기보하고, 즉흥연주를 함으로써 음악을 체험하게 한다.

(1) 모방

모방은 음악적 경험이 적은 아동들도 쉽게 할 수 있는 활동으로 교사의 시범을 따라 하는 것으로 시작한다. 모방에는 신체 동작, 리듬 패턴, 가락 패턴 등을 따라 하게 하는 방법이 있으며, 아동이 일정 단위를 모방하게 하거나 시간적 간격을 두고 연속적으로 모방하게 함으로써 음악에 집중하게 하고 듣는 능력을 향상시킬 수 있다. 목소리, 손뼉치기, 발구르기 등으로 시작한 모방은 악기를 사용하는 음악 활동에 기초가 되며, 이러한 모방 과정은 이후 창작에 중요한 역할을 한다.

(2) 탐색

아동은 주변의 여러 가지 물체나 음성, 악기를 통하여 소리를 탐색하고, 대조되는 소리, 자연적인 소리, 의도적으로 조직된 소리 등의 탐색을 통해 음악을 체험한다. 또한 아동은 걷기와 뛰기 등의 자연스러운 움직임, 심장박동과 박(拍, beat) 감지하기 등의 내적 지각에 의한 움직임, 높고 낮음, 크고 작음 등을 표현하는 신체 움직임 등으로 공간을 탐색하게 된다. 아동은 학습한 음악 요소들의 빠르기, 셈여림, 음색 등을 다르게 하여 새로운 표현 방법을 시도하기도 한다. 형식 탐색은 소리와 공간 탐색이 동시에 이루어짐으로써 가능하며, 소리와 공간의 움직임을 그림이나 도표를 사용하여 나타낼 수 있다.

(3) 읽고 쓰기

음악 활동은 음악 듣기에서 시작된다. 오르프 교수법에서 음악 듣기는 필수적인 요소이다. 아동은 악보를 읽고 쓰기 이전에 음악을 듣고 느끼며 생각한다. 오르프는 아동이 음악으로 말하는(표현하는) 단계 이전에 먼저 악보를 읽고 기보하도록 가르치는 것은 아직 말을 하지 못하는 아동에게 읽고 쓰기를 가르치는 것과 같다고 하였다. 그러나 아동이 스스로 자신의 음악적 느낌과 생각을 기록하여 다시 재현하려는 필요를 느낄 때 상징적인 그림이나 기호를 사용하여 이를 나타내도록 하는 것은 효과적이다. 이러한 활동은 독보와 기보 능력을 향상시키는 기초가 된다.

(4) 즉흥연주

즉흥연주는 오르프 음악 활동에서 가장 강조되는 활동이다. 아동이 음악에서 즉흥적으로 나타낼 수 있는 것은 리듬, 가락, 신체표현을 만들어 내는 활동이다. 이러한 즉흥연주는 처음에는 단순한 모방으로 시작하지만 아동은 차츰 스스로 새로운 리듬, 가락, 신체표현을 자유롭게 조작하고 표현할 수 있게 된다. 말하기, 노래 부르기, 신체 동작하기, 악기 연주하기 등의 다양한 음악 활동에서 이루어지는 즉흥연주를 통해 아동들은 음악적인 만족감과 성취감을 느낄 수 있고, 이 과정에서 자연스럽게 창의성이 계발된다.

3) 오르프 학습 매체

오르프 교수법에서 학습 활동을 위한 매체(media)로는 말(언어), 신체 움직임, 노래, 악기가 사용된다. 듣기는 모든 오르프 프로그램에서 중요하다. 듣기는 음악적 성장과 발달을 촉진하는 기술이며, 개념적 사고와 미적 지각 능력을 발달시키고 확장시키는 데 필수적이다.

(1) 말(언어)

오르프는 언어에 내재된 리듬을 자연스럽게 음악 활동에 사용하였다. 말하기는 아동이 사용하는 일상적인 언어에서 말 리듬을 이용하는 것으로, 기본박을 치며 친구의 이름을 말하는 활동 속에서도 음절 수에 따라 4분음표, 8분음표, 셋잇단음표, 16분음표의 개념을 경험할 수 있다(예: 톰 ♩, 제니 ♫, 제니퍼 ³♪♪♪, 크리스틴 ♬♬ 등). 우리나라 이름은 대부분 두 음절이어서 사람 이름보다는 과일, 동물 등의 이름을 사용하거나 짧은 문장, 동시 등을 사용하는 것이 효과적이다(예: 감 ♩, 사과 ♫, 바나나 ³♪♪♪, 파인애플 ♬♬, 안녕하세요 ♩ ♩ ♫ ♩, 강아지 고양이 함께 살아요 ♫ ♩ ♫ ♩ ♩ ♩ ♫ ♩). 또한 문답식 등의 말하기 게임은 리듬, 빠르기, 셈여림과 같은 음악의 개념과 반복, 대조와 같은 음악의 구조를 지도할 수 있는 좋은 방법이다. 이러한 말하기 활동은 노래 부르기, 신체 동작하기, 악기 연주하기와 자연스럽게 연계되고 전환되며 다양한 방법으로 통합된다.

(2) 신체 움직임

신체적인 음악 경험을 중요하게 여긴 오르프는 아동의 본능적이고 자연발생적인 신체 움직임을 자연스럽게 음악 활동과 연결시켰다. 신체 움직임은 걷기, 기기, 달리기, 껑충뛰기, 돌기, 손뼉치기, 발구르기, 무릎치기, 손가락 튕기기 등을 포함한다. 놀이로부터 시작된 신체 움직임은 음악을 느끼고 자신이 느낀 것을 자연스럽게 표현하고자 하는 아동의 욕구를 실현하는 중요한 수단으로 창의적인 표현의 기초가 된다. 음악 학습에서 신체 움직임은 리듬, 가락, 빠르기, 셈여림 등의 음악 개념에 대한 감각을 민감하게 하고 악곡의 구조나 형식을 감지하게 하는 데 효과적이다.

(3) 노래 부르기

말 리듬 학습은 자연스럽게 노래 부르기 활동으로 이어진다. 오르프는 전 세계의 아동들이 대부분 가장 쉽게 부르는 '솔-미'의 하행 단3도 음정을 가지는 노래부터 시작하여 '라' '레-도'의 순서로 음들이 첨가됨에 따라 차츰 음역을 넓혀 나가는 코다이 음정 읽기 방식을 사용하여 노래 부르게 하였다. 5음 음계에서는 반음 관계가 나타나지 않기 때문에 아동들이 노래 부르기 쉬운데, 이 단계에서 많이 사용되는 교재는 전래동요, 민요, 여러 가지 선법(mode)에 의한 악곡이다. 5음 음계 구조를 가지는 노래에 익숙해지면 '파'와 '시'를 첨가하여 반음이 포함된 노래를 부른다.

(4) 악기 연주하기

오르프 교수법에서 악기는 중요한 부분을 차지한다. 오르프 수업에는 다양한 종류의 악기가 사용되는데, 아동의 리듬 교육을 위해 강조되는 악기는 주로 타악기이다. 오르프는 실제 악기를 연주하기 이전에 먼저 손뼉치기, 발구르기, 무릎치기, 손가락 튕기기와 같은 신체타악기(body percussion)를 사용하여 노래 반주와 합주를 하게 하였으며, 실제 악기 연주를 위해서는 아동들이 쉽게 연주할 수 있도록 특별히 고안된 교육용 타악기들을 개발하였다. 이 중에서 특히 오르프 음판악기로 불리는 선율타악기는 교육적으로 상당히 유용하게 쓰인다. 음판악기란 공명 상자 위에 나

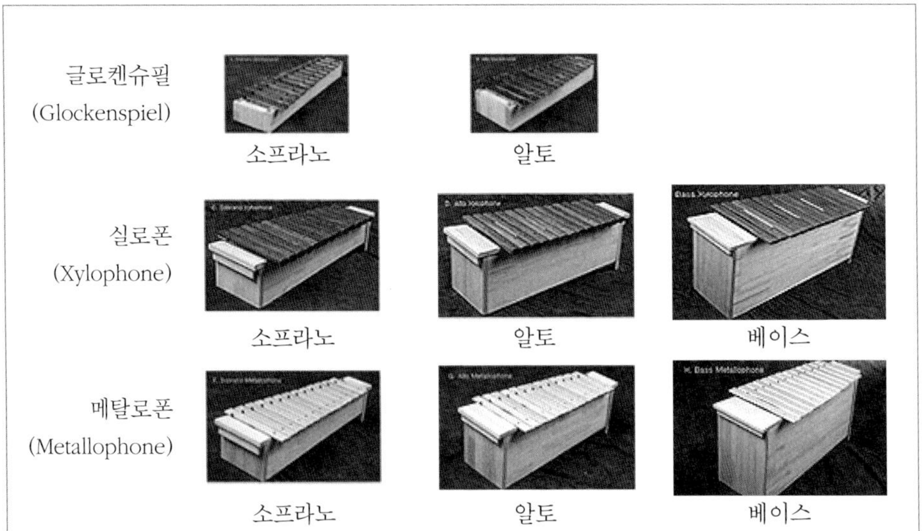

[그림 4-8] 오르프 음판악기

무나 금속으로 만든 음판을 올려 놓고 채로 쳐서 소리를 내는 악기이다. 음판악기는 필요에 따라서 음판을 마음대로 제거할 수 있어 최소한의 음판만으로 악기 경험이 없는 아동들도 쉽게 연주할 수 있다는 장점이 있다. [그림 4-8]에서 볼 수 있듯이, 오르프 음판악기에는 글로켄슈필(종금), 실로폰(목금), 메탈로폰(철금)이 있으며, 크기와 음역에 따라서 글로켄슈필은 소프라노와 알토로, 실로폰과 메탈로폰은 소프라노, 알토, 베이스로 구분된다.

4) 오르프-슐베르크

오르프는 1954년에 그의 제자이자 음악교육가인 구닐트 케트만(Gunild Keetmann)과 함께 『오르프-슐베르크(Orff Schulwerk)』라는 음악 학습을 위한 자료를 출판하였다. '어린이를 위한 음악(Musik für Kinder, music for children)'이라는 부제를 가진 『오르프-슐베르크』는 다양한 노래, 즉흥연주, 합주를 단계적으로 연습하고 경험할 수 있는 악곡과, 연주용으로 사용하기에도 적합한 많은 작품을 포함하고 있다. 『오르프-슐베르크』는 모두 다섯 권으로 구성되어 있으며, 아동의 수준에 따라서 악곡을 자유롭게 선택하여 지도할 수 있다. 『오르프-슐베르크』의 주요 내용은 다음과 같다.

- 제1권: 5음 음계, 리듬과 가락 연습, 오스티나토 연습
- 제2권: 장조, 보르둔 연습, 음정 및 음계 연습
- 제3권: 장조, 3화음 연습, 음정 및 음계 연습
- 제4권: 단조, 선법(mode), 보르둔 연습, 음정 및 음계 연습
- 제5권: 단조, 3화음 연습, 리듬과 가락 연습

5) 오르프-슐베르크의 주요 연주 활동

오르프 음악 학습에서 오스티나토(ostinato)와 보르둔(bordun)은 필수적인 음악 요소들이다. 오스티나토란 악곡의 처음부터 마지막까지 지속적으로 반복되는 짧은 리듬 패턴이나 가락 패턴, 또는 화음 패턴을 의미하며, 보르둔은 백파이프 연주에서처럼 저음부에서 지속적으로 울리는 음 또는 화음을 의미한다.

(1) 오스티나토

오스티나토에는 목소리를 사용하는 말 리듬 오스티나토, 신체타악기와 리듬 악기로 연주하는 리듬 오스티나토, 가락 악기로 연주하는 가락 오스티나토와 화음 오스티나토 등이 있다. 이러한 오스티나토(복수형은 ostnati)는 다양한 형태로 연주되는데, 하나의 오스티나토뿐만 아니라 두 개 이상의 오스티나토가 동시에 사용되기도 한다. 다음의 [악보 4-20]은 말 리듬으로 된 3성부 오스티나토의 예이다.

악보 4-20 말 리듬 3성부 오스티나토 예

[악보 4-21]부터 [악보 4-24]까지는 『오르프-슐베르크』에 수록되어 있는 오스티나토 연습 악보들 중에서 몇 개씩 발췌한 것이다.

악보 4-21 신체타악기 오스티나토 연습 예

악보 4-22 리듬 오스티나토 연습 예

악보 4-23 가락 오스티나토 연습 예

악보 4-24 **화음 오스티나토 연습 예**

(2) 보르둔

보르둔은 단음과 화음 등 여러 가지 종류가 있다. 단음은 저음을 지속적으로 끌어주는 페달 음 형태로 사용되며, 화음은 주로 5도나 8도(옥타브) 관계의 두 음을 동시에 연주하여 단순한 화음을 반주하는 형태로 사용된다. 보르둔에는 지속 보르둔과 이동 보르둔이 있다. [악보 4-25]부터 [악보 4-27]까지는『오르프-슐베르크』에 수록된 합주 악보에서 볼 수 있는 보르둔의 예이다. [악보 4-25]는 단음 지속 보르둔을, [악보 4-26]은 화음 지속 보르둔을, [악보 4-27]은 화음 이동 보르둔을 나타낸다.

악보 4-25 **'C' 음(페달 음) 예**

악보 4-26 지속 보르둔 예

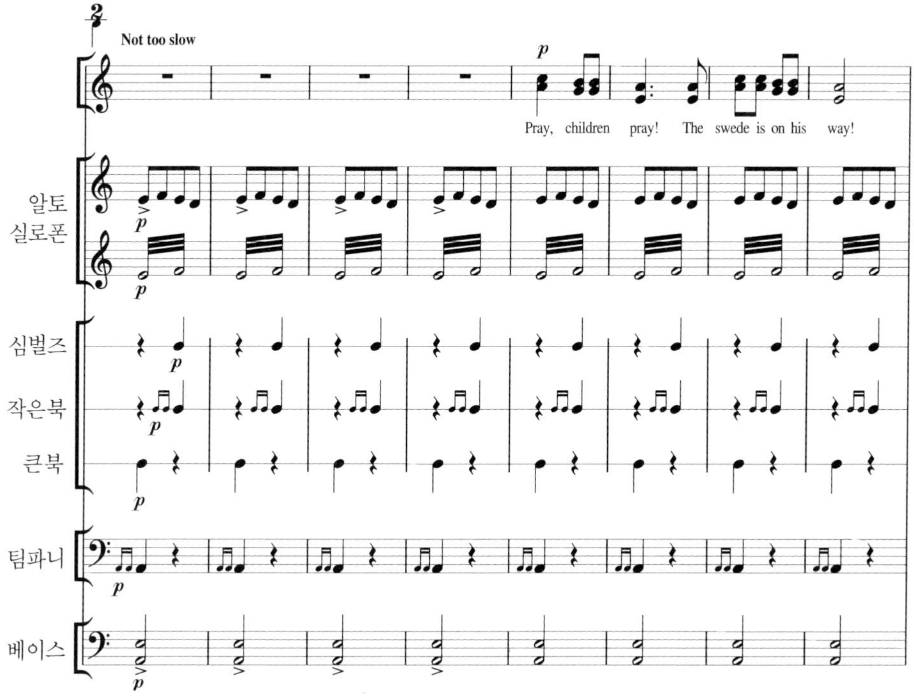

악보 4-27 이동 보르둔 예

오르프 음악 활동에서 악기 연주는 노래 반주와 독주, 중주, 합주 등 다양한 연주 형태로 나타나며, 아동은 오스티나토와 보르둔의 사용으로 음악의 짜임새와 성부의 조직, 즉 다성음악과 화성음악의 원리를 자연스럽게 이해할 수 있다.

6) 오르프 교수법을 활용한 지도 방법

일반적으로 코다이 교수법이 가창 중심 수업에 적용하기 쉽다면, 오르프 교수법은 기악 중심 수업에 더 적용하기 쉽다. 그러나 오르프 교수법을 기악 수업에만 제한할 필요는 없다. 오르프 교수법은 개념 중심, 활동 중심, 개념과 활동을 통합한 수업 모두에서 다양한 방법으로 적용하여 가르칠 수 있다. 〈표 4-9〉는 초등학교 음악 수업에 오르프 교수법을 활용한 개념 및 활동 지도 방법을 간단히 제시한 것이다. 이를 기초로 하여 구체적인 수업지도안을 작성할 수 있다.

〈표 4-9〉 오르프 교수법을 활용한 개념 및 활동 지도 방법

학습 내용		지도 방법
개념	리듬	• 일정박 치기 • 리듬 모방하기(말 리듬, 신체타악기, 리듬악기) • 리듬 문답하기(리듬악기) • 리듬 오스티나토 만들기
	가락	• 2음/3음 가락 문답하기(실로폰) • 단순한 가락 오스티나토 만들기(실로폰)
	화성	• 단음 및 화음 보르둔 이해하기(실로폰, 멜로디언)
	형식	• aba 리듬/가락 만들기(그림이나 기호 사용) • 론도 형식 리듬/가락 만들기(그림이나 기호 사용)
	짜임새	• 한 성부와 두 성부 이상의 리듬 오스티나토 비교하기
활동	노래	• 말 리듬에 따라 가사 읽기 • 일정박 반주하기(신체타악기, 리듬악기)
	악기 연주	• 합주하기 • 리듬/가락/화음 오스티나토 반주하기 • 보르둔 반주하기
	즉흥연주	• 신체표현하기 • 즉흥 반주하기

다음의 활동들은 오르프 교수법을 활용하여 전래동요 〈우리 형제〉를 지도하는 활동 예시이다. 시와 말 리듬, 말 리듬 오스티나토 반주, 노래 부르기와 신체표현하기, 신체타악기와 리듬악기 반주, 가락 오스티나토 반주, 오르프 악기 합주 등 다양한 활동이 제시되어 있다.

(1) 시와 말 리듬

시를 천천히 소리 나게 읽으며 시의 운율과 말 리듬을 느낀다. 손뼉으로 일정박을 치며 노래의 리듬을 익힌다.

우물가엔 나무 형제	나무 형젠 열매 맺고
하늘에는 별이 형제	별이 형젠 빛을 내니
우리집엔 나와 언니	우리 형젠 무엇할꼬?

(2) 말 리듬 오스티나토 반주

노래 리듬에 말 리듬 오스티나토 반주를 넣는다. 처음에는 ①, ②, ③ 순으로 한 성부씩만 넣어 보고, 차츰 성부를 늘려 2성부와 3성부 말 리듬 오스티나토 반주를 한다. 모든 성부는 손뼉으로 일정박을 치며 정확하게 연습한다. 노래 리듬에 3성부 말 리듬 오스티나토로 반주하면 모두 4성부가 된다.

(3) 노래 부르기와 신체표현하기

3음으로 구성된 노래를 리듬, 음정에 맞게 부르고, 분위기에 어울리는 신체표현을 만들어 노래와 신체표현을 함께 한다.

(4) 신체타악기와 리듬악기 반주

말 리듬으로 연습했던 3성부 리듬 오스티나토를 신체타악기와 리듬악기로 연습한다. 처음에는 손뼉치기, 캐스터네츠 등 한 성부만으로 노래 반주를 하고, 차츰 성부를 늘리며 3성부 오스티나토 반주를 한다. 악보에 제시된 신체타악기와 리듬악기는 각 성부의 리듬에 어울리는 다른 악기로 대체할 수 있다. 노래에 맞추어 신체타악기 또는 리듬악기로 반주한다.

(5) 가락 오스티나토 반주

말 리듬, 신체타악기, 리듬악기로 연습했던 리듬 오스티나토를 이번에는 가락 오스티나토로 만들어 노래를 부르거나 오르프 악기로 반주한다. 처음에는 ①, ②, ③ 순으로 한 성부씩 노래 부르거나 성부에 어울리는 오르프 악기로 연습해 보고, 차츰 2성부, 3성부 오스티나토로 확장한다. 〈우리 형제〉 노래와 함께 3성부 가락 오스티나토의 어울림을 경험한다.

(6) 오르프 악기 합주하기

노래 선율을 리코더가 연주하고 글로켄슈필, 소프라노 실로폰, 알토 메탈로폰으로 합주한다. 일반적으로 합주 악보에서 글로켄슈필 성부는 실로폰 성부 위에 제시되지만, 여기에서는 위에서 두 번째 성부를 실로폰이, 세 번째 성부를 글로켄슈필이 연주하도록 편성되었다. 합주 악기는 제시된 악기와 다른 악기로 대체할 수 있다. 또한 악보에는 없지만 오르프 악기로 화음 오스티나토나 보르둔 반주를 할 수도 있다.

제5장

음악과 교육과정 이해하기

음악과 교육과정은 음악 교과의 목표, 내용, 교수 · 학습 방법, 평가 등 교육 전반에 관한 핵심 사항을 담고 있는 문서이다. 음악과 교육과정에는 국가 수준의 교육과정, 시 · 도 수준의 교육과정, 학교 수준의 교육과정 등이 있다. 이 장에서는 국가 수준의 음악과 교육과정 문서를 다룬다. 주요 내용은 음악과 교육과정의 의미와 구성, 우리나라 근대 학교 역사와 함께 시작한 '창가' 수업이 '음악'으로 변한 과정, 그리고 일제강점기와 해방 후 음악과 교육과정을 살펴보고, 마지막으로 2011 음악과 교육과정을 2015 음악과 교육과정과 비교하여 특징을 제시한다. 특히 현재의 음악과 교육과정을 이해하기 위해 과거의 음악 교과의 성격, 내용 구성, 교수 · 학습 방법, 평가 등 교육괴정의 주요 의미와 내용을 살펴본다.

1. 음악과 교육과정의 의미

'교육과정'의 의미는 단어의 뜻에서부터 찾을 수 있다. 교육과정은 한자로 '敎育課程'이라고 쓰고, 영어로는 'curriculum' 혹은 'course'라고 한다. 한자 '敎育課程(교육과정)'에서 '課(과)'는 매긴다는 뜻이고, '程(정)'은 단위나 법을 의미하기 때문에 교육과정은 교육에서 가장 중요한 기본적인 법을 만들어 제시한 것이라고 볼 수 있다. 기본적인 법이란 교육의 목표, 내용, 방법 등에 관한 법을 의미한다. 이것은 교육에 대한 기준, 규칙, 원칙, 법 등으로 해석이 가능하다. 이에 비해 영어의 'curriculum(커리큘럼)'은 라틴어의 'currere(쿠레레)'에서 유래되었다. '달린다'는 뜻의 currere는 나중에 경마장의 '경주로(race course)'를 의미하는 말이 되었다고 한다. 경마장에서 말이 경주를 하기 위해 출발점에서 종착점까지 달려가야 하는 일정한 코스가 커리큘럼인 것이다. 따라서 교육과정은 교육을 위해 정해 놓은 길, 원칙, 법칙 등의 의미를 갖는다. 이와 같이 교육과정을 교육의 길이나 원칙이라고 할 수 있는데, 교육과정은 관점에 따라 여러 가지 의미를 가진다.

첫째, 학교를 비롯한 교육기관에서 정한 시간표와 과목을 제시하는 교육과정으로서의 의미를 가진다. 즉, 학교에서 지도하는 교과 시간과 내용을 간단하게 소개하는 문서를 교육과정이라고 한다. 이때 교육과정은 그 의미가 명백하다는 장점이 있지만 학교의 시간표에는 들어가지 않는 학생들의 여러 가지 활동을 보여 주지 못한다는 단점이 있다.

둘째, 교과의 내용을 체계적으로 조직하여 제시하는 교육과정의 의미를 가진다. 이것은 교과 중심 교육과정 또는 교과과정이라고 말하는데, 인류의 문화유산인 지식을 체계적으로 교육할 수 있는 장점이 있으나, 지식을 일반적으로 가르치는 교육으로서 학생들의 폭넓은 경험을 다루지 못하는 단점이 있다.

셋째, 학생들이 교육에서 얻게 되는 모든 학습 내용이나 생활 경험의 전체 내용을 의미한다. 이때는 교과에 관한 활동뿐만 아니라 현장학습, 수학여행, 친구와의 토론 등 학교 생활 경험을 모두 포함하는데, 현대의 교육과정은 대개 이러한 뜻으로 쓰이고 있다.

현대의 교육과정은 의미나 내용에 따라 여러 가지 관점으로 구분하기도 한다. 즉, 학생의 경험을 중시하는 경험 중심 교육과정, 교과의 개념 · 법칙 등 구조를 중시하는 학문 중심 교육과정, 개인을 중시하는 인간 중심 교육과정, 몇 개의 교과목을 통합하여 주제나 경험 중심으로 구성하는 통합교육과정 등 교육과정은 관점과 관심에 따라 다양하게 분류된다.

국가 수준의 교육과정은 학생들이 학교에서 경험하고 성취해야 할 인지적 · 심동적 · 정의적 내용과 수준을 제시하는 것으로 인식되고 있으며, 대부분의 학자들은 타일러(R. Tyler, 1902~1994)가 제시한 다음과 같은 교육과정의 틀을 합리적이고 조직적인 시도를 한 하나의 대표적인 모델로 인식하고 있다.

- 목적: 학교는 어떤 교육적 목적을 추구해야 할 것인가?
- 내용: 교육적 목적을 달성하기 위하여 어떤 교육적 경험이 제공되어야 하나?
- 교수 · 학습 방법: 교육적 경험이 어떻게 효과적으로 조직될 수 있나?
- 평가: 교육적 목적이 달성되었다는 것을 어떻게 판단할 수 있나?

타일러는 교육과정의 핵심적인 구성으로 교육 목적, 교육 내용, 교수 · 학습 방법, 평가를 제안하고 있다. 우리나라 음악과 교육과정 역시 타일러의 교육과정의 틀에 따라 구성되고 있으며, 학교에서의 교과 활동의 전체를 담으려고 하고 있다.

2. 음악과 교육과정의 구성

교육과정은 교육의 기본적인 약속이며, 실질적인 학습 활동의 기초이다. 교육과정은 왜 수업을 하는지, 무엇을 가르칠 것인지, 어떻게 가르쳐야 할 것인지 등에 대한 공동체의 약속을 제시한다. 그래서 교수자는 수업을 하기 전에 교육과정을 충분히 이해하고, 그에 따라 수업 목표를 설정하며, 수업의 내용과 방법을 고안한다.

이런 차원에서 음악과 교육과정이 담아야 하는 교육의 목적, 교수·학습 내용, 교수·학습 방법, 평가 등의 특성을 알아본다.

1) 음악교육의 목적

음악교육의 목적을 음악적 소양이나 음악적 능력을 키우는 데 둔다면 그 내용은 대부분 음악적 활동에 초점을 맞추어 구성되어야 할 것이다. 또 음악교육의 목적을 전인적인 인간에 둔다면 음악적 소양과 함께 인간과 관련된 음악 활동의 문제들에 대해서도 다루어져야 할 것이다. 그 밖에 음악교육의 목적을 공동체의 단결이나 화합에 둔다면 공동체가 함께 할 수 있는 음악 활동들로 내용을 구성해야 할 것이다. 이와 같이 음악교육의 목적은 교수·학습 내용의 방향을 결정하게 한다.

2) 교수·학습 내용

교수·학습 내용은 인지적·심동적·정의적 영역으로 구분하여 구성할 수 있다. 인지적 영역은 음악적 개념과 관련 지식들의 이해에 대한 부분이고, 심동적 영역은 음악을 직접 노래하거나 악기를 연주하는 능력을 의미하며, 정의적 영역은 음악에 대한 관심, 음악을 대하는 태도, 수업에 참여하는 열정 등에 관한 것을 의미한다. 이러한 구분은 인지적 영역은 '이해' 영역으로, 심동적 부분은 '활동' 영역으로, 정의적 영역은 '생활화' 영역으로 표시하기도 한다. 2015 음악과 교육과정에서는 인지적 영역을 '음악 요소 및 개념 체계표'라는 별도의 항으로 만들고, 심동적 영역은 '표현'과 '감상' 영역으로 구분하며, 정의적 영역은 '생활화' 영역으로 구분하는 방식을 백하였다. 이렇게 음악과 교육과정의 교수·학습 내용 부분은 기본적으로 인지, 심동, 정의 등 세 가지 영역으로 구분하여 구성한다.

인지적 영역은 음악의 개념과 원리, 그리고 세계의 다양한 종류의 음악 개념을 안다는 것과 관련이 있다. 음악의 개념은 1950년대 이후 학교에서 가르치는 서양 전통 관습 시대의 클래식음악에서부터 세계음악과 현대음악으로 그 폭을 확대함에 따라 그 요소가 리듬, 가락, 화성, 형식, 셈여림, 빠르기, 음색 등 일곱 가지로 확정되었다. 이렇게 요소를 확정함에 따라 리듬이 중심인 음악이나 화음이 없는 민요 등도 음악으로 인정되었고, 학교에서 배우는 음악의 범위가 넓어지게 되었다.

심동적 영역은 가창, 기악, 창작, 감상의 네 가지를 의미하는데, 이것을 모두 '활동'이라고 하기도 하고, 가창, 기악, 창작의 세 가지를 '표현'이라고 하여 '감상'을 분리시키는 구성 방식도 사용하고 있다. 감상을 분리시키면 감상을 특별히 강조할 수 있으며, 표현과는 다른 의미를 부여할 수 있다.

정의적 영역은 음악에 대한 태도, 관심, 흥미 등을 의미하는데, 밖으로 드러나지 않는 부분이기 때문에 구체적인 논의가 어려운 부분이다. 이 부분에 대해서는 '생활화' 영역에서 생활에의 적용, 음악에의 적극적 참여 등의 형태로 나타나고 있다.

3) 교수·학습 방법

음악과 교수 · 학습은 모든 영역의 학습 활동에서 다양한 악곡을 활용하여 학습하도록 하며, 이를 위한 최적의 학습 환경을 조성한다. 그리고 학생들의 음악적 능력과 수준, 흥미도, 현실성, 지역성 등을 고려하여 내용을 융통성 있게 재구성하여 지도한다. 또한 음악 표현 능력과 음악에 관한 포괄적 이해력을 발달시킬 수 있도록 영역별 연계성 및 음악 교과와 타 교과의 연계도 고려하여 지도한다.

내용 영역별 지도 방법은 다음과 같다. 첫째, 표현 영역에서는 학생의 느낌과 생각을 목소리, 악기, 신체, 그림 등으로 창의적으로 표현하도록 지도한다. 국악 학습에서는 전 영역에서 가 · 무 · 악이 통합적으로 이루어지도록 한다. 그리고 노래 부르기에서는 바른 자세와 발성으로 악곡에 따른 자신의 느낌을 개성 있게 표현하도록 하며, 악기 연주하기에서는 여러 가지 타악기와 가락악기를 활용한다. 음악 만들기에서는 자유롭게 소리를 탐색하고 음악을 창의적으로 만들어 볼 수 있도록 그림이나 기호, 문자, 악보 등을 활용한다. 둘째, 감상 영역에서는 음악의 요소와 음악의 종류 및 역사, 사회문화적 맥락에서의 음악의 역할 및 가치를 폭넓게 이해하고 내면화할 수 있도록 한다. 그리고 실음을 통해 음악 용어와 개념을 이해할 수 있도록 하고, 미적 체험이 가능하도록 다양한 교수 · 학습 방법을 활용한다. 셋째, 생활화 영역에서는 생활 속에서 음악을 즐기고, 음악 문화 및 우리 음악에 대한 올바른 가치관을 갖도록 지도한다.

4) 평가

음악과 평가는 교육과정의 범위와 수준에 근거하여 시행하되, 학생과 학교의 상황을 고려하여 실시한다. 평가 계획은 학년 초 또는 학기 초에 평가의 내용, 기준 및 방법을 학생에게 예고한다. 또한 각 영역의 성격과 내용을 충실하게 반영하되, 실제로 수업을 통해 다루어진 내용에 대해 평가함으로써 타당성과 신뢰성이 높이 평가되도록 한다. 평가 방법은 실기 평가, 실음 지필 평가, 관찰, 포트폴리오, 보고서, 상호 평가, 자기 평가 등 평가의 내용에 따라 적절하게 활용하도록 한다. 내용 영역별 평가를 살펴보면, 표현 활동은 기초 기능, 표현, 태도 등을, 감상은 포괄적 이해의 정도와 태도를, 그리고 생활화는 학교 내외의 음악 활동에 참여하는 정도, 음악에 대한 태도와 생활화의 실천 정도 등을 평가한다. 평가 결과는 교수 · 학습 계획과 수업 방법 개선을 위한 자료로 활용하고, 성취 기준을 달성하는 데 어려움이 있는 학생들을 위해 별도의 학습 지도 계획 및 방법을 개발하기 위한 자료로 활용한다.

3. 우리나라 음악과 교육과정의 변천

1) 개화기의 음악과 교육과정

우리나라는 1885년 설립한 배재학당과 1886년에 세운 이화학당, 그리고 1887년의 정신여학교 등이 학교의 초기 역사를 말해 준다. 이 학교들은 일반 과목(한문, 역사, 지리, 수학, 과학 등)에 비중을 두었으며, 그 외 성경 과목과 '찬미가'를 두고 있었다(노동은, 1995: 402). 여기서 찬미가는 일반적인 음악이 아니라 종교적 내용을 담고 있는 노래였다. 우리나라도 음악교육의 시초는 찬송가를 위주로 가르쳤던 유럽 교회의 성가학교(Schola Cantorum)와 유사한 과정을 밟았다.

조선통감부가 제1차 학교령을 시행할 때인 1906년 이전에는 관립과 공립으로서 사범학교, 고등학교, 중학교, 소학교 등을 비롯하여 의학교(의과학교), 외국어학교(일어학교, 영어학교, 한어학교 등) 등이 다양하게 있었지만, 당시의 학교에는 음악 교과목이 없었다(노동은, 1995: 570). 그러다가 1906년에 대한제국이 학교령을 발표할 때, 보통학교에는 '창가', 고등여학교와 고등학교에는 '음악'을 두었다. 창가는 노래가 중심이 되는 과목이고 음악은 기악이 포함되는 과목을 의미했다(노동은, 1995: 573).

1906년 8월, 제1차 학교령에서 관 · 공립학교들은 선택 과목으로 '창가'와 '음악'을 개설했지만 음악 교사가 없어서 운영하지 못하였다. 1909년 8월 제2차 학교령 개정 때부터는 음악이 필수 과목으로 지정되었으며, 관립 한성사범학교에서는 일본인 교사가 음악을 지도했다(노동은, 1995: 578).

정리해 보면 우리나라 음악교육의 역사는 1885년 기독교 선교를 목적으로 학교에서 지도한 찬미가로부터 시작되었다고 볼 수 있으며, 관립과 공립 학교에서는 1906년 이후에 음악 과목이 생기기 시작했다. 그러나 초기에는 교사가 부족하여 일부 학교에서만 음악을 가르쳤다.

2) 일제강점기의 음악과 교육과정

우리나라 학교에서 음악 관련 교과목은 초기부터 '음악'은 아니었다. 전술한 바와 같이 초기 학교(배재학당, 이화학당, 정신여학교 등)에서는 음악을 가르치는 시간을 '찬미가' 시간이라고 불렀다. 당시에는 기독교 예배에 필요한 찬미가를 불렀기 때문에 그 이름을 그대로 불렀다. 이후 일제강점기 초기에 교과 이름은 노래 부르기를 위주로 했기 때문에 '창가'였으며, 단음창가, 중음창가, 복음창가 등을 불렀다. 1910년 이후에는 점차 음악 이론, 악기 지도 그리고 감상 등 음악을 종합적으로 가르치면서 '음악'이라는 과목으로 전환하게 되었다. 음악 교과가 현재처럼 필수 교과의 위치를 얻은 것은 제1차 조선교육령기였던 1911년에 고등보통학교 단계에서 창가를 필수 과목으로 지정하고 각 학년마다 1시간씩 지도한 것이 시초라고 할 수 있다.

일제강점기하에서 음악과는 그 내용의 틀이 창가에서 출발하여 점차 악기 사용법, 감상, 악전 등 종합적인 음악 내용과 활동을 포함함에 따라 '음악' 교과목이 되었고, 시간도 선택에서 필수 교과로 전환되었다. 해방 이후에는 음악이라는 과목으로 결정되었으며, 내용은 가창, 기악, 창작, 감상의 활동을 중심으로 하고, 초등학교와 중학교에서 주당 1~2시간을 지도하는 필수 교과로 유지하였다(〈표 5-1〉 참조). 일제강점기는 우리나라에 음악 교과가 처음 생긴 시기이기도 하고, 시간 수도 점차 안

〈표 5-1〉 일제강점기의 음악교육

<table>
<tr><th rowspan="2">연도</th><th colspan="2">보통학교(소학교)</th><th colspan="2">고등보통학교(중학교)</th><th colspan="2">여자고등보통학교(고등여학교)</th></tr>
<tr><th>교과목</th><th>시간</th><th>교과목</th><th>시간</th><th>교과목</th><th>시간</th></tr>
<tr><td>1911~1922</td><td>창가</td><td>체조와 합해 3시간</td><td>창가</td><td>체조와 합해 3시간</td><td>음악</td><td>체조와 합해 3시간</td></tr>
<tr><td>1922~1938</td><td>창가</td><td>체조와 합해 3시간</td><td>음악</td><td>0~1시간</td><td>음악</td><td>1~2시간</td></tr>
<tr><td>1938~1941</td><td>창가</td><td>1~4시간</td><td>음악</td><td>1시간</td><td>음악</td><td>1~2시간</td></tr>
<tr><td rowspan="2">1941~1945</td><td colspan="2">국민학교</td><td rowspan="2">음악</td><td rowspan="2">1~2시간</td><td rowspan="2">음악</td><td rowspan="2">1시간</td></tr>
<tr><td>예능과 음악</td><td>3~6학년까지 2시간</td></tr>
</table>

정을 잡아 가는 시기였다고 할 수 있을 것이다.

이 당시 학교에서 음악교육은 점점 강화되었다. 그러나 일제강점기의 음악교육은 우리 스스로의 필요에 의해 만들어진 것이 아니라 우리나라에 대한 일본의 지배 체제를 공고히 하기 위한 수단으로 해석되고 있다. 특히 1938년 이후 제3차 조선교육령기에는 황국신민화를 필두로 내선일체, 국체명징, 인고단련이라는 3대 강령을 내세웠으며, 사회 전반에 '황국신민 서사(맹세)'를 깊숙이 주입하였다(오지선, 2003: 75). 이에 따라 일본적인 미적 정조가 국민 정서 함양 및 일본 문화 건설에 중대한 사명을 담당한다는 취지로 음악교육의 시간 수가 늘어나게 된 것이다(오지선, 2003: 77).

3) 해방 후 음악과 교육과정 변천

1945년 8월 15일 일제강점기가 끝난다. 이후의 교육은 우리 스스로 만들어야 했으나 제1차 교육과정을 만드는 데까지는 1955년까지 기다려야 했다. 해방 직후에는 미군이 교육에 대한 결정권한을 가졌고, 1948년 대한민국 정부가 수립되었지만 교육의 정비는 1950년부터 1953년까지 있었던 한국전쟁 이후에야 가능했다. 그래서 우리나라의 제1차 교육과정은 1955년에 공표된다. 그리고 제2차는 1963년, 제3차는 1973년, 제4차는 1981년, 제5차는 1987년, 제6차는 1992년, 제7차는 1997년에 발표되었고, 이후부터 현재까지 2007년, 2011년, 2015년 세 차례에 걸쳐 음악과 교육과정이 개정되었다.

제1차부터 2015년 음악과 교육과정의 내용이 변화되어 온 과정을 성격, 목표, 내용, 교수 · 학습 방법, 그리고 평가 등으로 구분하여 살펴본다.

(1) 음악과 성격, 목표의 변천

제1차부터 2015년 음악과 교육과정까지 음악과 성격과 목표는 많은 변화를 보여주고 있다. 전체적인 특징을 세 가지로 정리하면 다음과 같다.

첫째, 음악성과 창의성을 계발하는 목적은 제1차와 제2차를 제외하고 전체 교육과정에서 모두 나타난다. 음악교육에서 음악성과 창의성은 시대가 변해도 변치 않는 목표로 나타난다.

둘째, 초기에는 국가에 봉사하는 국민을 만드는 것에 초점을 두고 있었다면, 최근으로 올수록 개인적 삶을 중요하게 보고 있다. 제1차부터 제3차까지는 애국애족, 국민으로서의 교양을 강조했고, 제4차와 제5차에서는 국민이라는 단어는 사라졌지만 인격 형성을 언급했다. 이는 음악을 사회적 인간이나 국민의 완성에 활용하겠다는 의도가 있었다고 해석된다. 그런데 제6차부터는 국민이나 인격이라는 단어는 사

〈표 5-2〉 음악과 교육과정의 성격과 목표의 변천

구분	성격, 목표의 주요 내용	주요어
제1차(1955)	가정인, 사회인, 국제인으로서의 교양과 애국애족의 정신 기름	교양, 애국애족
제2차(1963)	바람직한 국민으로서의 교양, 애국애족, 우리 민족 문화의 계승 · 발전에 기여	국민, 애국애족, 민족 문화
제3차(1973)	음악성과 창조성 계발, 조화로운 인격, 풍부한 정서, 바람직한 국민으로서의 교양, 다른 나라의 음악, 문화유산 계승 발전	애국애족 없어짐/ 창조성, 인격, 교양, 국민, 문화유산
제4차(1981)	음악성 계발, 풍부한 정서, 창조성, 인격 형성	국민이 없어짐/ 문화유산 없어짐
제5차(1987)	음악성 계발, 풍부한 정서, 창조성, 인격 형성	
제6차(1992)	자아실현, 음악성, 창조적 표현력, 가치관 발달, 음악 문화 창달	자아실현, 가치관, 음악 문화 창달
제7차(1997)	음악적 잠재력, 창의성, 자신의 감정과 생각 표현, 전인적인 인간, 음악 문화 계승 · 발전	개인의 표현력, 전인적인 인간
2007년 개정	음악성과 창의성 계발, 음악의 사회적 역할과 가치 인식, 음악의 생활화	문화유산 없어짐/ 음악의 사회적 역할과 가치, 음악의 생활화 강조
2011년 개정	음악의 아름다움 경험, 음악성, 창의성, 음악의 역할과 가치에 대한 안목, 문화의 다원적 가치, 세계 시민으로서 문화적 소양	문화의 다원적 가치, 세계 시민으로서 문화적 소양
2015년 개정	인간의 창의적 표현 욕구 충족, 인류 문화 계승 · 발전, 음악의 아름다움 경험, 음악성, 창의성 계발, 음악의 역할과 가치에 대한 안목, 삶 속에서 즐기는 교과	음악 문화 창달-인류 문화 계승 · 발전, 삶속에서 즐기는 교과

라지고, 음악성, 창의성, 음악 문화 등의 순수한 음악적 경험에 집중하고 있다. 순수미적 교육의 철학이 적용된 결과라고 볼 수 있다.

셋째, 우리 민족의 문화유산을 계승 · 발전시키는 것에서 인류의 문화를 계승 · 발전시키는 것으로 변화하고 있다. 우리 음악 문화에 초점을 맞추던 것에서 인류라는 보다 큰 범위로 음악교육의 범주를 확대하고 있다. 세계화를 지향하는 가치가 발전하면서 음악교육도 우리 민족의 발전을 뛰어넘어 세상으로 시야를 확대하고 있다.

(2) 교수·학습 내용 영역의 변천

교수 · 학습 내용의 변천을 이해하는 데는 내용의 영역을 보는 것도 한 가지 방법이다. 영역의 변천을 정리하면 다음과 같다.

첫째, 영역이 단순화되고 있다. 제1차 시기에는 6개의 영역이 있었고, 제2차와 제3차는 4개의 영역이 있었지만 지금은 3개로 단순화되었다. 영역을 단순화함으로써 전체 내용을 파악하는 데 도움을 준다.

둘째, 2007년 이후에는 '음악의 생활화'를 강조하고 있다. 생활화는 새로운 것은 아니다. 제1차 교육과정에서 이미 하나의 영역으로 제시되었지만 그 이후에 사라졌다. 대중음악이 발달함에 따라 전통음악을 주로 가르쳤던 음악교육이 삶에서의 활용도가 낮아졌고, 생활에서 적용되지 않는다는 비판이 일었다. 이에 삶 속에서 음악교육이 기능해야 한다는 음악교육자들의 주장이 확산되었고, 음악교육에서 '음악의 생활화'는 중요한 구호가 되었다.

셋째, 이해보다도 표현을 강조하고 있다. 제6차, 제7차, 2007년 개정 교육과정에서 '이해' 영역을 두었지만 2015년 개정에 와서 '이해' 영역을 없앴다. 이해 영역에는 박자, 음계 등과 같은 음악의 개념이나 요소를 제시하였는데, 2015년 개정에서는 이 요소를 별도의 자료 형태로 제시하고 있다. 이해할 대상은 없어지지 않았지만 영역에서 이해는 빠졌다. 이는 음악 활동을 통한 학습이 강조될 수 있도록 하기 위한 방법이다. 표현하고 감상하는 과정에서 음악을 이해할 수 있다고 본 것이다. 이것은 곧 음악 활동을 강조하는 결과이다.

〈표 5-3〉 음악과 교육과정의 교수 · 학습 내용 영역의 변천

구분	교수 · 학습 내용 영역	영역의 수
제1차(1955)	가창, 기악, 감상, 창작, 음악의 생활화	5
제2차(1963)	가창, 기악, 창작, 감상	4
제3차(1973)	가창, 기악, 창작, 감상	4
제4차(1981)	기본 능력, 표현 능력, 감상 능력	3
제5차(1987)	표현, 감상	2
제6차(1992)	이해, 표현, 감상	3
제7차(1997)	이해, 활동	2
2007년 개정	활동, 이해, 생활화	3
2011년 개정	표현, 감상, 생활화	3
2015년 개정	표현, 감상, 생활화	3

(3) 교수·학습 방법의 변천

음악과 교육과정에서 교수 · 학습 방법은 교육과정 문서의 뒷부분에 제시되어 있다. 교수 · 학습 방법은 실제 수업 시간에 지도하는 방법이라기보다는 그 방법을 적용하는 기본 전제라고 할 수 있다. 음악과 교육과정 문서에서 제시하는 교수 · 학습 방법을 정리하면 다음과 같다.

첫째, 음악의 여러 영역을 통합적으로 운영하라는 것이다. 가창, 기악, 창작, 감상, 혹은 표현과 감상을 통합하여 지도하라고 한다. 노래 부르는 것을 가르칠 때 음악을 듣는 과정도 있고, 악기로 연주하는 과정도 있으며, 음악을 만드는 과정도 포함시킬 수 있게 하라는 것이다. 노래를 가르치는 과정에서 가창곡을 감상하게 하고, 악기로 연주를 해 보기도 하며, 음악의 일부를 바꾸어 창작도 해 볼 수 있다. 감상할 때도 가창, 기악, 창작 활동이 가능하고 그럴 때 더 흥미를 높일 수 있다고 보고 있다.

둘째, 음악 이론을 실제 음악을 통해서 가르치라고 한다. 음악 이론은 음악을 이해하는 데 매우 유용하다. 음악 이론을 음악 활동을 통해 배울 때 실질적인 지식이 될 수 있고 적용 가능한 지식이 된다. 박자를 이론적 설명으로만 배우면 음악을 들

을 때 박자를 구별할 수 없다. 배운 이론이 활용되기 위해서는 다양한 사례를 경험하면서 이론을 배워야 할 것이다.

셋째, 최근에 타 교과와 연계와 같은 내용이 강조되고 있다. 융합하는 것이 창의성을 높일 수 있고, 융합을 위해서 다른 과목과 연계해서 음악을 지도할 수 있도록 하라는 내용이 있다. 음악은 원래 융합의 산물이다. 기계의 발달과 악기의 발달 간 밀접한 연관이 있고, 문학은 노래의 기초이다. 음악에는 시대정신과 이데올로기를 가진 것들도 많이 있으므로 음악을 이해하기 위해서 역사적 지식에 기초해야 한다. 음악은 다양한 지식과 연계할 때 더 깊이 있는 앎을 경험할 수 있다. 물론 예술적 경험 역시 앎과 연관지어질 것이다.

〈표 5-4〉 음악과 교육과정의 교수 · 학습 방법의 변천

구분	교수 · 학습 방법
제1차(1955)	제시되지 않음
제2차(1963)	네 영역(가창, 기악, 창작, 감상)을 통합적으로 운영함, 이론보다 음악 활동이 중시되어야 함
제3차(1973)	네 영역을 통합적으로 운영함, 이론보다 음악 활동이 중시되어야 함
제4차(1981)	표현과 감상을 통합적으로 운영해야 함
제5차(1987)	표현과 감상을 통합하여 운영함, 실음을 통한 지도
제6차(1992)	표현 강조, 이해, 표현, 감상의 통합 지도, 신축성 있게 수립, 실음 중심 학습, 학생들의 자유로운 표현 강조
제7차(1997)	이해와 활동 통합 운영, 신축성 있게 수립
2007년 개정	학생의 특성을 고려한 지도, 다양한 자료 활동, 내용을 융통성 있게 운영, 실음을 통한 개념 지도, 영역 통합 지도, 다양한 매체 활용, 음악 교과와 타 교과의 연계 학습
2011년 개정	2007년과 유사함
2015년 개정	2007년과 유사함

(4) 평가의 변천

음악과 평가 방법에 대해서는 교육과정 문서의 맨 뒷부분에 제시되어 있다. 평가 역시 성취기준을 제시하지는 않고 평가의 기본적인 방법 혹은 전제라고 할 수 있다. 음악과 교육과정 문서에서 제시하는 평가 방법을 정리하면 다음과 같다.

첫째, 최근으로 올수록 평가 방법을 구체적으로 제시하고 있다. 제1차부터 제3차까지는 평가에 대해 별도로 언급하지 않았다. 이후 제4차부터 간단하게 제시되다가

〈표 5-5〉 음악과 교육과정의 평가의 변천

구분	평가
제1차(1955)	제시되지 않음
제2차(1963)	제시되지 않음
제3차(1973)	제시되지 않음
제4차(1981)	관찰법과 청각적 체험 중심 평가, 전 학년에 걸쳐 기본 능력의 발달 정도와 각 영역을 균형 있게 평가
제5차(1987)	평가는 학습의 일부, 다양한 평가 방법 활용, 실음 평가 중시
제6차(1992)	영역 간 균형 강조, 이해는 표현과 감상과 관련지어 평가, 표현 영역은 실음을 통한 평가, 감상 영역은 감상문 작성과 관찰, 태도에 대한 평가는 관찰을 통한 평가
제7차(1997)	영역 간 균형 강조, 이해는 실음 위주, 평가 영역의 평가 기준 제시, 실기 평가 관찰, 자기 평가, 학생 간의 상호 평가, 포트폴리오, 평가의 환류
2007년 개정	타당성과 신뢰성 높은 평가, 학업 성취도 평가, 과정 평가, 다양한 방법 활용, 정시 평가와 수시 평가 활용, 실기 평가 다양하게/ 활동: 기초 기능, 표현, 태도 등을 종합적으로 평가, 이해: 실음과 악곡을 바탕으로 평가, 생활화: 음악 활동에 참여 정도, 태도와 실천 의지, 평가 환류
2011년 개정	타당성과 신뢰성 높은 평가, 학업 성취도 평가, 과정 평가, 다양한 방법 활용, 정시 평가와 수시 평가 활용, 실기 평가 다양하게/ 표현: 기초 기능, 표현, 태도, 감상: 음악에 관한 포괄적 이해 정도와 태도, 생활화: 음악 활동에 참여 정도, 태도와 실천 의지, 평가 환류
2015년 개정	타당성과 신뢰성 높은 평가, 학업 성취도 평가, 과정 평가, 다양한 방법 활용, 정시 평가와 수시 평가 활용, 실기 평가 다양하게

최근에는 평가에 대해서만 한 쪽 분량으로 제시하고 있다. 그리고 교육과정 문서 이외에 별도로 국가 수준과 교육청 수준에서 성취기준을 만들어 배포하고 있다. 평가의 타당성과 신뢰성을 높이기 위한 여러 가지 변화가 생겨나고 있다.

둘째, 영역 간의 균형을 강조한다. 가창, 기악, 창작, 감상 등의 영역 혹은 표현과 감상으로 구분하여 영역에 따라 조금 차이가 있겠지만 학생들의 다양한 음악에 대한 균형 있는 발달을 위해 평가의 균형을 강조하고 있다. 특히 제4차부터 제7차까지 강조했다. 최근에는 표현과 감상 그리고 생활화 등으로 구분되어 영역 간 성취기준의 수 자체에 차이가 나기 때문에 영역 간 균형 있는 평가보다는 성취기준별 균형을 고려해 볼 만하다.

셋째, 다양한 평가 방법과 과정 평가가 강조되고 있다. 관찰, 포트폴리오, 실기 등 음악 시간에 할 수 있는 다양한 평가 방법을 활용할 것을 권하고 있다. 그리고 결과에만 한정하지 않고 과정을 평가할 수 있도록 하는 것도 언급하고 있다. 평가가 수시로 이루어질 수 있는 시스템을 가질 것을 제시하고 있다.

4) 음악 교과의 편제

음악 교과의 지도하는 시간에 대한 변화도 있었다. 그 내용을 정리하면 다음과 같다.

첫째, 초등학교 1~2학년에 음악 시간이 즐거운 생활로 대체되었다. 제4차 교육과정부터 1~2학년에 음악 시간이 없어지고 '즐거운 생활'이라는 교과목이 생겼다. 즐거운 생활은 체육, 음악, 미술 교과가 통합되어 만들어졌다. 초기에는 세 개의 교과마다 그 특성이 살아 있었지만 최근에는 세 개의 교과 특성이 점점 약화되고 '즐거운 생활' 고유의 특성을 찾으려 하고 있다. 따라서 즐거운 생활에는 음악 활동은 있지만 음악적 개념을 가르치는 것이 아니기 때문에 음악 학습이 일어난다고 할 수 없다. 음악 지도는 3학년부터 시작한다.

둘째, 고등학교에서 음악이 선택과목으로 변했다. 제6차 교육과정까지는 고등학교에서 주당 2시간씩 1년 동안 배우는 것이 필수였지만, 제7차부터는 1시간만 필수가 되었고, 현재는 필수는 없어지고 선택만 할 수 있다. 이제는 고등학교에서 음악을 배우지 않아도 된다. 학생들의 선호도를 존중하는 방식으로 바뀐 것이다. 음악이 교과 선택으로 변했다는 것은 그 중요성에 대한 인식이 낮아졌다는 것을 의미한다.

셋째, 초등학교의 음악 시간은 변함없이 유지되고 있다. 초등학교에서 음악의 중요성은 대체로 인정되고 있으며 그것이 편제에서 드러난다. 초등학교의 음악 시간은 제3차부터 변함없이 계속 주당 2시간이다.

〈표 5-6〉 초 · 중 · 고등학교 음악과 기간 배당 변천

<table>
<tr><th>학년</th><th>교수
요목기</th><th>제1차</th><th>제2차</th><th>제3차</th><th>제4차</th><th>제5차</th><th>제6차</th><th>제7차</th><th>2007</th><th>2011</th><th>2015</th></tr>
<tr><td>초1</td><td>2</td><td>2.5~3</td><td>1.5~2</td><td>2</td><td colspan="7">즐거운 생활</td></tr>
<tr><td>초2</td><td>2</td><td>2.5~3.5</td><td>1.5~2</td><td>2</td><td colspan="7">즐거운 생활</td></tr>
<tr><td>초3</td><td>2</td><td>2~3</td><td>1.5~2</td><td>2</td><td>2</td><td>2</td><td>2</td><td>2</td><td>2</td><td>2</td><td>2</td></tr>
<tr><td>초4</td><td>2</td><td>1.5~2.5</td><td>1.5~2</td><td>2</td><td>2</td><td>2</td><td>2</td><td>2</td><td>2</td><td>2</td><td>2</td></tr>
<tr><td>초5</td><td>2</td><td>1.5~2.5</td><td>1.5~2</td><td>2</td><td>2</td><td>2</td><td>2</td><td>2</td><td>2</td><td>2</td><td>2</td></tr>
<tr><td>초6</td><td>2</td><td>1.5~2.5</td><td>1.5~2</td><td>2</td><td>2</td><td>2</td><td>2</td><td>2</td><td>2</td><td>2</td><td>2</td></tr>
<tr><td>중1</td><td>2~3</td><td>2</td><td>2</td><td>2</td><td>2</td><td>2</td><td>2</td><td>2</td><td>2</td><td rowspan="3">4</td><td rowspan="3">4</td></tr>
<tr><td>중2</td><td>1~2</td><td>1</td><td>2</td><td>1~2</td><td>2</td><td>2</td><td>1~2</td><td>1</td><td>1</td></tr>
<tr><td>중3</td><td>1~2</td><td>1</td><td>1~2</td><td>1~2</td><td>1</td><td>1~2</td><td>1~2</td><td>1</td><td>1</td></tr>
<tr><td>고1</td><td>1~2</td><td rowspan="3">2</td><td rowspan="3">3</td><td rowspan="3">2~3</td><td rowspan="3">2~3</td><td rowspan="3">2</td><td rowspan="3">2</td><td>1</td><td>1</td><td rowspan="3">0~5</td><td rowspan="3">0~5</td></tr>
<tr><td>고2</td><td>1~2</td><td rowspan="2">선택</td><td rowspan="2">선택</td></tr>
<tr><td>고3</td><td>0~2</td></tr>
</table>

* 중학교와 고등학교의 일반적인 시간 수 표시는 중학교는 1년 단위, 고등학교는 학기 단위이지만 위의 표는 모두 학년 단위로 표시하였다. 숫자는 1년 동안 매주 수업하는 필수 혹은 선택 시간 수를 의미한다.

4. 2011[1]과 2015 음악과 교육과정 비교

2015 음악과 교육과정(이후 2015)을 이해하기 위해 직전의 교육과정인 2011 음악과 교육과정(이후 2011)과 비교한다. 두 교육과정은 성격, 내용, 교수 · 학습 방법, 평가 등으로 구분되어 있는데, 각 항목의 형식과 내용을 비교한다.

1) 성격

2011과 2015의 성격 부분을 비교하면, 2015는 형식적으로 음악 교과 중심으로 기술하고 있으며, 내용적으로 새롭게 '역량'이 제시되고 있다는 점이 두드러진다고 정리할 수 있다. 2011에서는 총론의 목표 부분인 '가. 추구하는 인간상' '나. 학교급별 목표'를 먼저 제시하고, 그 다음에 음악과 '목표'를 제시하고 있다. 반면에 2015에서는 음악과와 직접 관련된 '1. 성격'과 '2. 목표'만 제시하고 있다. 이 점은 2015가 인간 교육에 관한 포괄적인 내용을 삭제하고 음악 교과의 목적과 목표에 한정하여 제시하고 있다는 것을 설명한다. 〈표 5-7〉에서 2011과 2015의 성격에서 차이가 난다는 점을 참조할 수 있다.

그리고 2015에서 새롭게 나타난 내용이 있는데, 그것은 여섯 가지 교과 '역량'이다. 음악 교과 역량은 총론에서 제시하고 있는 핵심 역량과 순서는 다르지만 내용상 유사하다. 예를 들어, 총론에서는 '심미적 감성 역량'이 세 번째에 나오는데, 음악 교과에서는 교과의 특성을 고려하여 '음악적 감성 역량'이라는 용어로 첫 번째에 배치하고 있다. 그리고 총론에서 여섯 번째로 제시하는 '창의적 사고 역량'은 음악 교

---

1) 2015 개정 음악과 교육과정 이전의 교육과정은 총론은 2009년에, 음악 교과는 2011년에 고시되었다. 따라서 교육과정의 명칭은 각각 고시된 연도를 기준으로 '2009 개정 교육과정(총론)'과 '2011 개정 음악과 교육과정'으로 부르고 있다. 여기에서는 음악 교과를 다루고 있기 때문에 2011 개정 음악과 교육과정을 살펴보고, 줄여서 2011이라고 하였다.

〈표 5-7〉 성격 비교

구분	2011 음악과 교육과정	2015 음악과 교육과정	비교
형식	1. 추구하는 인간상 2. 학교급별 목표 3. 목표	1. 성격 2. 목표	2011은 총론의 내용을 음악 교과에 다시 제시하고 있고, 2015는 음악 교과의 내용만 담고 있음
내용	[역량] 없음	[음악 교과의 역량] ① 음악적 감성 역량 ② 음악적 창의 · 융합 사고 역량 ③ 음악적 소통 역량 ④ 문화적 공동체 역량 ⑤ 음악정보처리 역량 ⑥ 자기관리 역량	[총론의 역량] ① 자기관리 역량 ② 정보처리 역량 ③ 심미적 감성 역량 ④ 의사소통 역량 ⑤ 공동체 역량 ⑥ 창의적 사고 역량

과에서는 '음악적 창의 · 융합 사고 역량'이라는 용어로 두 번째 제시하고 있다. 〈표 5-7〉에서 음악 교과의 역량과 총론의 역량을 비교해 볼 수 있다.

2) 음악 교과의 목표 항

음악 교과의 목표 항은 2011과 2015 모두 총괄 목표와 학교급별 목표로 구분되어 있다. 두 교육과정이 형식적으로는 동일하지만 내용적으로는 차이를 보인다.

형식적으로 2011과 2015 모두 부분 제목 없이 총괄 목표를 문단으로 제시하고, 음악 교과의 목표는 개조식으로 세 줄 제시하고 있다. 총괄 목표는 2011에서는 '음악 교과의 본질' '음악 교과의 목표' '음악 교과의 기여할 점' 등 세 가지를 제시했는데, 2015에서는 '음악 교과의 본질'은 생략했다. 〈표 5-8〉에 제시한 바와 같이, 2015 총괄 목표는 음악 교과 교육과정이 지향하는 목표를 포괄적으로 제시하고 있으며, 학교급별 목표에서는 영역별로 성취해야 할 내용을 구체적으로 제시하고 있다.

2011에서 제시한 총괄 목표 중 첫째 문단은 〈표 5-8〉에 제시한 바와 같이 "음악은 다양한 음악 활동을 통하여 음악의 아름다움을 경험하고, 음악성과 창의성, 음악의 역할과 가치에 대한 안목을 키움으로써 음악을 삶 속에서 즐길 수 있도록 하는 교과이다."라고 했다. 그런데 2015에서는 이 부분을 생략했다. '음악 교과'에 대한 일반

〈표 5-8〉 목표 항 비교

구분	2011 음악과 교육과정	2015 음악과 교육과정	비교
형식	목표 항에 총괄 목표는 문장으로 제시하고, 초등학교 목표는 개조식으로 세 가지 제시함	목표 항에 총괄 목표는 문장으로 제시하고, 초등학교 목표는 개조식으로 세 가지 제시함	동일함
	[총괄 목표] 음악 교과의 본질 음악 교과의 목표 음악 교과가 기여할 점	[총괄 목표] 음악 교과의 목표 음악 교과의 이바지할 점	목표에 '음악 교과 본질'을 생략하고 음악 교과의 목표와 기여할(이바지할) 점 중심으로 진술함
	[음악 교과의 본질] 음악은 다양한 음악 활동을 통하여 음악의 아름다움을 경험하고, 음악성과 창의성, 음악의 역할과 가치에 대한 안목을 키움으로써 음악을 삶 속에서 즐길 수 있도록 하는 교과이다.	생략	음악 교과의 본질은 생략됨
내용	[음악 교과의 목표] 음악 교과는 음악적 정서와 표현력을 계발하고, 문화의 다원적 가치를 인식하여 타인을 존중하고 배려하는 창의적 인재 육성을 목표로 한다.	[음악 교과의 목표] 음악은 음악적 정서 함양 및 표현력 계발을 통해 자기 표현 능력을 신장하고 자아정체성을 형성하며, 문화의 다원적 가치 인식을 통해 타인을 존중하고 배려하는 소통 능력을 지닌 인재 육성을 목표로 한다.	'자기 표현 능력 신장' '자아정체성 형성' 새롭게 제시 창의적 인재 육성 → 소통 능력을 지닌 인재 육성 *'창의'라는 단어가 출현하지 않음
	[음악 교과의 기여] 우리 문화 발전에 기여하고 세계 시민으로서 문화적 소양을 지닌 전인적인 인간이 되는 데 기여한다.	[음악 교과의 이바지] 우리 문화 발전에 기여하고 세계 시민으로서 문화적 소양을 지닌 전인적 인간 육성에 이바지한다.	유사함

적인 의미보다는 '음악 교과'의 목표를 상대적으로 더 강조하려는 의도로 보인다.

〈표 5-8〉에 제시한 바와 같이 총괄 목표를 상세히 살펴보면, '자기 표현 능력 신장' '자아정체성 형성' 등의 용어가 새롭게 제시되었고, '창의적 인재 육성'은 '소통 능력을 지닌 인재 육성'으로 '창의성'에서 '소통 능력'으로 바뀌었다. 2011에서는 '창의성'이라는 단어가 두 번 나오는데, 2015에서는 창의성이라는 단어가 나오지 않는다. 그러나 2015에서 '자기 표현 능력' '자아 정체성' 등의 단어를 새롭게 제시하고 있다는 점에서 창의성의 중요성을 완전히 무시하여 이를 삭제했다고 보기는 어렵다. 따라서 2015에도 여전히 자기 고유성을 발견하고 창의성을 기르는 노력이 배제될 수는 없을 것이다.

개조식으로 제시된 목표는 별도로 제시된다. 〈표 5-9〉에 제시한 바와 같이 2011에서는 미적 경험, 표현 감상, 그리고 태도 등 세 가지로 구분했고, 2015에서는 표현 영역, 감상 영역, 생활화 영역의 세 가지로 구분한다. 2011에서 미적 경험을 세 가지 중 한 가지 항으로 제시했다면, 2015에서는 별도로 언급하지 않고 기본으로 내재되어 있다고 본 것이다. 미적 경험이 인간의 내면에서 일어나는 현상이기 때문에 2015에서 직접적으로 표현하지 않았다고 해석할 수 있다.

〈표 5-9〉 목표 부분의 내용 비교

구분	2011 음악과 교육과정	2015 음악과 교육과정	비교
내용	가. 다양한 음악 활동을 통하여 음악의 아름다움을 경험한다. 나. 음악의 기초 기능을 익혀 창의적으로 표현하고, 악곡의 특징을 이해하며 감상한다. 다. 음악의 가치를 인식하고, 음악 활동에 적극적으로 참여하며 음악을 즐기는 태도를 갖는다.	가. 음악의 구성 및 표현 방법을 이해하고, 기초적인 연주 기능을 익혀 창의적으로 표현한다. 나. 악곡의 특징을 이해하며 감상한다. 다. 음악의 가치를 인식하고, 음악 활동에 적극적으로 참여하며 음악을 즐기는 태도를 갖는다.	2011은 음악의 아름다움을 경험하는 것은 별도로 제시하고 있으며, 2015는 표현, 감상, 생활화 영역별 목표로 제시함.

3) 내용 체계와 성취기준 항

2011에 '내용의 영역과 기준'으로 제시되었던 부분이 2015에는 '내용 체계와 성취기준'이라는 이름으로 바뀌었다. 〈표 5−10〉에서 제시한 바와 같이 제목이 바뀐 만큼 형식적으로 변화가 있다. 하위 제목을 보면 2011에는 '내용 체계'와 '학년군별 성취기준'이고, 2015에서도 '내용 체계'와 '성취기준'이니 사실 비슷하다. 그렇지만 2015에서는 '성취기준'의 하위에 표현, 감상, 생활화 등 세 가지로 구분하고, 각각의 하위에 '학습 요소' '성취기준 해설' '교수·학습 방법 및 유의 사항' '평가 방법 및 유의 사항'을 제시하여, 2015에서는 '성취기준'의 하위 내용이 상세해지고 많아졌다. 2011에서는 교수·학습 방법과 평가 방법 등을 별도로 묶어서 제시했지만 2015에서는 영역별 성취기준에 붙여서 분리하여 제시하여, 학년별 성취기준에 어울리는 내용이 될 수 있도록 한다. 2015에서는 '성취기준 해설' 부분에서 성취기준 각각에 대한 설명을 통해 학교 현장의 이해를 돕고 있다. 예를 들어, 성취기준 "[4음01−01] 악곡의 특징을 이해하며 노래 부르거나 악기로 연주한다."에 대한 '성취기준 해설'은 다음과 같이 진술하고 있다.

> 노래를 부르거나, 여러 가지 악기로 연주하고, 악곡의 전체적인 분위기와 특징에 어울리는 신체표현을 하는 등 다양한 방법으로 음악을 표현하도록 한다. 이때 악곡에 포함된 3~4학년 수준의 음악 요소를 활동과 연계하여 학습하면서 음악 개념을 형성하고, 특히 악곡의 특징을 살려서 노래 부르거나 악기로 연주하며, 느낌을 자연스럽게 표현하고 즐거움을 느낄 수 있도록 한다([4음01−01], [4음01−02] 해설).

'성취기준 해설'에는 지도 방법을 제시하고, 음악적 개념을 보완해서 설명하며, 미적 경험을 하는 상황도 알려 주고 있다. 이 부분은 2011에서 없던 것이며, 각 성취기준에 대한 해설을 더해 교수학습 상황을 돕는 기능을 할 수 있도록 2015에 새롭게 구성한 부분이다.

〈표 5-10〉 내용 체계 및 성취기준 항 비교

구분	2011 음악과 교육과정	2015 음악과 교육과정	비교
형식	4. 내용의 영역과 기준 가. 내용 체계 나. 학년군별 성취기준 [음악 요소 및 개념 체계표]	3. 내용 체계 및 성취기준 가. 내용 체계 나. 성취기준 (1) 표현[2] (가) 학습 요소 (나) 성취기준 해설 (다) 교수 · 학습 방법 및 유의 사항 (라) 평가 방법 및 유 의 사항 [음악 요소 및 개념 체계표]	영역별 성취기준을 제시하고, 각 영역별 학습 요소, 성취기준 해설, 교수 · 학습 방법 및 유의 사항, 평가 방법 및 유의 사항 등을 제시함
내용	성취기준만 제시	각 영역별(표현, 감상, 생활화) 성취기준 해설을 제시함	성취기준에 대한 의미와 교수 · 학습 방법 등을 설명함

4) 교수·학습 방법 비교

앞서 기술한 바와 같이 2011에서는 전체 성취기준을 제시한 다음 전체에 관련된 교수 · 학습 방법을 후반부에서 영역별로 제시하는 데 비해, 2015에서는 세 개의 성취기준 영역의 하위에 각각 교수 · 학습 방법을 설명하고 있다. 이로써 교수 · 학습 방법이 각 영역의 성취기준과 더 밀접하게 연결될 수 있도록 한다.

그리고 2015에서는 전체 영역과 관계되는 '교수 · 학습 방향'을 문서의 후반부에 종합적으로 정리해 주고 있다. 그 제목은 '4. 교수 · 학습 및 평가의 방향' 항이며, 하위에 '가. 교수 · 학습 방향'이라는 제목으로 제시되어 있다. 다시 그 하위에는 '(1) 교수 · 학습 계획, (2) 학교급별 지도, (3) 교수학습 시설 및 기자재' 등이 제시되고 있다.

내용적으로는 학생 중심을 강조하고 있다. 이는 내용 "(가) …… 학생의 발달 단계

2) 감상 영역과 생활화 영역도 동일한 구성을 하고 있다.

와 능력 수준, 흥미도 및 지역성 등을 고려하여……"라는 내용, "(나) 교수학습 계획을 수립할 때에는 학년의 특성을 고려하여 학습 내용과 수준에……"라는 내용, "(다) …… 학교 및 학생의 특성에 따라 교육과정의 내용을 융통성 있게 재구성……"라는 내용, 그리고 "(사) 학생의 요구와 학교의 실정에 따라……" 등의 내용에서 확인할 수 있다.

초등학교 단계에서 유의해야 할 사항은 '(2) 학교급별 지도'란에서 제시되는데, 그 내용은 2011과 2015가 동일한데 2015의 내용은 다음과 같다.

> 초등학교 학생의 발달 단계를 고려하여 학습 내용 및 활동을 선택하고 음악 활동을 중심으로 기초적인 표현력과 이해력을 신장시키도록 한다. 또한 즐겁고 창의적인 활동을 통해 음악을 즐길 수 있는 마음 자세를 기르도록 한다.

이와 같은 내용은 초등학교에서 강조해야 할 사항이 "기초적인 표현력과 이해력을 신장시켜야 하며, 음악을 즐길 수 있는 마음 자세를 기르는 것"임을 보여 준다.

5) 평가 항 비교

평가에 대한 내용은 〈표 5-11〉에서 제시한 바와 같이 2011에서는 문서의 맨 마지막에 '6. 평가' 항에서 한꺼번에 제시하고 있는데 반해 2015는 각 영역의 성취기준과 맨 마지막에 '나. 평가 방향' 등 두 군데에서 평가에 대해 언급하고 있다. 이렇게 진술 형식에는 차이가 나지만 실제 내용은 유사하다. 2015의 '나. 평가 방향'의 '(1) 평가 계획'은 다음과 같이 제시되어 있다.

> (가) 평가는 교육과정의 범위와 수준에 근거하여 계획한다.
> (나) 평가의 범위와 수준은 단위별(지역, 학교급, 학교 등)로 학생과 학교의 상황을 고려하여 선택할 수 있다.
> (다) 평가 계획을 구체적으로 수립하여 학년 초 또는 학기 초에 평가의 내용, 기

준 및 방법을 학생에게 예고한다.

(라) 학습한 내용을 바탕으로 학생의 학업성취도를 평가하되, 학습 과정에서 관찰되는 행동과 태도의 변화 등도 반영한다.

(마) 각 영역의 성격과 내용을 충실하게 반영하되, 실제로 수업을 통해 다루어진 내용에 대해 평가함으로써 타당성과 신뢰성이 높은 평가가 되도록 한다.

(바) 실기 평가의 내용, 과제, 매체 등은 학생과 학교의 상황을 고려하여 다양하게 제시하고, 가능한 한 선택의 기회를 부여할 수 있도록 한다.

평가 항의 내용을 보면, 학교에서 지도한 내용을 중심으로 해야 한다는 점, 학생과 학교의 상황을 고려하여 선택할 수 있다는 점, 평가의 내용에 대해 학생에게 사전에 예고해야 한다는 점, 학습 과정의 변화도 다루어져야 한다는 점, 평가의 방법은 다양해야 한다는 점 등을 제시하고 있다. 이 내용 전체는 2011에서도 동일하게 제시되었던 내용이다.

〈표 5-11〉 평가 항 비교

구분	2011 음악과 교육과정	2015 음악과 교육과정	비교
형식	6. 평가 가. 평가 방향 나. 평가 방법 다. 평가 결과 활용	3. 내용 체계 및 성취기준 가. 내용 체계 나. 성취기준 (1) 표현[3] (라) 평가 방법 및 유의 사항 4. 교수·학습 및 평가의 방향 가. 교수학습 방향 나. 평가 방향 (1) 평가 계획 (2) 평기 결과 활용	2011에서는 한 번에 제시했던 것을, 2015에서는 여러 군데에서 평가를 설명하고 있음
내용	가. 평가 방향 ①~⑤	나. 평가 방향 (1) 평가 계획 (가)~(바)	2011과 동일한 ①~⑤의 내용에 (라)항만 추가됨

제2부

음악교육 실천하기

제6장

음악 수업 설계하기

음악 수업은 교육과정과 교과서에 기초하여 설계하며, 연간 지도 계획서, 단원 지도 계획서, 단위 수업 지도안 등을 작성하여 실행한다. 이 장에서는 음악 수업을 위한 계획서와 지도안을 작성할 때 필요한 기본적인 아이디어를 제시하며, 연간 지도 계획서와 단원 지도 계획서에 포함되어야 할 요소와 내용들을 체계적으로 설명한다. 그리고 가창, 기악, 창작, 감상 등의 수업 모형을 제시하여 수업 지도안을 작성하는 데 기본적인 틀을 이해할 수 있도록 하였다. 수업 모형은 도입, 전개, 정리의 3단계를 기본으로 설정하고, 활동 영역에 따라 특징적인 부분이라고 할 수 있는 전개를 중심으로 주요 활동들을 제시한다. 이는 음악 수업을 준비하는 데 구체적인 길잡이가 될 수 있을 것이다.

1. 음악 수업 설계의 기본 원리

음악 수업은 '학생들의 음악적 이해력과 표현력을 향상시키고 바람직한 태도를 만드는 교사의 의도된 행위와 학생의 응답'으로 정의할 수 있다. 음악 수업이 교사의 의도된 행위라는 점은 교사가 수업을 미리 계획하는 행위가 필요하다는 점을 말해 준다. 즉, 음악 수업을 하기 위해서 교사는 교육의 목적과 목표를 이해하고 학생들의 상태와 요구 등에 대해 정확하게 인식해야 하며, 그것을 바탕으로 수업을 설계해야 한다.

특히 음악 수업은 학생들의 미적 경험을 목적으로 하고 있기 때문에 음악적 활동 이외에 문학, 연극, 영화, 미술 등 다양한 분야의 지식과 재료들이 동원되기도 한다. 그리고 학생들에게 진지한 미적 경험을 주기 위해서는 교사의 열정이 필요하다. 목표를 성취할 수 있는 체계적인 내용 구성과 더불어 아름다움에 대한 의욕이 함께 살아 숨쉴 수 있는 계획이 음악 수업 설계의 기본이다.

음악 수업 설계는 단위 수업 시간의 내용과 지도 방법을 미리 만드는 것과 함께, 교육 목적에 따른 연간 지도 계획부터 단원 지도 계획, 교수 · 학습 지도안 등 수업에 관한 숲과 나무를 모두 미리 그려 보는 것을 의미한다.

1) 연간 지도 계획

연간 지도 계획은 국가나 학교 교육과정이 제시한 목표와 내용을 구체화하는 것이며, 학년과 시간에 맞추어 교육의 내용을 정하는 종합적인 학교의 교육 계획이다. 연간 지도 계획은 교육과정의 취지에 따라 각 학교의 교육 목표를 달성할 수 있도록 작성한다. 1년간 어느 시기에 어떤 내용을 지도하고, 어느 정도의 시간을 할애할 것인지를 구체적으로 나타내며, 전 학년의 음악과 목표를 효과적으로 구현할 수 있는 계획을 만든다. 각 학년의 관련성과 계통성을 고려하여 지도 내용을 선정하고 배열에 신중을 기한다.

연간 지도 계획의 주요 내용은 학년 목표와 단원의 배열, 교육과정과 연계한 주요 학습 내용, 단원이나 제재곡의 시간 수, 주요 학습 활동, 연간 평가 계획 등을 포함하여 전체 연간 지도 내용을 쉽게 이해할 수 있도록 작성한다. 연간 지도 계획서를 작성할 때는 다음과 같은 사항을 유의한다.

첫째, 교육과정의 특성을 고려하여 작성한다. 연간 지도 계획서를 작성하는 데는 교육과정의 총론 및 음악과 교육과정의 성격, 목표, 내용, 교수・학습 방법, 평가 등에 유의하고, 학교나 지역 사회의 실정을 고려하며, 각 학교의 특성을 살릴 수 있도록 하여야 한다. 특히 학교 교육에서의 음악과의 역할이나 교과 목표와 학년 목표의 취지를 고려해야 하며, 음악을 즐기는 태도를 기르고 음악의 기초적인 능력을 육성하며 음악 활동에 적극적으로 참여할 수 있도록 구성하여야 한다. 그리고 음악과 내용은 표현, 감상, 생활화 등으로 영역이 구분되어 있지만 실제 학습에서는 통합적인 활동을 할 수 있도록 작성한다.

둘째, 음악과 교과서의 특성을 잘 이해하고 작성한다. 음악과 교육과정은 음악 활동과 음악 개념을 중심으로 제시하고 있으며, 음악과 교과서는 제재곡 중심으로 구성되어 있다. 연간 지도 계획서를 작성할 때, 음악과 교육과정과 교과서의 차이를 고려해야 한다. 음악 교과서의 제재곡만으로 연간 계획서를 작성하면 교육과정을 반영하는 데 문제가 발생할 수 있고, 교육과정만으로 구성하면 어떤 제재곡을 활용해야 할지 모호한 경우가 발생한다. 따라서 일반적으로 교육과정을 참조하되, 음악 교과서의 제재곡에 포함된 개념을 고려하여 지도 순서와 내용을 결정한다.

셋째, 단원과 제재곡의 특성에 유의하여 작성한다. 연간 지도 계획의 기본적인 단위는 단원과 제재곡이다. 우리나라의 음악 교과서는 제재곡 중심으로 단원이 구성되어 있어 하나의 제재곡을 음악적 활동의 중심에 두고, 그 제재곡에 포함된 음악적 개념을 지도한다. 따라서 연간 지도 계획에서는 제재곡과 그에 포함된 음악적 특성, 즉 개념을 중심으로 작성한다.

넷째, 학교 교육 활동을 고려하여 작성한다. 음악은 학교 교육 활동에서도 중요한 역할을 한다. 학교의 입학식, 졸업식, 운동회 등에서 음악 활동은 빠질 수 없으며, 학생들은 음악 시간을 통해 향상된 음악적 능력을 이러한 교육 활동에서 발휘하는 기회를 가질 수 있도록 한다. 따라서 연간 지도 계획에서는 학교 교육 활동에서 학생들이 자신의 기량을 표현할 수 있도록 단원을 배열해야 한다.

2) 단원 지도 계획

단원 지도 계획은 연간 지도 계획을 구성하는 기본 단위이다. 단원 지도 계획을 작성하기 위해서는 교육과정에 제시된 목표와 내용의 취지를 잘 이해하고, 학교의 특성을 고려하는 것이 가장 중요한 과제이다. 그리고 교육과정에 제시된 표현, 감상, 생활화 등이 1년간 빠짐없이 포함될 수 있도록 하는 것이 필요하다.

단원의 배열에 있어서는 단원의 목표와 내용을 검토하고, 단원의 심화 과정을 함께 고려한다. 학습 지도의 연계성과 계통성을 실현할 수 있도록 하고, 단원 상호 간의 관련을 생각하는 것이 중요하다. 거기에는 학생들의 학습 경험의 반복, 발전, 지속적인 탐구 등이 고려되어야 한다. 또한 학생들의 실태, 학교의 목표, 지역 사회의 실정, 학교의 지도 체제, 그리고 학습 환경이나 시설 설비 등에 대해서도 고려해야 한다. 더욱이 교내 음악회, 학예회, 운동회 등 음악과와 관련이 깊은 행사가 예정되어 있는 경우에는 행사와 연계하여 단원을 설정하는 것이 필요하다.

3) 평가 계획

교육과정의 취지를 살려서 음악과의 학습 지도를 구성하고 전개하기 위해서는 학습 지도와 관련되는 평가를 하는 것이 중요하다. 학습 지도 과정에서 나타나는 교사의 평가 활동은 학생의 학습 결과를 판단하는 데만 유용한 것은 아니다. 평가는 학생들이 학습 지도의 목표를 어떻게 이해하고 어떻게 달성하는지, 그리고 학생들이 지도 목표에 제시된 자질이나 능력을 어떻게 습득해 가는지를 알 수 있으며, 전체적인 학습 상황을 이해하는 데 도움을 준다. 또한 교사 자신이 스스로 지도 과정을 되돌아보고, 학생 개인에게 맞는 지도 방법을 만들어 가는 데도 유용하다.

지도 계획에 이러한 평가 활동을 명확하게 하기 위해서는 음악과의 목표나 학년 목표를 기초로 하여 무엇을, 언제, 어떻게 평가하는지를 고려하는 것이 중요하다. 구체적으로 연간 지도 계획서 작성에 있어서, 교육과정에 나타난 '평가'에 따라 학년별 평가 기준을 작성하고, 1년간 표현, 감상, 생활화에 대한 어떠한 자질이나 능력을 평가할 것인지를 명확하게 해야 한다. 또한 단원 지도 계획에 있어서는 단원의 목표와 학습 내용에 따른 구체적인 평가 기준을 설정하고, 학생들의 학습 상황을 명확히 구성할 수 있도록 하는 것도 필요하다.

2. 연간 지도 계획서 작성

1) 학년의 목표

'학년의 목표'는 국가 교육과정의 학교급 목표(〈표 6-1〉 참조)와 해당 학교의 학년 목표를 함께 고려하며, 학생이 가져야 하는 음악과 목표와 교사의 지도 목표를 함께 담아야 한다. 그리고 연간 지도 계획은 학생들의 실태에 따른 지도 내용을 중점으로 설정하고, 이 의도를 반영한다.

〈표 6-1〉 음악과 교육의 목표(초등학교)-2015 음악과 교육과정

가. 음악의 구성 및 표현 방법을 이해하고, 기초적인 연주 기능을 익혀 창의적으로 표현한다.
나. 악곡의 특징을 이해하며 감상한다.
다. 음악의 가치를 인식하고, 음악 활동에 적극적으로 참여하며 음악을 즐기는 태도를 갖는다.

2) 단원(제재곡)과 시간

단원의 설정이나 배열에 대해서는 교과서와 교육과정의 내용 요소를 함께 고려하여 선정하고 배열한다. 각 단원의 시간은 여러 가지를 고려해야 하지만, 각 단원의 목적과 내용, 그리고 학생들의 능력을 함께 생각해서 적절히 배분하여 결정한다. 가창은 주로 가창 제재곡이 단원이 되고, 기악은 악기의 종류, 즉 리코더, 단소 등이 단원이 되기도 하고 악곡이 단원이 되기도 한다. 그리고 감상은 악곡보다는 '행진곡' '춤곡' '판소리' 등 어떤 장르가 단원이 될 수 있다. 각 단원을 가르치는 시간은 단원의 내용과 지도될 수 있는 양을 고려하여 결정한다.

3) 학습 내용

학습 내용은 각 학년에서 지도해야 하는 것을 교육과정을 고려하여 서술한다. 학습 내용을 선택할 때는 제재곡에서 중요하게 나타나는 음악적 특성을 고려하여 결정한다. 악곡에 포함된 음악적 개념 중 교육과정에서 제시한 내용을 중심으로 선택하는 것이 일반적이다.

4) 주요 학습 활동

주요 학습 활동은 각 단원에서 다루는 주요한 음악 활동을 의미한다. 단원의 목표에 따라서 적절한 활동을 선택하지만 가능한 한 표현, 감상, 생활화가 연관될 수 있도록 활동을 선정하여 활용한다.

5) 평가 방법

단원의 평가 방법은 단원의 목표를 분석하는 것과 함께 학습 내용과 활동 등을 충분히 이해하고 학생들의 실태를 고려하여 관점별 학습 상황에 따라 정해진다. 평가 방법을 정하는 기본적인 순서는 단원의 지도 내용과 관련성을 분명히 하는 것, 평가 기준을 구체화하는 것, 즉 인지적 · 심동적 · 정의적 영역 등 세 가지 평가 관점별로 학생들의 학습을 전체적으로 평가할 수 있는 방법을 택한다. 인지적 영역의 활동에 대해서는 질문법이나 지필을 활용하고, 심동적 영역에 대해서는 연주나 활동 관찰을 하여야 하며, 정의적 영역에 대해서는 태도 관찰을 활용한다.

평가 기준은 주요 학습 활동에 따라 구체적으로 만들어야 하고, 인지적 · 심동적 · 정의적 영역으로 구분하며, 하위에 평가 내용과 학습 활동을 고려하여 내용을 결정한다. 〈표 6-2〉는 음악과 연간 지도 계획서의 예이다.

〈표 6-2〉 음악과 연간 지도 계획서의 예

월	단원(제재곡)	시간	학습 내용	주요 학습 활동	평가 방법
3	어린이 노래	1	• 당김음 • 여린내기 • 비슷한/다른 가락	• 여러 가지 당김음을 카드에서 고르기 • 여린내기의 특징을 알고 노래 부르기 • 비슷한/다른 가락을 구별하여 형식 이해하기	관찰 평가
		2	• 성부의 어울림	• 성부의 어울림을 알고 부분 2부 합창하기	관찰 평가
	고사리 꺾자	1	• 시김새 • 놀이와 노래	• 시김새를 살려 노래 부르기 • 놀이하며 노래 부르기	자기 평가
		2	• 단소 불기	• 단소 소리 내기 • '태' 소리 내기	관찰 평가
	모두 모두 자란다	1	• 변박 • 부분 2부 합창	• 박자에 변화 느끼며 노래 부르기 • 박자의 변화에 맞게 지휘하기 • 성부의 어울림을 느끼며 부분 2부 합창하기	자기 평가 실음 지필 평가
		2	• 화음 반주 • 기악 합주	• 주요 3화음을 활용하여 화음 반주하기 • 기악 합주하기	관찰 평가
		3	• 가락 창작	• 화음 반주에 맞는 가락 만들기	관찰 평가

3. 단원 지도 계획

1) 음악 수업과 교수·학습 지도안의 의미

수업을 어떻게 전개하면 학생들이 음악 활동을 활발히 하고 심성이 풍부하게 성장해 나갈 것인가? 교사는 수업을 앞에 두고 학생들 한 명 한 명을 떠올리며 교실에서 펼쳐지는 즐거운 음악 활동을 기대하면서 수업을 구상한다. 음악 수업은 활발하게 노래 부르고, 악기를 연주하며, 음악을 듣고, 신체를 표현하는 등 스스로 음악 활동을 즐기면서 생활의 즐거움을 경험하는 시간이다. 그리고 음악 수업은 다양한 활동을 통해 개인의 장점과 잠재력을 발휘하고 키운다. 그것은 학생이 음악적 경험과 정서를 풍부하게 해 가는 학습의 과정이라고 할 수 있다.

이렇게 음악과의 수업은 학생들이 적극적으로 참여하여 스스로 느끼고 생각하며 판단하는 등 수업을 창조적으로 전개할 수 있도록 하는 것이 필요하다. 이때 교사는 학생들이 음악과의 만남을 소중히 하고 음악 활동의 즐거움을 느끼면서 학습 활동을 할 수 있도록 해야 한다. 또한 학생들이 음의 아름다움을 느끼고 스스로 표현하거나, 주변의 소리나 악기의 소리에 친근해지고 즐거움을 맛보게 하는 것은 이러한 적극적인 학습 태도를 키우는 것과 연결되는 것이다.

음악과 교수 · 학습 지도안은 교수 · 학습 전체를 보여 주는 계획이며, 동시에 교사가 기대하는 학생의 음악적인 성장의 이상적인 모습을 담은 문서이기도 하다. 그러나 이렇게 만든 교수 · 학습 지도안과 실제 수업 사이에는 미묘한 차이가 생기는 경우가 많다. 이러한 차이는 음악 수업에 있어서 학생의 활동이 여러 요인에 의해 변화되는 것을 예상할 수 없있기 때문에 나타난다. 따라서 교수 · 학습 지도안을 작성할 때에는 늘 이러한 변화를 예상하고 유연하게 대응할 수 있도록 해야 한다.

2) 교수·학습 지도안 작성의 준비

교수 · 학습 지도안을 작성하기 위해서는 가르칠 학생, 학습 목표, 학습 내용, 평가 등에 대해 이해해야 한다. 교수 · 학습 지도안을 작성하기 전에 준비해야 할 내용은 다음과 같다.

(1) 학생들의 실태를 파악하고 깊이 이해한다

수업 지도안을 작성하는 전 단계에서 학생들의 일반적인 발달 특성을 파악하는 것과 함께 개인의 음악적 능력, 학습 내용에 대한 적성, 흥미, 관심, 더불어 개개인의 성격 등을 파악해 두는 것이 중요하다. 그리고 학생 개인의 음악적 감수성, 사고나 판단력, 표현의 장점, 생각이나 요구 등을 정확히 파악하고, 생활 속에서 어떤 음악을 접하고 있는지, 어떤 음악을 선호하는지 등도 학습 지도에 중요한 기초가 된다.

(2) 학습 목표를 설정해야 한다

음악과 수업을 구상하고 전개하는 데 있어 목표로 하는 자질이나 능력은 분명하게 정해 둘 필요가 있다. 즉, 학생 개개인의 장점과 가능성을 발휘해 가면서 음악과에서 요구하는 자질과 능력을 습득하여 이후의 학습에서 발현되도록 하는 것을 중시하여 구체적인 학습 목표를 설정하는 것이다. 학습 목표를 설정할 때에는 다음과 같은 점에 유의하여야 한다.

첫째, 학습 목표에는 음악과의 특성과 함께 교사와 학생의 요구가 나타나야 한다. 음악과에서는 학생 개개인이 스스로 생각하고 활동하여 스스로의 개성을 발휘하는 것에 의해 창의성이 계발될 수 있다. 따라서 음악과의 목표는 교사뿐만 아니라 학생의 요구를 충실히 담고 있어야 한다.

둘째, 학생들의 자질이나 능력을 명확히 이해해야 한다. 학생 개개인이 학습 목표의 의도를 이해하고, 스스로의 힘으로 학습 활동을 전개해 갈 수 있는 목표를 설정할 필요가 있다. 지도 목표에는 음악 활동에 대한 학생의 관심과 의욕을 담아야 하고, 음악 감상에서의 느낌, 생각, 의도를 표현하는 데 필요한 사고력과 판단력, 표현력, 음악의 미를 느끼고 이해하는 데 필요한 감상 능력 등을 구체적으로 나타낼 필요가 있다.

셋째, 학생 입장에서 목표를 설정할 수 있도록 한다. 학생 스스로가 자신의 목표를 가질 수 있도록 하는 것이 중요하다. 그러기 위해서는 학생 스스로 자신의 목표를 도출하여 구체적인 목표를 설정할 수 있도록 지도해야 할 것이다. 이때 교사가 지시하는 형태인 '~시킨다'라는 목표로 제시하는 방법뿐만 아니라, 학생들이 스스로 하는 '~한다' 혹은 교사가 학생들로부터 목표를 도출할 수 있도록 도움을 주는 '~수 있도록 한다' 형태 등의 진술 방법을 사용할 수 있다. 즉, 교사의 일방적 지도를 생각하게 하는 진술이 아니라 학생들 스스로가 자기의 장점과 가능성을 발휘하는 한편, 주체적으로 목표를 향해 활동을 해 나가는 것을 교사가 지도 · 지원해 가는 입장을 목표로 설정해야 한다.

(3) 교재 연구를 충실히 하고 제재곡을 선정해야 한다

음악과에서 활용하는 교재는 음악 작품, 악기(음원이 되는 것을 포함), 연주의 모습(비디오, DVD 등), 작곡가의 전기 등 여러 가지가 있고, 이것들은 학생들이 음악의 본질에 다가가게 하는 데 중요한 역할을 한다. 이렇게 목표 실현에 적합한 교재를 선택하거나 개발하는 것이 중요하다. 교재 연구를 하는 데 있어 다음과 같은 사항을 유의해야 한다.

첫째, 음악 작품의 특성을 폭넓게 이해해야 한다. 교사는 학생들로 하여금 음악 작품을 듣고 여러 가지 악기에 흥미를 갖고, 음색의 다양한 표현력에 매료되며, 선율의 아름다움이나 리듬의 재미를 느끼면서 음악을 즐길 수 있도록 해야 한다. 또한 음익 표현에 있어서는 가사의 느낌에 자신의 생각을 부여하여 나름의 음악 세계를 만들어 내거나, 악기를 다루는 것 자체에 즐거움을 느끼며, 열중해서 연주 방법을 공부할 수 있도록 도와주어야 한다. 따라서 음악 작품을 교재로 다루는 경우, 학생들이 생각하고 느끼는 것을 중시하고 폭넓은 시야로 교재의 특성을 파악하는 것이 중요하다.

둘째, 교재의 범위를 유연하게 한다. 학생들 개개인이 자신의 생각에 기초하여 창조적인 활동을 하고, 자유로운 발상으로 음악을 만나고 즐거움을 느낄 수 있도록 한다. 또한 교재의 범위를 유연하게 하는 것과 함께 여러 가지 교재를 개발해 가는 것이 중요하다. 예를 들면, 자연음이나 환경음 등 주변에 있는 음이나 음향, 학생이 만드는 악기, 학생들의 생각과 상상력을 넓히는 데 도움이 되는 그림이나 사진 및 물건 등 학생들의 활동을 도울 수 있는 모든 것을 학습의 중요한 교재로 다루려고 생각하는 것이 중요하다.

셋째, 학생들이 적극적으로 참여할 수 있는 제재곡을 찾는다. 주요한 교재인 교과서의 효과적인 활용을 꾀하는 것과 동시에 학생들의 특성에 맞는 다양한 제재곡을 활용하는 것도 중요하다. 예를 들면, 지역음악(전래동요, 놀이노래, 민요 등), 학생들의 생활에 친근한 음악, 외국에서 즐기고 있는 노래나 민요 등을 활용하는 것을 적극적으로 고려해야 한다.

넷째, 학습 계획을 유연하게 적용하기 위해서는 다양한 제재곡을 준비한다. '가르치는' 수업에서부터 '학습의 목표를 스스로 실현하는' 수업으로 전환하려면 수업에 도움이 되는 제재곡을 준비해야 한다. 이를 위해서 교사는 학습 내용에 맞는 복수의 제재곡을 준비하고, 다양한 학습 활동을 유연하게 전개할 수 있도록 한다.

(4) 구체적인 평가 계획서를 준비한다

단원의 교수 · 학습 지도안을 작성할 때, 단원 전체를 통해 무엇을 어떻게 평가할 것인지에 대한 구체적인 평가 계획서를 작성할 필요가 있다. 이를 위해서는 음악과에서 목표로 하는 자질과 능력을 명확히 하고, 지도 과정 이후에 실제로 구현할 수 있는 평가의 방법을 연구하는 것이 중요하다. 구체적으로는 학생 개개인의 실태나 학습 내용에 따른 실제적인 평가의 방법, 교육과정에 나타난 평가의 관점에 기초한 평가 기준을 공부하고, 학생 개개인의 학습 지도 과정이나 성과를 계속적 · 종합적으로 파악하기 위한 평가 방법 등을 점검해야 한다. 평가 진행의 단계는 다음과 같

이 정리할 수 있다. 첫째, 교육과정에 나타난 평가의 관점을 이해한다. 둘째, 단원의 지도 목표를 분석한다. 셋째, 단원의 평가 기준을 설정한다. 넷째, 단위 시간에 활용할 구체적인 평가 기준과 평가 항목을 설정한다.

3) 교수·학습 지도안의 구성

교수 · 학습 지도안은 음악 수업의 내용과 진행 방식에 대한 생각이 축약된 것으로, 학교나 교사에 따라 여러 가지 형태로 나타난다. 그러나 교사의 의도나 진행 방식을 제3자에게도 분명히 알 수 있도록 하려면 기본적인 요소가 빠짐없이 서술될 필요가 있다. 여기에서는 이러한 기본적인 요소를 작성할 때의 유의점을 살펴본다. 우선, 제목 부분에는 음악과 수업 지도안의 제목, 시간, 장소, 대상(학년, 조, 학생 수), 교사 성명 등을 기재한다.

(1) 제재명

제재명은 연간 지도 계획에서 설정한 주제이다. 제재에는 '주제에 의한 제재 구성'과 '악곡에 의한 제재 구성'이 있으나, 무엇을 학습하는지를 알기 쉽게 표기하는 것이 중요하다. 제재명은 음악 교과서의 제재 중에서 선정한다.

(2) 제재의 개관

제재 설정의 이유와 의도에 대해서는 두 가지 관점에서 알기 쉽게 기술한다. 첫째, 제재의 특징(연간 지도 계획에 있어서 위치, 교육적 의도, 단원에 포함된 음악적 개념이나 관련 지식 등), 둘째, 기대하는 학생의 변화(단원을 통해서 학생이 어떻게 성장하길 바라는가, 기대하는 학생의 태도) 등을 포함한다.

(3) 제재의 목표

제재의 목표는 단원 전체의 지도를 통해서 학생들 스스로가 습득하기를 원하는 자질이나 능력을 구체적으로 기록하는 부분으로, '무엇을 해야 하는가?' '무엇을 추구하고 싶은가?' 등 활동의 방향을 명확히 파악할 수 있도록 설정하는 것이 중요하다. 예를 들면, '4/4박자의 특성을 살려 타악기로 연주할 수 있다' '동형 진행 가락을 만들어 오선보에 나타낼 수 있다' 등과 같이 학습 목표는 음악적 개념과 학생들의 행동을 '~할 수 있다'의 형태로 진술하여 관찰이 가능하도록 제시하는 것이 바람직하다. 그리고 목표는 다음과 같은 인지적 목표와 심동적 목표, 정의적 목표 등을 고르게 포함해야 한다.

- 인지적 목표: 음악의 이해에 필요한 지식에 관한 목표
- 심동적 목표: 음악의 활동, 즉 가창, 기악, 창작, 감상 등에 필요한 기능에 관한 목표
- 정의적 목표: 음악이나 음악 활동에 대한 관심, 의욕, 태도 등과 같은 정서적인 면에 관한 목표
- 종합 진술
  예) 6/8박자의 특성을 이해하고 아름답게 노래 부를 수 있다.
  바장조 음계 특성을 이해하고 리코더를 즐겁게 연주할 수 있다.

(4) 제재의 지도 계획

제재의 지도 계획은 단원의 목표를 실현하기 위하여 학습 내용 및 학습 활동의 순서와 각각의 내용에 배분할 시간을 계획하는 것이다. 제재의 학습 지도 전체의 흐름을 이해하기 쉽도록 학습의 내용에 따라 차시별로 구분하여 정리한다. 그리고 단위 시간별 목표와 활동의 개요를 알 수 있게 기술한다. 또한 제재의 지도 계획에 있어서는 제재의 목표나 학습 내용에 따른 구체적인 평가 기준을 설정하고, 학생들의 학습 상황을 명확히 파악할 수 있게 한다. 그러나 일상의 학습을 지도하는 교사의 평가 활동은 학습의 결과를 판단하기 위해서뿐만 아니라, 학생들이 학습 목표를 어떻게 이해하고 공부해서 목표를 실현하는지 눈으로 확인하는 과정이다. 더욱이 평가

는 지도 계획서를 작성할 때 세운 지도 목표를 어떻게 실현하고 습득해 가는지에 대한 상황을 넓은 시야에서 파악하는 행위이다. 이를 위해 평가 기준은 학생들의 학습 내용에 따라 보다 구체적으로 설정되어야 한다.

(5) 평가 기준

평가 기준은 학생 스스로가 제재의 학습을 통해서 습득하기를 바라는 내용을 나타내는 것으로, 단위 시간에 있어서 구체적인 평가 항목의 기초가 되는 것이다.

(6) 자료

교재 연구의 상세한 설명, 사용하는 악보, 교실 내 배치나 좌석 표시 등을 첨부한다.

4. 수업 모형

음악과 수업 모형은 지도 내용에 따라 가창, 기악, 창작, 감상 등 네 가지로 제시할 수 있다. 수업 모형의 기본 틀은 가장 널리 사용되는 도입-전개-정리 단계를 활용하여 제시한다. 도입은 '흥미 유발'과 '수업 목표 확인하기'가 공통적인 단계이며, 전개는 '기능 습득'이나 '개념 이해' 및 '창의적 표현 활동' 등이 주요 단계이다. 그리고 정리에는 '배운 개념 정리'와 음악 수업에서 강조되는 '음악 활동 능력 확인'의 과정이 포함된다. 여기서는 음악 수업을 준비하는 과정에서 유용하게 활용할 수 있는 수업 모형을 살펴본다.

1) 가창 수업 모형

가창 수업은 노래의 가사를 이해하고, 노래의 리듬과 가락의 개념을 이해하고 익히는 것을 기본으로 한다. 노래의 가사를 이해하는 단계에서는 내용에 대한 설명과 발문이 요구된다. 발문은 누가, 언제, 어디서, 어떻게, 무엇을, 왜 등 여섯 가지의 의문을 생각하면서 가사의 내용을 파악할 수 있도록 한다. 발문 방법은 가사에 따라 다르게 하여야 하는데, 구체적이며 사실적인 응답을 기대하는 수렴적 발문과 열린 응답을 기대하는 확산적 발문을 구분하여 실행한다.

가사를 공부할 때는 바로 "읽고 느낌을 말해 봅시다."라고 하지 않고, 가사의 내용을 사실적으로 탐색한 다음, 구체적인 발문을 해야 가사에 대한 이해가 깊어지고 흥미를 높일 수 있다.

가사를 이해한 후에는 리듬과 가락을 익힌다. 리듬을 익힐 때는 말 리듬, 리듬 캐논, 리듬 카드 등 다양한 방법을 활용하는 것이 좋다. 가락을 익힐 때도 마찬가지로, 계이름을 읽고 내청을 하며 손기호를 활용하는 등 다양한 방법을 활용하는 것이 효과적이다. 가락을 익힐 때 계이름 부르기를 한 후, 가락을 익숙하게 하기 위한 방법으로 허밍을 활용한다.

노래를 익힌 후에는 가사로 노래 부른다. 가사로 노래 부를 때는 가사의 의미를 노래로 표현하는 데 집중해야 한다. 이후에는 노래가 담고 있는 여러 가지 음악적 개념을 이해하도록 한다. 특히 음악적 개념이 어떤 정서를 만들어 낼 수 있는지에 대해 이야기를 나누는 것이 좋다. "2/4박자가 경쾌한 느낌을 만들어 낸다." "5음 음계가 우리 음악을 떠오르게 한다." 등의 교사의 주관적 느낌을 강요하는 것이 아니라, 음악적 개념이 만들어 내는 정서적 특징을 자유롭게 이야기하는 것이다.

또한 가창 수업에서는 창의적으로 노래 부를 수 있는 단계를 포함한다. 창의적으로 노래 부르기는 악상을 살려서 부르는 것, 가사를 바꾸는 것 등을 의미한다. 마지막으로, 가창 수업은 노래 부르기로 마치게 한다. 가사의 정서 이해하기, 음악적 개념 이해하기, 가락 익히기 등을 종합하여 배운 악곡을 음악적으로 표현하면서 수업을 마무리한다. 〈표 6-3〉은 일반적인 가창 수업 단계를 제시한 가창 수업 모형이다.

〈표 6-3〉 가창 수업 모형

	교수 · 학습 단계		교수 · 학습 방법	비고
도입	선수학습 상기하기 (동기 유발)		• 기습곡 부르기 • 배운 활동과 개념 확인하기 • 학습 내용 부분 제시 또는 설명하기(미적 자극)	학생들이 수업 목표를 스스로 설정할 수 있다.
	수업 목표 확인하기		• 수업 목표를 확인하고 판서하기 • 주요 활동(내용) 설명하기	
전개	기초 기능 습득	가사의 의미 파악하기	• 국어 교과에서 글의 의미를 파악하는 다양한 방법을 활용한다. "어떤 느낌이 들어요?"와 같은 모호한 질문은 피한다.	수렴형 질문과 확산형 질문을 모두 활용한다.
		리듬 익히기	• 리듬말로 읽기, 일정박과 함께 리듬치기 • 오스티나토와 함께 리듬치기 • 리듬 캐논하기	다양한 방법으로 리듬을 익힌다.
		가락 익히기	• 하나의 모음(또는 계이름)으로 가락 익히기(듣고 익히기, 보고 익히기) • 허밍으로 가락 익히기 • 가사로 따라(보고) 부르기	여러 가지 방법으로 가락을 익힌다.
	개념 이해	가사로 노래 부르기	• 가사의 의미나 감정을 살려 노래 부르기	
		제재곡의 개념이나 배경지식 이해하기	• 제재곡의 주요 개념 이해하기 • 제재곡의 배경지식(맥락적 지식) 이해하기 • 제재곡의 개념과 배경지식을 생각하며 노래 부르기	음악적 개념은 음악 활동을 한 후에 학습한다.
	창의적 표현	악상 표현하기	• 셈여림의 표현을 살려 노래 부르기 • 적절한 빠르기로 노래 부르기	
		만들어 표현하기	• 가사 바꿔 부르기 • 신체표현하기	선택적으로 활용한다.
		여러 가지 방법으로 표현하기	• 여러 가지 악기와 함께 노래 부르기 • 여러 가지 방법으로 노래 부르기(제창, 독창, 모둠창, 남녀 창 등) • 전문가의 노래를 듣고 표현 방법을 배운 후 창의적으로 표현하기	

	노래 듣고 평하기	• 친구들의 노래 평하기/자신의 노래 스스로 평하기	
정리 및 차시 예고	배운 개념 정리하기	• 배운 개념에 대한 질문과 대답하기 • 배운 개념의 음악적 활용에 대한 질문과 대답하기	가창 수업은 노래 부르는 것으로 마친다.
	노래 부르기	• 제창, 합창, 독창하기	
	차시 예고	• 다음 시간의 수업 내용이나 주요 활동, 준비 등을 예고하기	

2) 기악 수업 모형

기악 수업은 가창 수업과 마찬가지로 음악적 개념을 이해하고, 악기 연주 능력을 배양하며, 음악에 대한 긍정적인 태도를 키우는 과정이다. 따라서 기악 수업은 기초 기능을 습득하는 단계, 음악적 개념을 이해하는 단계, 창의적으로 표현하는 단계 등을 거쳐 진행된다. 각 단계를 살펴보면 다음과 같다. 첫째, 기초 기능을 습득하는 단계는 악기의 기본적인 주법을 알아보고, 해당 악기로 주어진 리듬과 가락을 익히는 활동을 한다. 기악 수업에서 이 단계는 동일한 것을 반복하는 연습의 과정이기 때문에 지루함을 피하기 위하여 다양한 지도 방법을 활용해야 한다. 둘째, 음악적 개념을 이해하는 단계는 기본적인 음악적 활동을 한 이후에 진행되는데, 악보에 제시된 내용, 음악에 대한 문화, 사회, 역사 등 배경지식을 이해하는 과정이다. 셋째, 창의적 표현 단계는 악기로 음악을 표현하거나 만들어 표현하는 과정이다. 음악을 표현할 때 악보에 주어진 악상을 자신만의 느낌을 살려 연주하거나, 리듬이나 가락을 바꾸어 즉흥적으로 연주하여 창의성이 발휘되도록 한다. 〈표 6-4〉는 일반적인 기악 수업 단계를 제시한 기악 수업 모형이다.

〈표 6-4〉 기악 수업 모형

	교수 · 학습 단계		교수 · 학습 방법	비고
도입	선수학습 상기하기 (동기 유발)		• 기습곡 연주하기 • 배운 활동과 개념 확인하기(본시 수업 내용과 관련지을 수 있는 것)	학생들이 수업 목표를 설정할 수 있다.
	수업 목표 제시하기		• 수업 목표를 확인하고 판서하기 • 주요 활동 설명하기	
전개	기초 기능 습득	악기 구조와 주법 이해하기	• 기본적인 주법 알아보기	
		리듬 익히기	• 연주 순서와 악보 기호 알아보기 • 리듬 연습하기	
		가락 익히기	• 부분적으로 연습하기 • 전체 악곡 연습하기	부분 연습을 철저하게 한다.
	개념 이해	제재곡의 개념과 배경지식 이해하기	• 악보에 제시된 내용을 정확히 이해하기 • 문화, 사회, 역사적 맥락(배경) 지식에 대해 알아보기 • 제재곡의 개념이나 배경지식을 생각하며 음악 표현하기	음악 개념은 음악 활동 이후에 이해하도록 한다.
	창의적 표현	악상 표현하기	• 악상 기호 살려 연주하기 • 아름다운 소리를 찾아 연주하기	
		만들어 표현하기	• 리듬이나 가락을 바꿔 창작/즉흥연주하기 • 리듬 오스티나토와 함께 연주하기	수업에 따라 선택적으로 활용한다.
		여러 가지 방법으로 표현하기	• 여러 가지 악기와 함께 연주하기 • 여러 가지 방법으로 연주하기(독주, 제주, 합주 등) • 전문가의 연주를 듣고 표현 방법을 참조하여 창의적으로 표현하기	
		듣고 평하기	• 친구들의 연주 평하기/자신의 연주 스스로 평가하기	
정리 및 차시 예고	배운 개념 정리하기		• 배운 개념에 대한 질문과 대답하기 • 배운 개념의 음악적 활용에 대한 질문과 대답하기	수업은 음악 연주로 끝나게 한다.
	전체 연주하기		• 제주하기, 합주하기	
	차시 예고		• 다음 시간의 수업 내용이나 주요 활동, 준비 등을 예고하기	

3) 감상 수업 모형

감상 수업은 악곡의 느낌을 감지하고 음악의 특징적인 요소와 관련 지식을 깊이 있게 이해하는 것을 목표로 하며, 학생들이 집중하여 들을 수 있도록 하는 과정을 거친다. 감상 수업에서 음악적 개념이나 배경지식을 지도하는 과정은 흥미와 호기심을 유발하여야 하며, 집중은 강압이 아니라 자연스럽게 이루어질 수 있도록 해야 한다.

감상 수업은 음악을 감상하는 과정이 중요하지만, 수업은 악곡에 대한 기본 이해 단계, 악곡 감상 단계, 그리고 심미적 감상 단계 등을 거친다. 각 단계를 살펴보면 다음과 같다. 먼저, 악곡에 대한 기본 이해 단계에서는 작품의 배경과 음악적 특성을 이해한다. 작품이 만들어진 배경, 즉 작품을 만든 동기, 사람, 지역, 시대 등에 대해 이해하며 작품에 대한 관심을 높인다. 그리고 리듬이나 가락 등 음악적 특성을 이해하는 것은 음악을 익숙하게 하여 보다 친근한 상태에서 음악을 감상할 수 있게 한다. 다음으로, 악곡을 감상하는 단계에서는 먼저 교사가 감상의 관점을 제시한다. 어떤 점에 주안점을 두고 감상해야 하는지를 알려 주는 것이다. 이 과정은 주로 발문을 통해 이루어진다. 음악을 들을 때 생각해야 하는 바를 이야기한 후에는 음악을 들려준다. 음악을 들은 후에는 발문한 것에 대해 학생들이 응답을 한다. 응답은 언어를 활용하기도 하지만, 그림이나 신체표현 등 다양하게 표현할 수 있다. 마지막으로, 심미적 감상 단계는 음악을 다시 들으면서 더 깊이 이해하고 감동하는 과정이다. 음악에 대한 개념과 배경지식을 알고 음악에 친숙해진 상태에서 음악을 다시 들으면 더 많은 것을 느끼고 생각할 수 있으며, 더 깊이 음악에 집중할 수 있게 된다. 이 단계에서는 음악을 듣고, 음악에 대해 이야기하며, 생각을 정리하여 감상문을 쓰는 등의 활동을 할 수 있다. 〈표 6-5〉는 일반적인 감상 수업 단계를 제시한 감상 수업 모형이다.

〈표 6-5〉 감상 수업 모형

	교수 · 학습 단계		교수 · 학습 방법	비고
도입	선수학습 상기하기 (동기 유발)		• 기습곡 연주하기(부르기) • 이전 시간에 배운 활동과 개념 확인하기	학생들이 수업 목표를 설정할 수 있다.
			• 학습 내용 제시 또는 설명(미적 자극)	
	수업 목표 제시하기		• 수업 목표를 확인하고 판서하기 • 주요 활동 설명하기	
전개	제재곡의 기본 이해	작품의 배경 이해하기	• 제목에 대한 이해하기(음악 용어 알기) • 작곡가와 연주가에 대해 이해하기 • 작품 배경 이해하기	간단하게 설명한다.
		작품의 음악적 특성 알기	• 제재곡에 사용되는 악기 설명하기(실물이나 그림 혹은 동영상 자료 활용) • 주제 가락의 특성 알기	그림이나 음악을 활용하여 구체적으로 설명한다.
	악곡 감상	감상의 관점 제시하기	• 감상할 때 생각할 내용 이야기하기 예) 사실적 내용: 어떤 악기로 연주하는지 들어 보세요. 박자와 음계, 그리고 빠르기의 특징을 들어 보세요. 예) 개방형 내용: 음악이 그리고 있는 풍경을 생각해 보세요(그림으로 표현해 보세요. 신체로 표현해 보세요).	발문은 학생들이 해야 하는 활동을 분명히 제시해야 한다.
		음악 듣기	• 음악 들려주기 • 발문에 대한 응답 생각하기	
		응답 정리하기	• 발문에 대한 응답을 글로 쓰거나 그림을 그리거나 이야기하거나 신체로 표현하기	학생들의 응답은 최대한 존중한다.
	심미적 감상	음악 다시 듣기	• 음악 다시 듣기 • 응답 내용 확인하기 • 음악적 개념 이해하기	
		음악적 개념과 표현 관련짓기	• 음악에 대한 기초적인 지식 이야기하기 • 음악적 특성이 만들어 내는 표현을 이야기하기 (예: 단조이기 때문에 신시하게 들릴 수 있다.)	음악 요소가 정서를 표현하는 방법을 이해한다
		생각 정리하기	• 감상문 작성하기 –제목, 연주자, 시간, 연주 악기, 음악적 개념, 음악이 표현하고 있는 것(느낌, 연상과 상상), 그리고 표현과 개념 간의 관계를 적는다.	감상문은 과제로 제시할 수 있다.

정리 및 차시 예고	배운 개념 정리하기	• 배운 개념에 대한 질문과 대답하기 • 배운 개념의 음악적 활용에 대한 질문과 대답하기	
	다시 듣기	• 주요 부분을 다시 듣기	
	차시 예고	• 다음 시간의 수업 내용이나 주요 활동 준비 등을 예고하기	

4) 창작 수업 모형(가락 짓기)

창작은 내용에 따라 다양한 방법으로 수업이 진행된다. 즉흥연주는 악기 연주나 노래 부르기를 통해 진행되기 때문에 가창과 기악 수업과 유사하게 진행될 것이고, 이야기음악 만들기는 이야기를 만드는 단계가 포함되기 때문에 다른 창작 형태가 될 것이다. 그리고 오선보에 가락을 그리는 가락 짓기는 오선보로 그리는 활동이 중요하기 때문에 또 다른 단계를 거칠 것이다.

이 절에서는 창작 중 오선보에 가락 짓기 수업 단계를 설명한다. 가락 짓기 수업은 기초 기능 습득 단계, 구상 창작 단계, 창의적 표현 단계 등으로 구분하여 설명할 수 있다. 첫째, 기초 기능 습득 단계는 리듬과 가락을 만들 수 있는 기초 능력을 기르는 단계이다. 리듬은 리듬 문답하기, 즉 교사가 리듬을 치면 적절한 다른 리듬으로 받아치는 활동이다. 이 과정에서 새로운 리듬을 만드는 경험을 하게 된다. 가락 문답하기와 관련해서는 가락을 만들어 학생에게 들려주면 학생은 그 가락에 대응할 수 있는 가락을 즉흥적으로 만들어 표현한다. 이 과정 역시 가락을 만드는 능력을 키워 준다. 학생들의 음악성을 고려하여 가락의 난이도를 조절하면 재미있게 수업을 진행할 수 있다. 가락을 만들기 위해서는 적절한 악곡의 구조를 이해해야 한다. 동기, 악절 같은 의미를 알고 체계적으로 가락을 만들 수 있도록 한다. 둘째, 구상 창작 단계는 가락을 악보에 그리는 단계이다. 이 단계에서는 주제 가락을 구상하고, 주제 가락을 확장하여 완성한다. 가락을 확장하는 방법은 주제 가락의 반복, 동형 진행, 확장, 축소 등의 방법을 사용할 수 있으며 전체적인 조화를 고려한다. 셋째, 창의적 표현하기 단계에서는 자신이 만든 악곡을 여러 가지 악기를 활용하거나 악상을 살려 연주해 보면서 수정하기도 한다. 그리고 완성 이후에는 연주를 하여 다른 사람의 평을 들어 본다. 〈표 6-6〉은 일반적인 창작 수업 단계를 제시한 창작 수업 모형이다.

〈표 6-6〉 창작 수업 모형

교수 · 학습 단계			교수 · 학습 방법	비고
도입	선수학습 상기하기 (동기 유발)		• 기습곡 연주하기(부르기) • 배운 활동과 개념 확인하기	학생들이 수업 목표를 설정할 수 있다.
			• 창작의 재미를 느낄 수 있는 음악 소개 또는 설명(미적 자극)	
	수업 목표 제시하기		• 수업 목표를 확인하고 판서하기 • 주요 활동 설명하기	
전개	기초 기능 습득	리듬 문답하기	• 박자를 정해 리듬 문답하기 • 2마디의 리듬을 8마디 정도 확장하기	리듬감을 익히도록 한다.
		가락 문답하기	• 단순한 음계에 의한 가락을 모방하여 연장하기 • 가락 확장하는 방법 이해하기(모방, 동형 진행 등) • 연습하기	
		악곡의 구조 이해하기	• 동기, 작은악절, 큰악절 등의 구조 이해하기 • 모방과 동형 진행의 다양한 예를 연주하고 구조 이해하기	실제 악곡으로 설명한다.
	구상 창작	주제 가락 익히고 구상하기	• 동기를 만들고 소리 들어 보기 • 확장할 방법(모방과 동형 진행 활용) 생각하기	음악을 만들면 소리를 들어 보아야 한다.
		주제 가락 확장하기	• 주제 가락을 동형 진행으로 확장하기 • 노래나 악기로 연주하기 • 종지 부분 다듬기	종지 부분에 유의한다.

	창의적 표현	악곡 표현하기	• 전체 악곡을 노래 부르거나 연주하기 • 아름다운 악곡이 될 수 있도록 수정하기	
		수정하기	• 아름다운 악곡이 될 수 있도록 수정하여 완성하기	악곡은 계속 수정할 수 있음을 알려 준다.
		여러 가지 방법으로 표현하기	• 여러 가지 악기로 연주하거나 노래 부르기	
		듣고 평하기	• 친구들의 악곡 평하기/자신의 연주 스스로 평가하기	
정리 및 차시 예고	배운 개념 정리하기		• 배운 개념에 대한 질문과 대답하기 • 창작의 좋은 점, 어려운 점, 보완해야 할 점 등을 이야기하기	
	연주하기		• 만든 작품 연주하기	
	차시 예고		• 다음 시간의 수업 내용이나 주요 활동 준비 등을 예고하기	

제7장

음악의 구성 요소와 주요 개념 이해하기

음악의 재료는 소리이지만 모든 소리가 음악이 되는 것은 아니다. 표현적 의도를 갖는 소리들은 종적, 횡적으로 다양한 특징을 나타내면서 음악으로 구성되며, 이 과정에서 주요한 음악적 개념들이 형성된다. 음악의 기본 요소는 리듬, 가락, 화음(화성), 형식, 셈여림, 빠르기, 음색 등 일곱 가지로 구분된다. 음악을 이해하기 위해서는 이들 기본 요소에 대한 깊이 있는 분석이 필요하다. 이 장에서는 음악을 구성하는 일곱 가지 요소를 2015 음악과 교육과정에 따라 제시하고, 각 요소별 의미를 예시와 함께 설명하고 지도방법을 제시하였다.

1. 리듬

리듬은 음악의 가장 기본적인 요소라 할 수 있다. 아프리카 원시부족의 음악에서처럼 리듬만 존재하는 음악도 있지만, 서양 고전음악에서는 선율과 화성 없이 리듬만 존재하는 경우는 극히 드물다. 음의 시간적 길이, 음의 셈과 여림이 연관되면서 박, 박자, 리듬 등의 개념이 생겨나고 이러한 특징들은 기본적인 음악의 구조를 형성하게 된다.

1) 박과 박자

박(beat)은 소리에 의해서 시간이 일정한 간격으로 분할되는 것을 의미한다. 박과 박 사이의 시간적 간격에 의해서 악곡의 빠르기가 정해진다. 규칙적인 강세가 나타나며 박들이 그룹화되면 박자(meter)가 형성된다. 서양음악에서 박은 2박, 3박, 4박으로 묶이며 악곡의 리듬은 2박자, 3박자, 4박자의 흐름으로 나타난다.

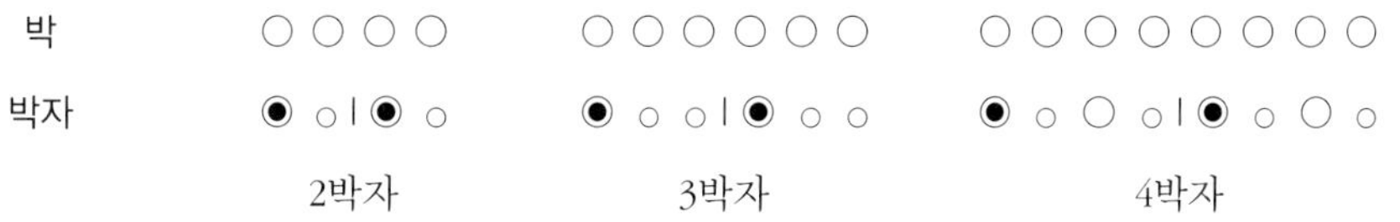

[그림 7-1] 박과 박자

걸음을 걸으며 노래를 부르거나 일정박을 치며 노래를 불러 보면 악곡의 바탕에 흐르고 있는 2박자, 3박자, 4박자의 움직임을 느낄 수 있다. [그림 7-2]와 같이 발구르기와 손뼉치기 또는 여러 가지 타악기로 2박자, 3박자, 4박자의 강세를 살려 박자를 쳐 보면서 악곡의 느낌을 표현해 보도록 지도한다.

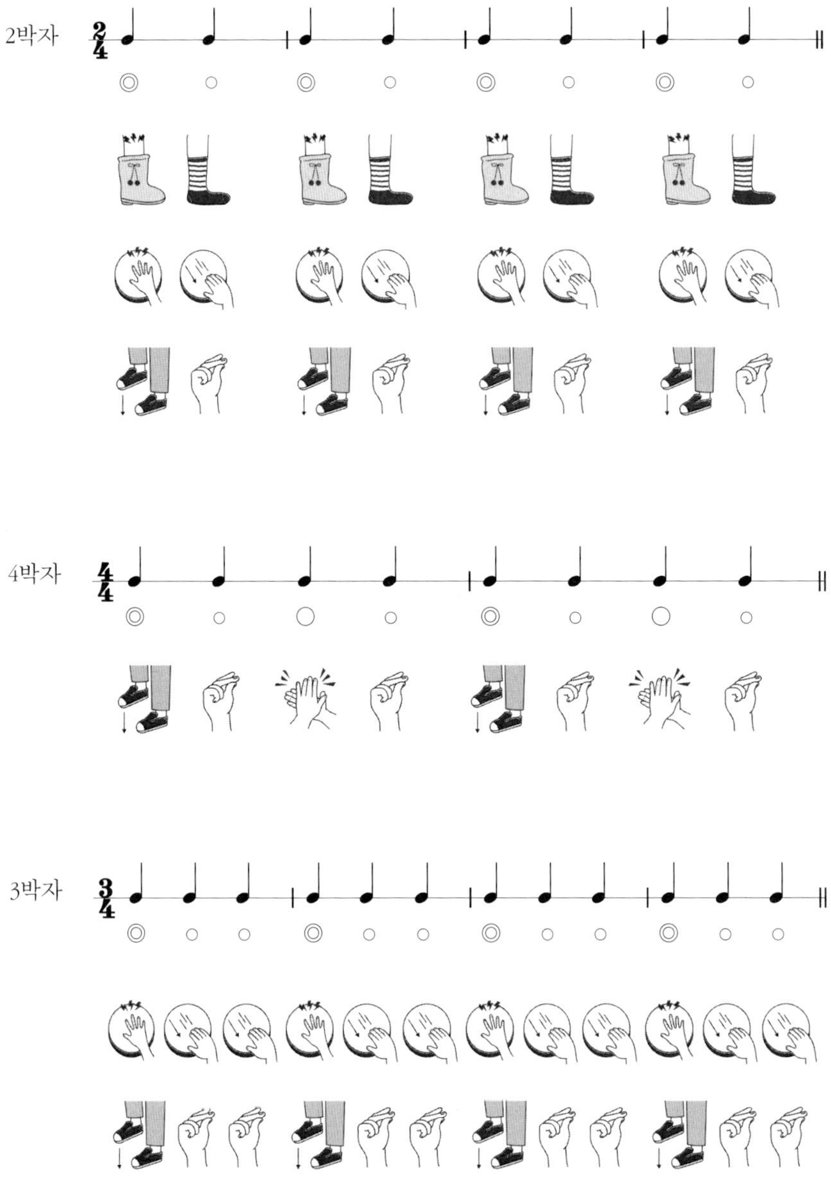

[그림 7-2] 박자의 강세 표현하기

악곡의 시작 박자가 중간에 다른 박자로 변화하는 것을 '변박자'라고 한다. 노래에 맞추어 지휘해 보면서 박자의 변화를 느껴 보는 활동을 할 수 있다.

악보 7-1 **변박자 악곡 예**

모두 모두 자란다

김대현 작사/박재훈 작곡

[그림 7-3] 지휘로 변박자 익히기

2) 음의 길고 짧음

음악에서는 소리의 지속과 멈춤이 다양한 길이로 나타나는데 이를 음표와 쉼표로 표기한다. 음표는 온음표를 기준으로 하여 1/2씩 축소되는 상대적인 길이의 표기로 이해할 수 있다. 쉼표 역시 온쉼표를 기준으로 상대적인 길이를 이해할 수 있다. 단 온쉼표는 박자에 상관없이 한 마디 전체를 쉴 경우에도 사용된다.

〈표 7-1〉 음표와 쉼표

온음표	𝅝	온쉼표	𝄻
2분음표	𝅗𝅥	2분쉼표	𝄼
4분음표	♩	4분쉼표	𝄽
8분음표	♪	8분쉼표	𝄾
16분음표	𝅘𝅥𝅯	16분쉼표	𝄿
32분음표	𝅘𝅥𝅰	32분쉼표	𝅀

점음표는 본래 음표의 길이와 그 음표의 절반만큼의 길이가 더해진 음가를 갖는다. 점쉼표의 경우도 본래 길이의 절반이 더해진 길이만큼 쉬도록 한다.

〈표 7-2〉 점음표와 점쉼표

점온음표	𝅝. = 𝅝 + 𝅗𝅥	점온쉼표	𝄻. = 𝄻 + 𝄼
점2분음표	𝅗𝅥. = 𝅗𝅥 + ♩	점2분쉼표	𝄼. = 𝄼 + 𝄽
점4분음표	♩. = ♩ + ♪	점4분쉼표	𝄽. = 𝄽 + 𝄾
점8분음표	♪. = ♪ + 𝅘𝅥𝅯	점8분쉼표	𝄾. = 𝄾 + 𝄿

음표와 쉼표의 길이는 상대적인 것이기 때문에 일정박을 기반으로 익히는 것이 좋다. 예컨대 4분음표(♩)를 기준박으로 두어 두 배의 길이를 갖는 소리는 2분음표(𝅗𝅥)로, 1/2의 길이를 갖는 소리를 8분음표(♪)로 표현해 보면서 음표와 쉼표의 상대적인 길이의 느낌을 익힐 수 있다. 초등학교 음악 활동에서는 몸동작을 통해서 음의 길이를 재미있게 익히도록 지도할 수 있다.

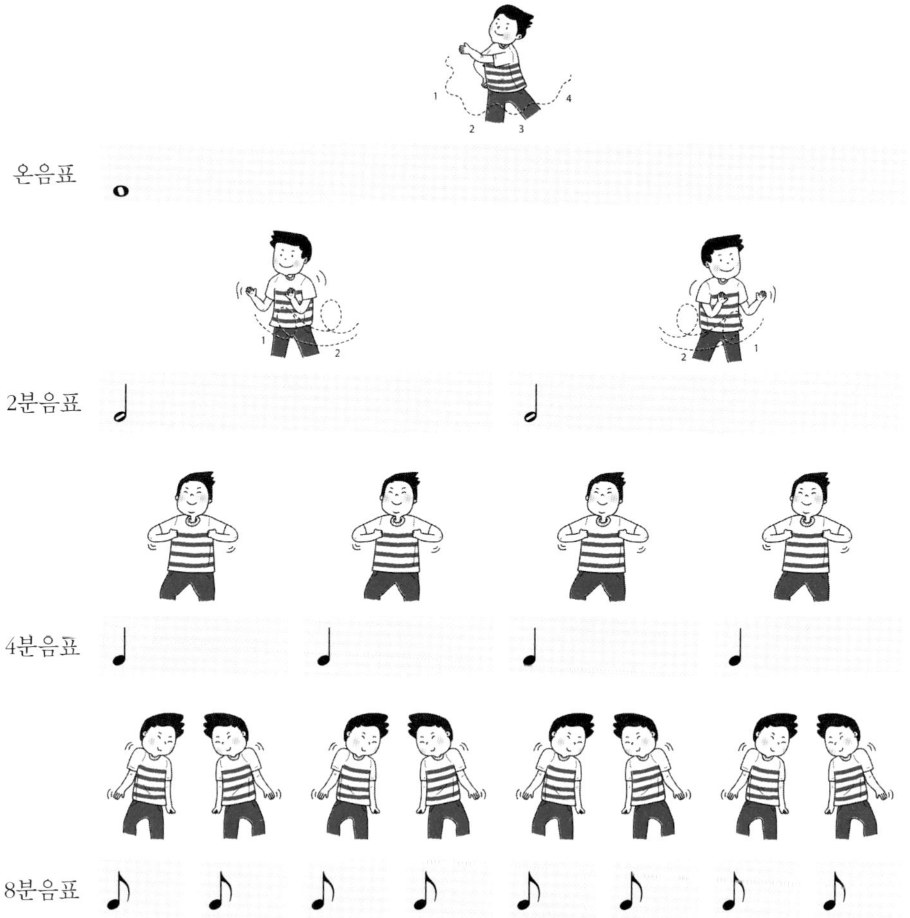

[그림 7-4] 신체표현으로 음의 길이 익히기(양종모 외, 2018)

3) 리듬꼴

리듬꼴은 리듬패턴이라고도 하며 악곡의 박자를 기반으로 길고 짧은 음들이 모여서 구성되는 리듬의 모양을 의미한다. 여러 가지 길이의 음표와 쉼표들이 조합되어 한 마디 또는 두 마디의 다양한 리듬꼴이 만들어진다.

[악보 7-2]의 〈딱따구리〉에서는 , , 의 세 가지 리듬꼴이 나타남을 알 수 있다. 노래를 부르면서 반복적으로 나타나는 리듬꼴을 찾아보고 리듬치기를 해 보면서 주요 리듬꼴을 익히도록 지도한다. 또한 리듬꼴을 이루고 있는 서로 다른 길이의 음표들을 활용해서 리듬꼴을 만들어 연주해 보면서 리듬꼴 변화에 따른 느낌을 알도록 지도한다.

악보 7-2 리듬꼴 예

딱따구리

작사자 미상/체코슬로바키아 민요

-4/4박자의 리듬꼴 만들기

실습 

4) 당김음

선율의 진행과정에서 박자의 일반적인 강세 패턴은 규칙성을 벗어나기도 한다. 즉, 강박과 약박의 위치가 바뀌어 나타나면서 약박에 강세가 오게 되는데, 이를 당김음(syncopation)이라 한다. 당김음은 강박의 위치에 짧은 음이 오면 강세가 다음에 오는 긴 음으로 이동하여 나타나며, 강박 위치에 쉼표가 오거나 약박과 강박이 붙임줄로 연결될 때 강세가 약박으로 이동하면서 나타날 수 있다. 당김음의 강세를 느껴 보고 이런 느낌이 나타나는 부분을 노래를 부르면서 찾아보는 활동을 통해서 당김음의 의미를 익히도록 한다.

악보 7-3 당김음 예

산마루에서

신현득 작사/김종한 작곡

산 마 루 에 서 외 쳐 보 자 야 호 야 호 야 하 호
나 무 – 들 이 노 래 한 다 야 호 야 호 야 하 호

쉼표에 의한 당김음 붙임줄에 의한 당김음

5) 못갖춘마디(여린내기)

악곡 중에는 마디의 첫 박이 아닌 박에서 시작하는 경우가 있다. 이렇게 온전한

마디를 채우지 못하고 못갖춘마디로 시작하는 노래를 여린내기 악곡이라고도 부른다. 여린내기 악곡에서는 악곡의 처음에 나타나는 못갖춘마디와 마지막 마디가 합하여 온전한 박자의 한 마디를 이루게 된다. 못갖춘마디의 여린내기 악곡을 지휘할 때는 예비박과 함께 시작하는 여린박을 정확히 제시하도록 유의한다. [악보 7-4]는 6/8박자의 여린내기 악곡이다.

악보 7-4 못갖춘마디(여린내기) 악곡 예

우리의 소원

안석주 작사/안병원 작곡

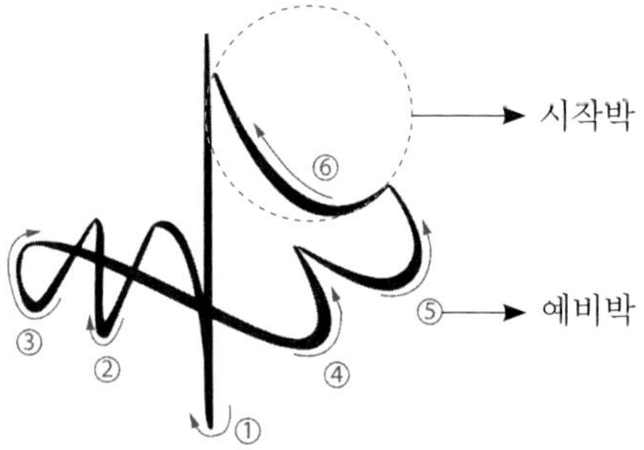

[그림 7-5] 6/8박자 못갖춘마디(여린내기) 악곡의 지휘

2. 가락

가락은 선율이라고도 불리는 음악의 횡적 흐름을 의미한다. 가락은 음의 높낮이와 음의 진행에 따라 음악에 명확한 성격을 부여한다.

1) 음의 높고 낮음

서로 다른 높낮이의 음들이 연속적으로 나타나면서 가락을 구성한다. 음의 높고 낮음은 소리의 진동수에 따라 달라지는데 단위시간 안의 진동수가 많을수록 높은 음으로 지각된다. 다양한 높낮이의 음들이 지속되면서 생기는 가락의 움직임을 이미지로 나타낸 것을 가락선(melodic line 또는 contour)이라고 한다.

2) 차례가기와 뛰어가기

음들은 같은 음에 머무르거나(반복하기), 상행(올라가기) 또는 하행(내려가기)하며, 한 음 한 음씩 순차적으로(차례가기) 움직이거나 음과 음 사이를 도약하여(뛰어가기) 움직이기도 한다. 가락선을 그려 보는 활동은 음들의 움직임을 감지하는 데 도움이 된다.

악보 7-5 가락의 움직임과 가락선

3) 음이름과 계이름

음 높이를 구별하기 위해서는 음이름과 계이름을 사용한다. 음이름은 음의 절대 높이에 따라 붙이는 고유한 이름이고, 계이름은 특정음을 기준으로 하여 붙이는 상대적인 이름이다. 서양음악에서는 음이름과 계이름을 [그림 7-6]과 같이 표기한다. 서양음악에서 계이름은 도(do), 레(re), 미(mi), 파(fa), 솔(sol), 라(la), 시(si)를 사용하며, 건반 위에서 계이름의 위치는 조성에 따라 달라진다. 다음은 다장조와 사장조의 음계의 음이름과 계이름이다.

음이름 (한국)	다	라	마	바	사	가	나	다	사	가	나	다	라	마	올림바	사
음이름 (미국)	C	D	E	F	G	A	B	C	G	A	B	C	D	E	F#	G
계이름	도 (Do)	레 (Re)	미 (Mi)	파 (Fa)	솔 (Sol)	라 (La)	시 (Si)	도 (Do)	도	레	미	파	솔	라	시	도

[그림 7-6] 음이름과 계이름

4) 장음계와 단음계

음계는 어떤 악곡에서 사용되는 음들을 차례로 배열한 것을 의미한다. 장음계와 단음계는 7음으로 구성되는 7음 음계이다. 3음과 4음 사이, 그리고 7음과 8음 사이가 반음이고 나머지 음들을 온음으로 이루어진 음계를 말한다. 음계의 시작음을 으뜸음이라고 하며 으뜸음의 명칭으로 음계를 나타낸다(예: 으뜸음 다-다장조 음계). 단음계는 2음과 3음 사이가 반음을 이루면서 장음계와는 다른 느낌의 조성을 구성하게 된다. 단음계의 5, 6음 그리고 6, 7음의 간격이 어떻게 벌어지는가에 따라서 자연단음계(5-6 반음), 화성단음계, 가락단음계 등으로 구분할 수 있다. 가장 기본적인 단음계인 자연단음계는 2-3음과 5-6음사이가 반음이며, 이러한 자연단음계의 7음을 반음 올리게 되면 화성단음계가 된다. [그림 7-7]은 장음계와 단음계의 구조와 음이름과 계이름을 나타낸 것이다.

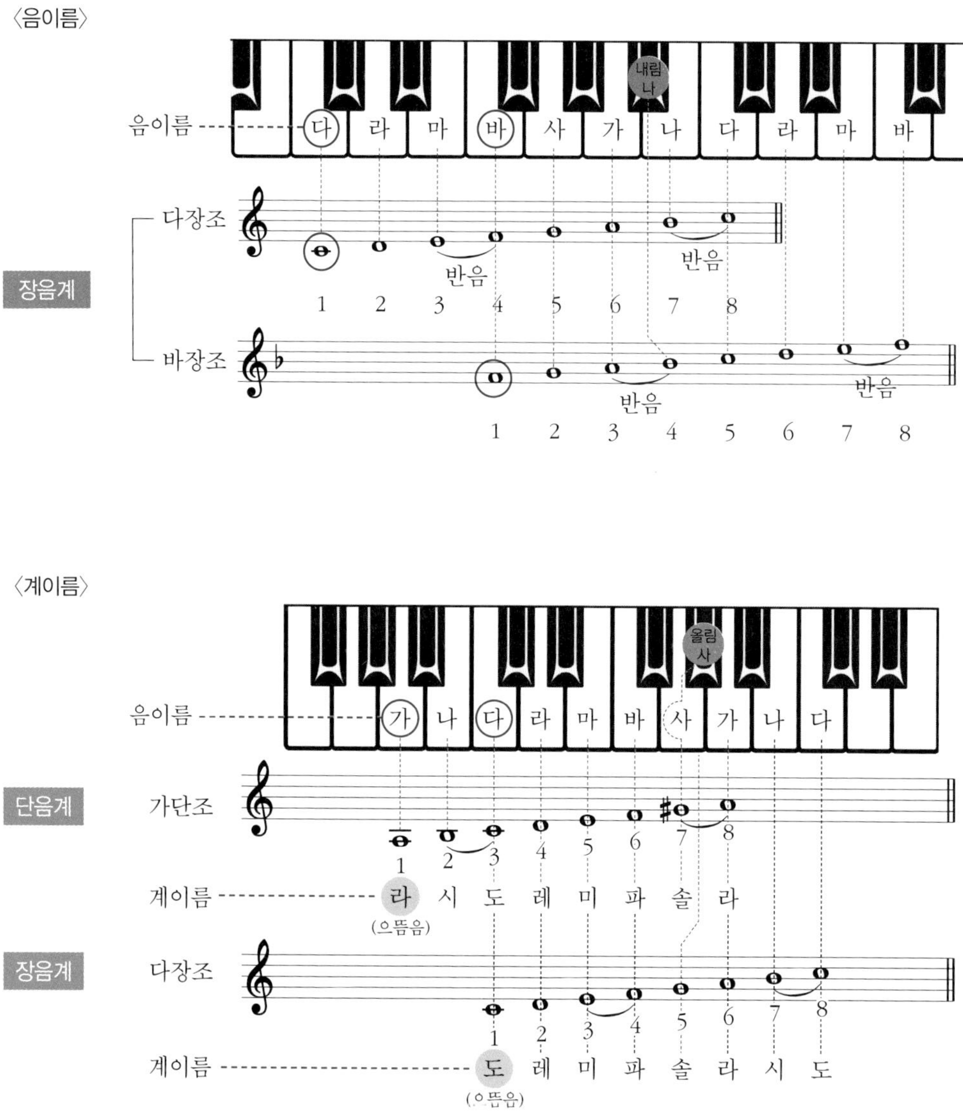

[그림 7-7] 장음계와 단음계

3. 화음

1) 소리의 어울림

화음은 높이가 다른 두 개 이상의 음이 동시에 울리는 것이며, 이러한 화음들이 연결된 것이 화성이다. 소리의 조화로움을 의미하는 화성은 그 재료인 소리들을 음악으로 엮어 내는 체계로서 매우 중요한 의미를 지닌다.

2) 주요 3화음

음계의 각 구성음을 밑음으로 하여 3화음을 쌓을 수 있는데 I, IV, V(단조: i, iv, V) 화음을 주요 3화음이라고 한다. 대부분의 악곡은 주요 3화음으로 반주할 수 있다. [그림 7-8]은 다장조의 주요 3화음을 보여 주고 [악보 7-6]은 주요 3화음으로 반주될 수 있는 다장조 악곡을 제시한다.

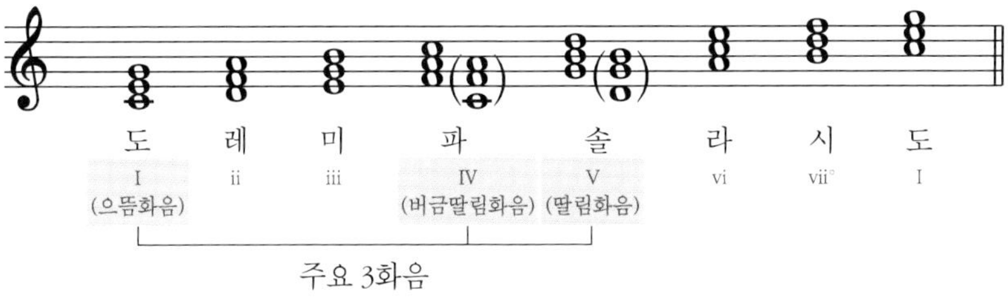

[그림 7-8] 다장조의 주요 3화음

악보 7-6 주요 3화음으로 반주하는 악곡 예

고향땅

윤석중 작사/한용희 작곡

4. 형식

음악 작품의 구조를 형식(form)이라고 한다. 형식은 악곡에 질서를 부여하며 악구와 악절 같은 음악의 단위들을 결합하여 악곡을 의미 있게 완성한다. 악곡의 형식을 설명하기 위해서는 동기, 악구(작은악절), 큰악절 등과 같은 용어를 사용하는데, 다음에서는 노래 형식(가요 형식)을 중심으로 알아본다.

1) 악곡의 구성 요소

동기(motive)는 두 마디 정도로 구성된 악곡(음악 작품)의 가장 작은 단위이다. 이러한 동기들이 반복되거나, 다양한 모습으로 축소, 확대, 변형되면서 전체 음악 작품을 구성하는 기초가 된다.

두 개의 동기가 모이면 작은악절(phrase)이 되며 작은악절은 '악구'라고도 한다. 대개 4마디 정도로 이루어진 악곡의 단위이지만 5, 7마디의 불규칙한 길이로 이루어진 작은악절도 있다. 작은악절이 두 개 결합되어 대개 8마디의 큰악절이 된다. 큰악절은 명백하게 두 부분으로 구성되며, 이 두 부분은 반복되기도 하고 서로 대조를 이룰 수도 있다.

악보 7-7 동기, 작은악절(악구), 큰악절

2) 한도막 형식

한도막 형식은 a+a, a+a', a+b 등으로 구성된 8마디의 큰악절 하나로 이루어진 가장 단순한 형식으로 동요, 민요 등 짧은 노래에서 나타난다. 주어진 악보는 동요 〈산토끼〉이며 서로 대조되는 두 개의 작은악절이 모인 a+b의 구조이다.

악보 7-8 한도막 형식의 악곡 예

산토끼

이일래 곡/이일래 요

3) 두도막 형식

두도막 형식은 두 개의 큰악절(16마디)로 구성되는 형식이다. 같은 가락, 비슷한 가락과 다른 가락이 어떻게 조합되는지에 따라서 A(a+a') B(b+a')의 형태나 A(a+a') B(b+b') 등으로 이루어진다. 가락선을 그리며 노래 불러 보면서 A부분과 B부분의 대조되는 구조를 이해하도록 지도한다.

악보 7-9 두도막 형식의 악곡 예

소풍

외국 곡

4) 작은 세도막 형식

작은 세도막 형식은 세 개의 작은악절(12마디)로 이루어진 악곡의 형식을 말한다. 작은 세도막 형식은 aba, abc의 구조를 갖는 소규모의 3부분 형식이다.

악보 7-10 작은 세도막 형식의 악곡 예

봄바람

윤석중 요/모차르트 곡

5) 세도막 형식

세도막 형식은 세 개의 큰악절(24마디)로 이루어진 악곡 형식을 말한다. 세 부분이 모두 다른 느낌의 큰악절로 구성된 A+B+C, 또는 대조적인 두 번째 악절 뒤에 맨 처음 부분을 그대로 반복하는 A+B+A의 형태로 구성할 수 있다. 특별히 A+B+A 구조를 가진 세도막 형식을 다카포(Da Capo) 형식이라고도 한다. 반복과 대조 부분을 그림으로 표현해 보거나 음악을 들으며 가락선, 또는 신체표현으로 같고 다름을 구별해 표현하도록 지도한다.

악보 7-11 세도막 형식의 악곡 예

아기염소

이해별 작사/이순형 작곡

5. 빠르기

빠르기란 악곡의 빠른 정도를 뜻하며, 악곡에서 일정박이 진행되는 속도에 따라서 결정된다. 또한 빠르기는 악곡의 역동성에 영향을 미치는데, 같은 악곡이라도 빠르기가 달라지면 다른 느낌을 가지게 된다. 빠르기는 '보통 빠르기'를 기준으로 하여 '아주 빠르게'에서부터 '아주 느리게'까지 다양한 빠르기말이나 기호로 나타낸다. 빠르기의 개념을 익히기 위해서는 음악에 맞추어 걷거나 빠르기에 어울리는 신체

표현을 해 볼 수 있으며, 같은 악곡을 서로 다른 빠르기로 표현해 보면서 빠르기에 따른 음악의 느낌을 알도록 한다. [그림 7-9]는 생상스의 〈동물의 사육제〉에서 나타나는 악곡의 빠르기를 일정박의 속도와 동물의 움직임으로 나타낸 것이다.

〈빠르기를 나타내는 말〉

느리게	조금 느리게	보통 빠르게	조금 빠르게	빠르게
Andante →	Andantino →	Moderato →	Allegretto →	Allegro

[그림 7-9] 생상스 동물의 사육제 '당나귀'와 '거북이'

그리고 [악보 7-12]는 그리그의 〈페르귄트〉 제1모음곡 중 '산왕의 궁전에서'의 주제이다. '산왕의 궁전에서'는 주제 가락의 빠르기가 점점 빨라지며 긴장되는 분위기를 표현하고 있다.

악보 7-12 빠르기의 변화를 보여 주는 악곡 예

산왕의 궁전에서

그리그

6. 셈여림

셈여림은 소리의 세고 여린 정도를 의미한다. 음악에서는 박자에 따라 강박과 약박이 나타나며 악곡의 분위기를 표현하기 위해서 세게 또는 여리게 연주할 수 있다. 음악의 셈여림은 '아주 작게'에서부터 '아주 크게'까지 다양한 지시말과 기호를 사용하여 나타낼 수 있다. 주변의 소리를 들으면서 소리의 세고 여림을 느껴 보고 표현해 보는 활동은 셈여림에 대한 반응을 민감하게 해 준다. 셈여림은 악곡의 다양한 표현을 위한 주요 요소이다. 주변의 소리와 악기를 활용해서 셈여림을 표현해 보거나 악곡의 셈여림을 살려 노래 불러 보면서 음악에서 셈여림의 의미를 알도록 지도한다.

악보 7-13 **셈여림의 변화 악곡 예**

들장미

이헌구 역사/베르너 작곡

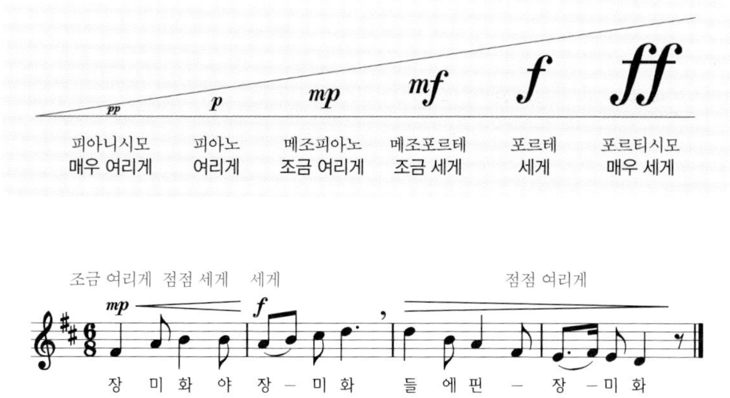

[그림 7-10] 셈여림을 나타내는 말

7. 음색

음색은 어떤 소리가 다른 소리와 구별되는 특징적인 소리의 느낌 또는 질을 말한다. 음색은 사람의 목소리, 사물의 소리, 악기 소리, 주변 환경에서 들을 수 있는 소리를 통해서 다양하게 경험할 수 있다. 사람의 목소리는 어린이, 어른, 여성, 남성에 따라 음색이 다르며, 목소리의 음역에 따라서 소프라노, 알토, 테너, 베이스 등으로 구별하기도 한다. 개인별 소리와 집단 구성에 따라서 여러 가지 음색이 나타나며 악기의 음색에도 악기의 재질이나 크기에 따라서 다양한 음색이 나타난다. 음색 역시 악곡의 표현을 다양하고 풍부하게 하는 중요한 요소이다. 다양한 소리의 음색을 듣고 여러 가지 매체로 표현해 보면서 음색에 대한 민감성과 창의적인 표현 능력을 기르도록 지도한다.

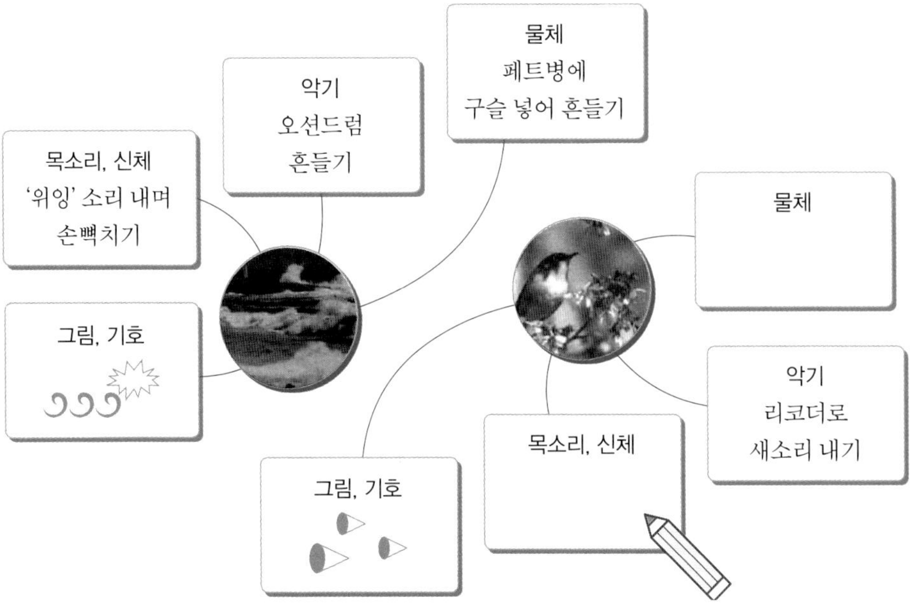

[그림 7-11] 여러 가지 매체로 소리 표현하기(양종모 외, 2018)

다양한 음색의 악기 소리를 들으면서 소리가 나는 원리를 이해하고 종류에 따라 분류해 보는 활동을 통해서 악기의 종류와 이름을 알도록 지도한다. 악기는 소리를 내는 방식 또는 연주하는 방법에 따라 건반악기, 현악기, 관악기, 타악기 등으로 구분할 수 있다(〈표 7-3〉 참고).

〈표 7-3〉 악기의 분류

분류		악기
건반악기		피아노, 오르간, 하프시코드, 아코디언 등
현악기		바이올린, 비올라, 첼로, 콘트라베이스, 하프 등
관악기	목관악기	피콜로, 플루트, 오보에, 클라리넷, 바순, 잉글리시혼, 색소폰
	금관악기	트럼펫, 트롬본, 프렌치혼, 튜바 등
타악기	무율타악기	리듬스틱, 탬버린, 트라이앵글, 캐스터네츠, 큰북, 작은북, 봉고, 핸드드럼, 귀로, 마라카스 등
	유율타악기	실로폰, 메탈로폰, 마림바, 글로켄슈필 등

제8장

노래 부르기

노래 부르기는 언어에서 느끼는 감정을 사람의 목소리에 담아 표현하는 행위이며, 옛부터 인간의 삶과 밀접한 관계를 맺고 발전해 왔다. 특히 학교 음악 교과 역사에서 가장 먼저 시작된 활동이 노래 부르기였는데, 현재도 노래 부르기는 음악 수업의 상당 부분을 차지하고 있다. 노래 부르기는 아름다움을 경험하는 활동이며, 음악의 개념과 지식을 이해할 수 있는 지도 방법이기도 하다. 그리고 음악과 문학이 함께하는 예술적 활동이기도 하다. 학교 음악교육에서는 노래 부르기를 통해 음악성과 창의성을 기를 수 있으며, 함께 부르고 감상함으로써 협동심이나 사회성을 기를 수 있는 사회적 가치를 가진 활동이기도 하다. 이 장에서는 노래 부르기의 의미와 종류, 지도 방법에 대해 살펴본다.

1. 노래 부르기의 이해

1) 노래 부르기의 의미

노래 부르기는 언어에서 느끼는 감정을 사람의 목소리에 담아 표현하는 행위이며, 옛부터 인간의 삶과 밀접한 관계를 맺고 발전해 왔다. 학교 음악교육에서 노래 부르기는 다음과 같은 의미를 갖는다.

첫째, 모든 사람이 참여할 수 있는 활동이다. 노래 부르기는 사람의 신체 중 성대를 활용하는 활동이다. 따라서 악기 없이도 성대로 음악을 표현하기 때문에 모든 사람에게 기회가 주어지는 활동이라고 할 수 있다.

둘째, 다른 학문 영역과 연계하는 활동이다. 노래 부르기는 언어로 표현하기 때문에 문학과 음악이 융합되어 나타나는 활동이다. 노래 부르기를 통해 문학적 표현 능력을 발달시킬 수 있으며, 문학적 정서를 계발할 수 있다.

셋째, 음악성을 높일 수 있는 활동이다. 노래 부르기는 크게, 작게, 빠르게, 느리게, 높게, 낮게 등 소리의 다양한 표현이 가능하다. 이렇게 다양한 형태로 노래 부르기를 시도하면 음악성을 계발하는 데 좋은 방법이 될 수 있다.

넷째, 음악적 개념과 지식을 잘 이해할 수 있는 활동이다. 노래 부르기 과정에서 계이름, 음이름, 음계 등을 부르며 활동할 수 있으며, 이 과정에서 음악적 개념을 이해할 수 있다. 그리고 세계 여러 지역과 시대의 노래 부르기를 통해 다양한 문화를 이해할 수 있다.

다섯째, 협동심과 사회성을 기를 수 있는 활동이다. 함께 노래 부르면서 다른 사람과의 관계를 이해하고, 협동심이나 사회성에 대한 생각을 키울 수 있다.

2) 노래의 유형

노래의 유형은 관점에 따라 다양하게 분류된다. 형태에 따라 독창, 제창, 중창, 합창으로 구분할 수도 있고, 성격에 따라 종교적인 노래와 세속적인 노래로 구분하기도 한다. 만들어지는 방식으로 구분하면 구전으로 전해지는 민요와 작곡가의 작품으로 나눌 수 있다. 또한 오페라의 아리아가 있는가 하면 예술가곡도 있다. 이와 같이 지역, 시대, 장르 등에 따라 수많은 종류의 노래가 있다.

학교 가창 수업은 다양한 형태의 노래 부르기를 포함한다. 독창은 혼자 부르는 것이고, 제창은 여러 사람이 같은 가락을 부르는 것이다. 그리고 중창은 2명 이상이 서로 다른 성부를 노래하는 것을 의미한다. 즉, 중창은 여러 성부가 모여 하나의 노래를 부르는 것으로 한 성부에 1~2명이 부르며, 전체는 2명에서 10명 정도로 구성된다. 합창 역시 여러 성부가 모여 하나의 노래를 부르는 것인데, 중창과 다른 것은 한 성부가 4~5명 이상으로 구성되며, 전체적으로 대략 20명 이상으로 구성된다. 합창은 성부 수에 따라 2부 합창, 3부 합창, 4부 합창 등으로 나뉘며, 구성원에 따라 여성 합창, 남성 합창, 혼성 합창 등으로 나뉜다.

3) 노래 부르기 학습의 목적

노래 부르기의 목적은 다양하다. 단순히 노래를 잘 부를 수 있도록 하는 것, 세계의 노래를 이해하는 것, 그리고 아름다움을 경험하는 것 등이다. 노래 부르기 학습은 다음과 같은 목적을 가진다.

첫째, 노래 부르기 학습은 음악의 아름다움을 경험할 수 있도록 한다. 노래를 부르는 순간에는 아름다움을 경험하고 있다는 느낌을 가질 수 있게 해야 한다. 음악을 이해시킨다거나 지식을 가지게 하는 목적 중심의 활동이라 할지라도 노래 부르는 순간은 아름다움을 느낄 수 있도록 해야 한다.

둘째, 노래 부르기 학습은 음악의 개념과 지식을 이해할 수 있는 활동이어야 한다. 노래 부르기 학습은 단순히 노래를 부르는 행위로 끝나지 않고 유의미한 학습이 일어나야 하는데, 그 학습의 일부는 음악적 개념이나 지식을 갖게 하는 것이다. 즉, 노래 부르기를 통해 음악의 원리나 배경지식을 이해할 수 있는 활동이 필요하다는 것이다. 노래의 가사가 의미하는 것, 음악적 형식이나 박자, 그리고 그 노래의 작곡 배경 등과 같은 지식을 이해할 수 있게 하는 것을 학습의 목적으로 두어야 한다.

셋째, 노래 부르기 학습은 음악성과 창의성을 계발할 수 있어야 한다. 즉, 노래를 더 잘 부르고, 새로운 음악을 만들 수 있는 능력을 키울 수 있어야 한다. 노래 부르기 학습에서는 발성 방법, 가사를 표현하는 방법, 새로운 가락을 만드는 방법 등을 배울 수 있어야 한다.

넷째, 노래 부르기 학습은 세계의 음악 문화를 이해하는 활동이어야 한다. 노래 부르기 학습에서는 세계의 다양한 노래를 부른다. 세계의 노래는 노래를 만들어 낸 지역의 문화를 담고 있으므로 노래를 부르면서 그러한 다양한 문화를 이해할 수 있도록 해야 한다.

다섯째, 노래 부르기 학습은 인성을 계발할 수 있는 활동이어야 한다. 노래 부르는 활동은 감성을 나누는 활동이며, 여럿이 함께 부름으로써 사람들끼리의 조화를 만들어 내는 과정이다. 노래는 인간관계를 형성하는 수단이 될 수 있으므로 노래 부르기 학습을 통해 인성을 계발할 수 있다.

2. 노래 수업의 단계

1) 동기화 및 목표 이해

수업의 시작은 학생들이 학습에 의미 있게 참여할 수 있도록 하는 동기화 단계이다. 동기화 단계는 음악 이외의 교과인 경우 이야기나 사진 등을 활용하는 경우가 많지만 음악 수업, 특히 노래 부르기 수업에서는 이전에 배웠던 노래를 부르는 것으로 동기화를 시도하는 경우가 많다. 재미있는 이야기를 활용하기도 하지만, 교사의 반주에 맞추어 이전에 배웠던 노래를 함께 부르는 것은 수업에 재미있게 참여하는데 많은 도움을 준다.

목표는 인지적 목표와 심동적 목표를 조합하여 완성하고, 그것을 학생들이 자연스럽게 이해할 수 있도록 한다. 목표를 설정할 때는 교육과정에 근거하되, 학생들의 흥미와 수준을 고려해야 한다.

2) 가사 이해

노래 부르기는 말이나 시를 표현하는 과정이기 때문에 노래의 가사를 이해하는 과정이 필요하다. 가사의 의미와 느낌을 충분히 이해할 때 노래를 더 풍부하게 부를 수 있기 때문이다. 가사는 대부분 운문시이지만 산문시도 있다. 가사를 이해하는 방법은 학생들 각자가 가사를 읽고 의미를 스스로 파악하거나, 함께 소리 내어 읽고 그 의미에 대해 발표해 보거나, 교사가 가사를 읽고 해석해 주는 등 다양한 방법을 사용할 수 있다. 가사를 이해하는 활동은 교사가 학생에게 단순한 질문에서 복잡한 질문으로 확장하는 방법을 사용한다. 예를 들면, "가사에서 가장 인상적인(재미있는) 단어는 무엇인가?" "가사에서 잘 이해되지 않는 단어는 무엇인가?" "가사의 전체적인 느낌은 어떤가?", 혹은 학생 개인의 경험과 관련지어 가사의 해석을 유도할 수 있는 질문을 제시한다. "가사가 나타내고 있는 경치를 본 적이 있는 사람?" "가사에 있는 것처럼 고기를 잡아 본 사람?" 등 여러 가지 질문을 하고, 학생들과 대화를 하면서 가사를 이해할 수 있도록 한다.

〈표 8-1〉은 발문을 통해 가사를 이해하는 예시이다.

〈표 8-1〉 가사 이해를 위한 발문의 예

〈반달〉의 가사를 이해하기 위한 발문

제목: 반달

푸른 하늘 은하수 하얀 쪽배에 계수나무 한 나무 토끼 한 마리
돛대도 아니 달고 삿대도 없이 가기도 잘도 간다 서쪽 나라로

1. 학생들에게 가사를 읽게 한다.
2. 교사는 다음과 같은 발문을 하며 학생들과 대화한다.
   ① 쪽배, 삿대가 무엇입니까? (쪽배는 나무의 속을 파서 만든 배, 삿대는 배를 미는 긴 장대입니다.)
   ② 쪽배에 무엇이 실려 있습니까? (계수나무와 토끼 한 마리가 실려 있습니다.)
   ③ 시의 내용은 하루 중 언제일까요? (밤입니다.)
   ④ 은하수를 본 적이 있습니까? (은하수는 은빛강물이라고 번역하는데 지구로부터 아주 멀리 떨어진 지역에 있는 별입니다.)
   ⑤ 밤인데 왜 하늘이 푸를까요? (밤이지만 은하수로 밝혀진 밤이기 때문에 낮처럼 푸른 하늘이라고 한 것 같습니다.)
   ⑥ 쪽배는 왜 서쪽으로 갈까요? (달은 동쪽에서 떠서 서쪽으로 지기 때문입니다.)
   ⑦ 쪽배가 상징하는 것은 무엇일까요? (반달입니다.)
   ⑧ 이 가사에서 어떤 느낌을 받을 수 있습니까? (여러 가지 색이 떠오르고 평온합니다. 보석 같은 하늘이 보이고 나무나 밤에 나타나는 동물들도 많이 떠오릅니다.)

* 위의 발문 중 선택해서 사용할 수 있으며, 발문 후에 학생들에게 자신들의 머릿속에 떠오르는 것을 그림으로 표현해 보게 할 수 있다.

3) 악곡 익히기

악곡을 익히는 단계는 리듬과 가락을 익히고, 가사로 노래를 부를 수 있도록 하는 과정이다. 악곡을 익힐 때 리듬부터 익히는 것은 리듬이 가장 기본적인 음악적 요소이기 때문이다. 가락은 리듬과 음의 고저를 동시에 담고 있기 때문에 리듬을 먼저 익히고 가락을 익히는 것이 효과적이다. 리듬을 익히는 것도 반복되는 리듬 패턴을 익히고, 전체 리듬을 익히는 방법을 사용한다. 리듬을 익히는 방법은 듣고 치기나

악보 보고 치기 등을 활용한다.

리듬을 익힌 후에 가락을 익히는 단계는 가락의 계이름을 읽는 것으로 시작한다. 가락 익히기는 듣고 부르기나 보고 부르기 방법을 사용한다. 듣고 부르기는 계이름 듣고 부르기, 허밍 듣고 부르기, 가사 듣고 부르기 등 다양하다. 보고 부르기는 계이름 보고 부르기, 가사 보고 부르기 등이다. 초보일 경우 계이름을 천천히 읽게 한 후 곡조를 부르게 할 수 있다.

4) 악곡의 개념과 관련 지식 이해하기

악곡을 익힌 후에는 악곡의 박자, 가락, 화성, 형식, 셈여림, 빠르기, 음색 등에 대한 내용을 이해한다. 악곡을 익혔기 때문에 개념을 이해하는 것은 쉬울 수 있다. 악곡의 개념을 먼저 설명하고 리듬과 가락을 익히는 순서로 지도하는 교사들이 있지만, 악곡의 개념은 음악을 경험한 후에 설명하는 것이 더 쉽게 이해할 수 있다.

관련 지식은 악곡의 개념 외에 악곡의 역사나 사회문화적 지식을 의미하는데, 악곡의 배경에 대한 이해는 악곡에 더 많은 관심을 가지게 한다.

5) 악곡을 창의적으로 표현하기

악곡을 익힌 후에는 노래의 악상이나 빠르기 등을 표현하는 단계이다. 가사와 가락에 알맞은 빠르기와 악상을 여러 가지 방식으로 불러 보고, 적절한 방법을 찾아 연습해 본다. 이 과정에서는 가사의 의미를 다시 살펴보고, 학생의 호흡이나 소리의 특성을 고려하여 표현한다. 그리고 이 단계에서는 가사를 바꾸거나 리듬을 바꿔 노래 부를 수 있다. 학생들이 개성을 살려 노래 부를 수 있도록 한다.

6) 정리

정리는 이해한 것과 할 수 있게 된 것을 발표하는 과정이다. 음악적 개념과 관련 지식에 대해 질문하고 그에 대한 답변을 들으며, 익힌 노래를 부르도록 하는 단계이다.

3. 노래 부르기 수업의 기초

1) 호흡과 자세

노래의 기초는 좋은 호흡과 발성이며, 좋은 호흡과 발성은 좋은 자세로부터 시작된다. 좋은 자세는 충분한 숨을 흡입하고 뱉을 수 있도록 해 주고, 발성의 주요 기관인 성대에 무리가 가지 않도록 해 준다. 호흡을 할 때는 가슴보다는 아랫배를 활용하여 횡격막을 움직여야 하는데, 이를 위해서도 바른 자세는 필수적이다. 바른 자세는 우선 바르게 서거나 앉는 것을 의미한다. 허리를 세우고, 가슴을 펴며, 머리를 곧게 세우고, 턱은 약간 아랫쪽으로 당기는 자세가 좋다. 허리와 가슴 그리고 머리를

[그림 8-1] 서 있을 때의 올바른 자세

[그림 8-2] 앉아 있을 때의 올바른 자세

곧게 세우는 것은 숨을 쉬는 폐의 용적을 최대한으로 하여 숨을 많이 활용할 수 있도록 하며, 숨의 강약을 조절하여 노래하기 쉬운 기초를 만들어 준다. 노래의 기본 자세는 [그림 8-1], [그림 8-2]와 같다.

2) 발성

자세가 갖추어지면 좋은 소리를 낼 수 있도록 발성 연습을 한다. 발성 연습에서는 아주 큰 소리, 아주 영롱한 소리보다는 학생들이 자연스럽게 숨을 쉬고 그 숨에 담아내는 소리가 좋다. 발성 연습의 첫 단계는 워밍업이다. 워밍업은 몸 전체를 단계적으로 움직인다. 허리, 어깨 그리고 목 등을 움직이며 부드럽게 해 주는 것이 좋다. 허리는 바른 자세로 서 있는 상태에서 허리에 손을 대고 돌려 준다. 어깨는 팔과 함께 앞으로 뒤로 돌려 주고 목도 풀어 준다.

몸을 풀고 난 후에는 소리 내는 연습을 한다. 소리 내는 연습의 첫 단계는 음정이 없는 소리를 내는 단계이다. 편안하게 숨을 들이쉬고 내쉬면서 성대의 울림을 느끼면서 소리를 낸다. 목과 어깨에 힘을 주지 않고 아주 편안한 상태에서 소리를 내거나, 목을 돌리면서 또는 팔을 흔들면서 편안한 상태에서 나오는 소리를 경험하게 한다.

다음은 음정이 있는 발성 연습이다. 발성 연습은 적절한 음을 정해 가장 쉽게 소리 낼 수 있는 음높이에서 시작하고, 지나치게 어렵지 않은 음고를 유지하면서 연습한다.

4. 노래 부르기 지도 방법

1) 듣고 부르기

노래 부르기에서 가장 기초적인 지도 방법은 듣고 부르기와 보고 부르기 방법이다. 듣고 부르기는 교사의 노래나 음원 자료를 듣고 학생들이 따라서 부르는 것이고, 보고 부르기는 학생이 악보나 가사집을 보고 부르는 것이다. 노래를 지도할 때 대체로 듣고 부르기를 활용하지만 음악을 정교하게 이해하며 부르고 스스로 학습하는 과정에서는 보고 부르기를 활용한다.

최근 음악교육에서는 음악 자체로 가르치는 것, 즉 음악 듣고 부르기가 주목을 받고 있다. 듣고 부르기는 교사가 음악을 들려 주기 → 학생이 음악을 기억하기 → 학생이 음악을 표현하기의 순서로 진행되는데, 이 과정에서 학생은 음악을 듣고 암기하며, 표현하는 순환 과정을 경험하고, 또한 다양한 미적 경험을 할 수 있다.

듣고 부르기 방법을 사용하기 위해서는 녹음 자료를 활용하기보다는 교사가 노래를 부르는 것이 좋다. 음악 시간에는 미적 경험이 중요한 목적이기 때문에 교사가 감동적인 노래를 부를 수 있다면 수업의 목적을 달성하기가 용이해진다. 듣고 부르기를 지도할 때는 교사가 악곡의 전체를 한 번에 불러 따라 하게 하는 방법, 악곡의 부분을 불러 따라 하게 하는 방법 등을 활용한다. 이때 교사는 학생들의 음악적 표현력이나 기억력 등을 고려하여 지도 방법을 결정한다. 듣고 부르기 수업은 반주 악기 정도만 있으면 언제 어디서나 쉽게 시도할 수 있으며, 교사와 학생이 직접적인 소통을 하면서 이루어지는 교수법이라고 할 수 있다.

2) 보고 부르기

보고 부르기는 학생이 악보를 보고 노래를 부르게 하는 지도 방법이다. 보고 부르기 지도 과정에서는 음악을 기록한 악보를 활용한다. 악보를 활용할 수 있는 능력을 기르기 위해서는 음악 기호를 이해하고 그 기호에 즉각적으로 반응할 수 있도록 연습해야 한다. 악보 읽기를 습득하는 것은 인류가 남긴 음악의 유산을 이해할 수 있는 능력을 갖는 것이며, 하나의 언어를 습득하는 것만큼이나 의미 있는 일이다. 따라서 악보 보고 부르기 능력을 기르는 것은 음악을 이해하고 스스로 공부할 수 있게 한다는 점에서 교육적 의미가 크다고 할 수 있다.

악보 중 가장 널리 사용되고 있는 오선보는 1,000년 이상 인류의 소리를 보존하고 전달하는 데 활용되어 왔다. 현재 사용되는 오선 악보는 리듬, 가락, 화성, 셈여림, 빠르기, 음색 등 음악의 주요 요소를 대부분 나타내 주기 때문에 음악을 저장하고 전달하는 데 유용한 매체임에는 틀림없다.

3) 화음 지도하기

합창은 여러 성부의 가락을 여럿이 함께 부르는 것을 의미한다. 합창은 돌림노래(캐논), 지속음(pedal tone)과 함께하는 노래, 화성음악, 다성음악 등으로 구분할 수 있다. 합창을 지도할 때는 각각의 특성을 잘 이해하고, 특성에 맞게 지도하는 것이 좋다.

(1) 돌림노래

돌림노래는 캐논이라고도 하는데 하나의 가락을 여러 성부가 시차를 두고 부르는 것으로 가장 단순한 형태의 합창이라고 할 수 있다. 유럽의 민요에서 많이 나타나며, 우리나라 초등학교 교과서에도 〈안녕〉, 〈시계〉 등 여러 가지 돌림노래가 실려 있다.

돌림노래는 같은 가락을 다른 성부들이 시차를 두고 부르기 때문에 전체가 가락을 함께 배운다. 처음에는 성부를 구분하지 않고 전체가 함께 노래 부르고, 익힌 후에는 시차를 달리하여 노래 부르게 한다. 노래 부르는 순서를 바꾸어 가면서 먼저 혹은 후에 부르는 것 등을 경험히게 하는 것이 좋다.

돌림노래를 지도할 때 유의할 점은 좋은 화음을 경험하도록 하는 것이다. 학생들이 좋은 화음을 경험할 수 있도록 하기 위해서는 같은 성부의 소리뿐만 아니라 다른 성부의 소리도 들으면서 노래 부를 수 있어야 한다. 다른 성부가 어떤 소리를 내는지 들으면서 소리 낼 때 좋은 화성을 경험할 수 있다는 점을 생각할 수 있도록 한다.

돌림노래는 시작과 마찬가지로 끝나는 것도 시차를 두고 끝낼 수 있지만 함께 끝나게 하는 것도 좋은 방법이다. 첫 성부가 끝나는 시점 혹은 마지막 성부가 끝나는 시점에서 함께 끝나도록 하면 끝나는 음의 화음을 더 정교하게 경험할 수 있다.

(2) 지속음과 함께하는 노래

지속음과 함께하는 노래란 한 성부는 하나의 음을 지속적으로 끌고, 다른 성부는 가락을 노래하는 형태를 의미한다.

지도 방법은 한 성부는 한 음을 끌게 하고, 다른 성부는 노래 가락을 부르게 한다. 이때 지속음으로 인해 여러 가지 형태의 음정이 나타나는데, 전체적으로 다양한 소리의 어울림을 경험하게 한다. 이 방법은 화음 소리 내는 능력을 키우고, 가락의 음정을 더 정교하게 하는 데 도움을 준다. [악보 8-1]은 지속음과 함께하는 노래의 예이다.

악보 8-1 지속음과 함께 하는 노래의 예

구슬비

안병원 작곡

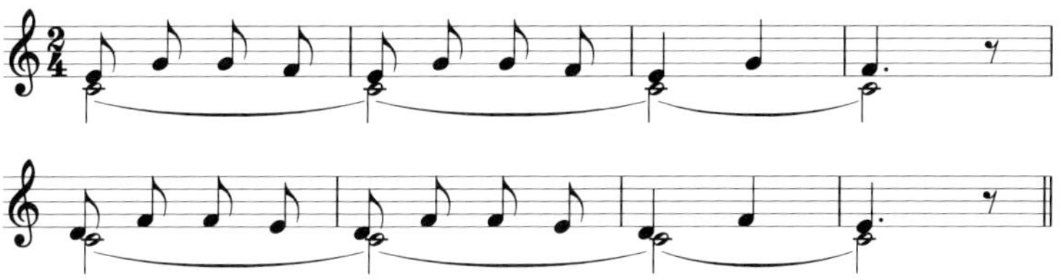

(3) 화성음악

화성음악이란 하나의 성부가 주제 가락을 맡고, 다른 성부들은 주제 가락을 화음으로 받쳐 주는 역할을 하는 음악을 의미한다. 화성음악을 지도할 때 유의할 점은 음성의 조화가 잘 나타날 수 있도록 하는 것이다. 조화는 주제 가락을 중심으로 나타날 수 있도록 하는데, 주제 가락이 있는 성부에 유의하면서 노래 부르거나 악기를 연주한다. [악보 8-2]는 화성음악의 예이다.

악보 8-2 화성음악의 예

스와니 강

포스터 작곡

(4) 다성음악 지도

다성음악이란 여러 성부가 각각 독립적인 가락을 노래 부르면서 전체가 하나가 될 수 있도록 구성한 음악이다. 다성음악을 지도할 때 유의할 점은 주제 가락을 연주하는 성부들이 잘 드러날 수 있도록 하는 동시에 다른 성부의 역할들이 드러날 수 있도록 하는 것이다. 주제가 여러 곳에서 나타나 자칫 전체가 혼란스럽게 표현될 수 있으므로 각각과 전체의 가락이 명료하게 잘 드러날 수 있도록 해야 한다. 이를 위해서는 음정을 정확히 하고, 일정한 빠르기를 연주할 수 있도록 해야 한다. [악보 8-3]은 다성음악의 예이다.

악보 8-3 다성음악의 예

비치니아 헝가리카(Bicinia Hungarica)

코다이

5. 노래 부르기 수업 지도안

노래 부르기 수업에서는 리듬과 가락을 익히는 부분과 가사로 표현하도록 하는 부분, 그리고 음악의 개념을 이해하고 그것들을 살려 노래 부를 수 있도록 하는 과정 등이 중요하다. 다음 〈표 8-2〉는 초등학교 교과서에서 제시된 〈산새가 아침을〉의 수업 지도안의 예이다.

〈표 8-2〉 가창 수업 단계

<table>
<tr><th></th><th colspan="2">교수 · 학습 단계</th><th>교수 · 학습 방법</th><th>비고</th></tr>
<tr><td rowspan="2">도입</td><td colspan="2">동기 유발</td><td>• 〈우주 자전거〉(송택동) 노래 부르기(교사가 반주하고 학생들이 제창으로 부른다)
• 배운 활동과 개념 확인하기(도돌이표, 바장조 등에 대한 이야기하기)
• 〈산새가 아침을〉을 교사가 반주하며 부르기</td><td rowspan="2">학생들이 수업 목표를 설정할 수 있다.</td></tr>
<tr><td colspan="2">수업 목표 제시하기</td><td>• 못갖춘마디와 형식을 이해하고 박자와 음정에 잘 맞춰 노래 부를 수 있다.</td></tr>
<tr><td rowspan="2">전개</td><td rowspan="2">기초 기능 습득</td><td>가사의 의미 파악하기</td><td>• 가사의 뜻과 느낌 이야기하기
–언제, 어디서, 무엇이, 어떻게 하고 있는지를 이야기한다.
–어떤 느낌을 가진 노래인지 이야기한다.</td><td rowspan="2">음악을 익힌 후에 음악적 개념을 용어로 설명한다.</td></tr>
<tr><td>발성 연습하기</td><td>• 발성 연습하기
–몸을 풀기 위해 가볍게 몸을 움직인다.
–자세를 바로 하고, 입을 크게 혹은 작게 움직이며 입을 푼다.
–간단한 발성 연습을 한다.</td></tr>
</table>

	리듬 익히기	• 못갖춘마디 리듬 익히기 –기본 박을 치면서 제재곡의 박을 친다.  –처음에 나오는 여린박과 마지막 마디를 합해 한 마디를 이룬다는 것을 이해한다. –일정박을 치면서 전체 리듬을 친다(6/8박자의 강세를 지키면서 리듬을 읽게 한다).
	가락 익히기	• 계이름으로 가락 익히기(듣고 익히기, 보고 익히기) –계이름으로 따라 부른다. • 음계를 찾고, 음계 연습하기 –제재곡에서 구성음을 찾고, 그것을 활용하여 가락과 악보 읽기 연습을 한다(낱으는 음표를 활용하여 음계를 활용하여 계이름 연습을 한다). • 허밍으로 가락 익히기 –반주에 맞추어 허밍으로 가락을 익힌다.
표현 방법 탐색	가사로 노래 부르기	• 교사의 범창 따라 부르기 –가사로 노래 부른다. –가사의 의미를 생각하며 노래 부른다.
	제재곡의 특징이나 음악 개념 이해하기	• 제재곡의 중요한 개념 설명하기(리듬, 가락 익히기, 노래 부르기 등을 통해 익힌 내용과 연관되도록 지도한다.) –6/8박자 기본박의 음표를 설명한다. –악곡에서 강세가 있는 부분을 표시한다. –못갖춘마디 시작 부분의 강세를 어떻게 내는가? –마지막 마디와 시작하는 음은 어떤 관련이 있는가? –D.C. al Fine의 의미를 설명한다. • 제재곡에 제시된 개념 살려 노래 부르기 –6/8박자와 못갖춘마디, 도돌이표 등 악보에 제시된 내용을 살려 노래 부른다.

	창의적 표현	악상 표현하기	• 기호 살려 노래 부르기 –강세 기호나 약박 등을 살려 노래 부르고, 두 번 부르는 부분에서 강세를 조절하며 부른다.	
		만들어 표현하기	• 가사 바꿔 부르기 –짹짹, 깍깍 등의 가사를 바꾸어 부른다. • 신체표현하기 –6/8박자에 어울리는 간단한 몸 움직임과 함께 노래 부른다.	
		여러 가지 방법으로 표현하기	• 여러 가지 악기와 함께 노래 부르기 –리듬 악기로 일정박을 치며 노래 부른다. • 여러 가지 방법으로 노래 부르기 –전체 함께 부르기, 모둠별로 노래 부르기, 남녀별로 노래 부르기, 합창하기 등을 번갈아 가며 한다. • 노래 듣고 표현하기 –녹음 자료를 듣고 느낌이나 특징을 이야기한다.	
	평하기	노래 듣고 평하기	• 친구들의 노래 평하기/자신의 노래 스스로 평하기 –학생들이 노래를 발표한다. –친구의 노래에 대해 느낌을 이야기한다.	
정리	배운 개념 정리하기		• 배운 개념에 대한 질문과 대답하기 –오늘 배운 내용을 발표한다.	
	노래 부르기		• 제창, 합창, 독창하기 –배운 내용을 잘 살려 전체를 노래한다.	
	차시 예고		• 다음 시간의 수업 내용이나 주요 활동, 준비 등을 예고하기	

제9장

악기 연주하기

악기(樂器)란 음악을 연주하기 위해 사용되는 '소리 내는 도구'이다. 인간이 자기 표현의 수단으로 언제부터 악기를 사용하였는지 정확하지는 않지만, 고대 벽화나 유물 등에서 알 수 있듯이 악기는 아주 오래전부터 음악을 연주하는 데 사용되었다. 악기의 발전사를 살펴보면 악기는 그 시대의 문명과 문화와도 밀접한 관계가 있음을 알 수 있다. 악기를 매체로 하는 음악 활동은 연주 기능을 향상시켜 초등학생의 음악적 능력의 균형 있는 발달과 음악적 표현의 영역을 넓히는 데 중요한 역할을 한다. 이 장에서는 악기 연주의 이해, 리듬과 가락악기 연주 지도의 기초, 연주 형태에 따른 악기 지도, 반주하기, 기악 지도의 일반적인 수업 단계 등을 살펴본다.

1. 악기 연주하기의 이해

1) 악기 연주하기의 의미

악기 연주하기는 노래 부르기, 감상하기, 음악 만들기와는 또 다른 음악 경험을 제공한다. 악기 연주하기의 의미 및 중요성은 다음과 같다.

첫째, 악기를 매체로 하는 음악 활동은 사람의 목소리로 표현하기에는 불가능한 큰 음량, 넓은 음역, 다양한 음색의 조화와 어려운 기교의 표현 등을 가능하게 한다.

둘째, 악기 연주는 다양한 소리와 음색에 대한 청감각을 계발하여 음악적 소리의 아름다움을 발견하고, 기악적인 표현을 통해서 리듬, 가락, 화성, 음색, 셈여림, 빠르기 등의 음악적 개념을 습득하게 한다.

셋째, 악기 연주는 독주뿐만 아니라 다양한 중주와 합주 활동을 통해 소리의 어울림을 경험하고, 다른 사람과의 상호관계 속에서 협동심을 배우며, 연주력의 향상을 통해 자신감을 높이고, 다른 사람들과 음악적으로 소통할 수 있는 능력을 향상시킨다.

넷째, 즉흥연주는 개인의 감정과 사고를 자유롭게 표현하는 음악 행위이다. 음악적으로 느끼고, 음악적으로 생각하며, 음악적으로 표현하는 기악 활동은 개인의 창의성을 향상시키는 중요한 통로가 된다.

다섯째, 음악 능력이나 음악성은 다양한 통로로 계발될 수 있다. 가창 활동에 흥미를 가지지 못하는 학생들이나 변성기의 남학생들은 가창 활동보다는 기악 활동을 선호할 수 있다. 기악 활동은 이러한 학생들을 지속적으로 음악 학습에 참여하게 하여 학생들의 음악성을 계발하는 데 중요한 역할을 할 수 있다.

2) 악기 연주하기 학습의 목적

최초의 음악적 경험은 노래 부르기로 시작하지만, 악기를 매체로 하는 연주 활동은 현대 음악 수업에서 중요한 비중을 차지한다. 일반적으로 악기 연주하기 학습에서는 악기의 특징을 이해하고, 악기의 기본 주법을 익히며, 반복 연습을 통해 기초 기능을 습득하고, 다양한 형태의 악곡을 연주하는 활동들이 이루어진다.

악기 연주하기 학습의 목적은 학생들이 여러 가지 악기를 접하고 다양한 악곡의 연주를 통해 음악을 즐기고 표현할 수 있는 능력을 기르는 데 있다. 초등학교의 기악 수업은 평생 동안 음악을 향유할 수 있는 개인의 음악적 능력과 음악적 심성의 계발, 창의성 계발에 중요한 토대를 제공하여 주고, 다양한 연주 활동을 통해 다른 사람들과 음악적으로 소통할 수 있는 능력을 향상시킨다.

2. 악기 연주 지도의 기초

악기를 분류하는 방법은 여러 가지가 있는데, 소리를 내는 원리에 따라서는 체명악기(몸울림 악기; 심벌즈, 우드블럭, 트라이앵글 등), 막명악기(막울림 악기; 북, 팀파니, 탬버린 등), 현명악기(줄울림 악기; 바이올린, 첼로, 하프, 피아노 등), 기명악기(공기울림 악기; 플루트, 오보에, 클라리넷, 리코더 등), 전명악기(전자울림 악기; 전자피아노 등)로 분류된다. 이 분류법은 1914년 독일의 음악학자인 호른보스텔(E. M. von Hornbostel)과 작스(C. Sachs)가 발표한 것에 전명악기를 추가한 것이다.

그러나 이러한 분류법은 과학적이기는 하나 현명악기에 속하는 피아노는 많은 경우에 오르간과 함께 건반악기로 분류된다. 악기는 연주하는 방법에 따라서는 줄을 통해 소리 내는 현악기, 입으로 불어서 소리 내는 관악기(악기의 재질에 따라 금관/목관악기), 두드려서 소리 내는 타악기, 건반을 눌러서 소리 내는 건반악기, 전기회로를 통해 소리 내는 전자악기 등으로 분류한다. 또한 음악적인 측면에서 리듬악기와 가락악기로 분류하기도 한다.

초등학교 음악 수업에서 사용하는 악기는 단순하고 연주하기 쉬우며 좋은 소리를 내는 악기여야 한다. 초등학교에서 악기 연주 지도는 크게 리듬악기와 가락악기 지도로 나뉜다. 초등학생의 발달 단계와 신체적 조건을 고려하여, 저학년에서는 리듬악기 활동부터 시작하여 차츰 운지 기술과 악기조절 능력을 필요로 하는 가락악기 활동 순으로 지도하는 것이 바람직하다.

1) 리듬악기 연주하기

리듬악기란 리듬을 연주하기 위한 모든 악기를 의미한다. 리듬악기는 고정된 음높이(음고, pitch)가 없으며, 저학년에서는 주로 리듬감이나 박자감을 익히기 위해 사용되고 차츰 즉흥연주나 합주와 같은 활동 속에서 다양하게 사용된다. 인간의 신체도 하나의 악기가 될 수 있다. 리듬악기 지도를 위해서는 자신의 신체를 사용하는 신체악기부터 가르치는 것이 효과적이다.

(1) 리듬악기

① 신체악기

신체의 한 부분을 두드리거나 다양한 방법으로 소리 내는 신체악기는 발구르기, 무릎치기, 손뼉치기, 손가락 튕기기 등과 같은 동작을 포함한다. 발구르기나 손뼉치기와 같은 활동은 악곡의 기본박을 감지하기 위한 좋은 방법이다. 신체악기는 한 가지씩 사용할 수도 있고 동시에 사용할 수도 있다.

② 리듬악기

교실에서 사용하는 리듬악기는 재질에 따라서는 나무 타악기, 금속 타악기, 가죽 타악기로 구분하고 연주 방법에 따라서는 두드려서 소리 나는 악기, 흔들어서 소리나는 악기, 문질러서 소리나는 악기로 구분한다. 리듬악기는 가락악기처럼 고정된 음높이를 가지고 있지는 않지만, 우드아고고나 아고고벨과 같이 일정한 간격의 높낮이를 가지는 리듬악기도 있다. [그림 9-1]은 리듬악기의 분류를 나타낸 것이다.

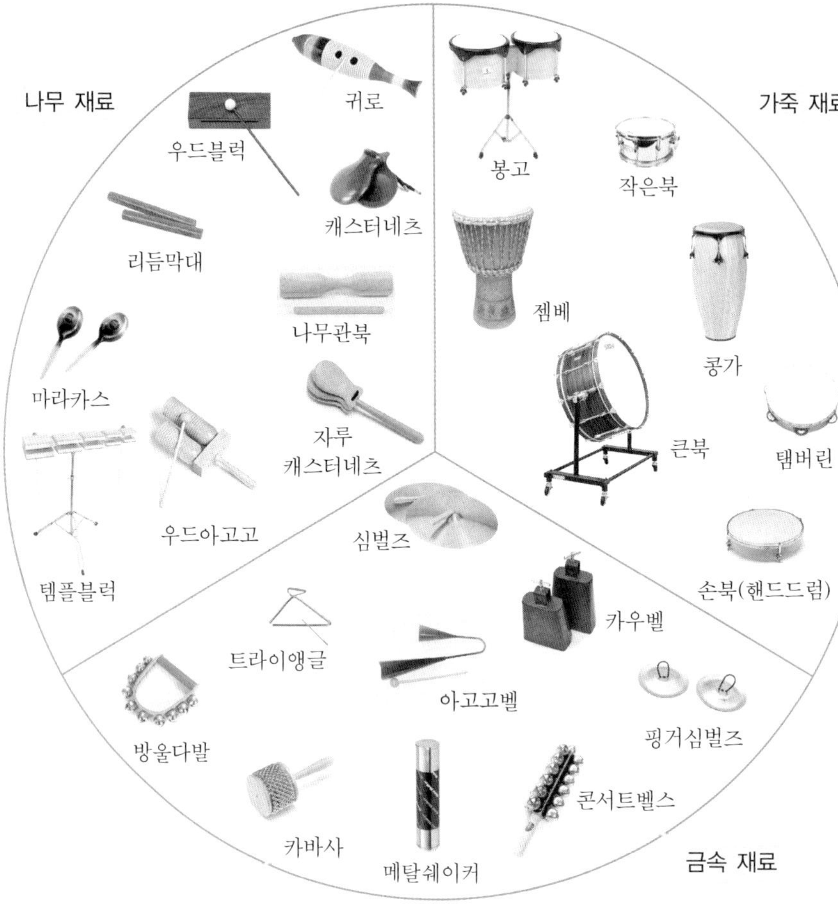

[그림 9-1] 리듬악기의 분류

(2) 리듬악기 지도

초등학교에서는 먼저 음악을 들려주고 신체로 반응하게 하는 활동이 필요하다. 초등학생은 음악을 신체로 표현하는 활동을 통해 리듬감을 익히게 된다. 신체악기와 다양한 리듬악기를 활용하여 리듬(음악)에 반응하는 활동은 리듬(음악)을 감지하고 기억하게 하며, 표현하는 감각을 자연스럽게 발달시키고, 리듬(음악)에 대한 개념을 형성시키는 데에 도움을 준다.

리듬악기 지도에서는 소리를 탐색하는 활동을 통해 소리의 성질과 소리 나는 원리를 체험적으로 가르치는 것이 필요하다. 리듬 학습은 저학년에서는 생활 주변의 물체를 가지고 두드리고 문지르고 긁는 등 여러 가지 방법을 통해 소리를 탐색하게 하여 음색에 대한 개념을 형성시켜 주고, 간단한 악기를 만들어 보게 함으로써 소리가 나는 원리를 자연스럽게 이해시킬 수 있다.

리듬악기 연주에서 중요한 활동은 리듬 반주이다. 리듬 반주는 노래를 부르면서 기본박(일정박)을 치게 하거나 오스티나토 반주를 하게 한다. 또한 악곡에 어울리는 리듬을 즉흥적으로 자유롭게 표현하는 활동을 하게 한다. 기본박은 박자의 흐름에 따라 주기적인 강세를 주어 2박자, 3박자, 4박자, 6박자에서의 강박과 약박의 흐름을 감지하도록 한다. 기본박에 익숙해지면 다양한 리듬악기를 번갈아 선택하여 학생들이 스스로 소리를 탐색하게 하고, 박자의 흐름에 어울리는 리듬을 즉각적으로 자유롭게 만들어서 표현해 보도록 즉흥 반주를 유도한다.

신체악기와 다양한 물체의 소리 탐색 활동을 통한 본격적인 리듬악기 수업에서 중요한 것은 리듬악기를 바른 자세와 바른 주법으로 연주하도록 하는 것이다. 기초적인 리듬악기의 주법은 초등학교 저학년부터 올바르게 가르쳐야 한다.

2) 가락악기 연주하기

가락(선율)악기란 고정된 음높이를 가지고 있어 가락을 연주할 수 있는 모든 악기를 의미한다. 가락악기는 하나의 성부를 연주하는 단선율악기와 화음 및 여러 성부를 동시에 연주할 수 있는 건반악기(화음악기)로 구분된다. 또한 타악기 중에서 분명한 음높이와 가락을 연주할 수 있는 선율타악기도 가락악기이다.

(1) 가락악기

① 단선율악기

단선율악기는 하나의 선율을 연주하는 악기를 말한다. 단선율악기에는 바이올린, 비올라, 첼로 등의 현악기와 리코더, 플루트, 오보에, 클라리넷 등의 목관악기, 호른, 트럼펫 등의 금관악기가 있다.

② 건반악기

건반악기는 화음 및 여러 성부의 선율을 동시에 연주할 수 있다. 건반악기는 피아노, 오르간, 하프시코드(쳄발로) 등과 같이 건반을 눌러서 연주하는 악기를 의미하는데, 초등학교에서 사용하는 멜로디언도 여기에 속한다.

③ 선율타악기

선율타악기는 분명한 음높이를 가지는 유율(有律)타악기이다. 선율타악기는 단선율뿐만 아니라 건반악기처럼 화음 및 여러 성부의 선율을 연주할 수 있다. 선율타악기에는 오르프에 의해 개량된 선율타악기인 오르프 음판악기, 공명관이 있는 비브라폰과 마림바 등이 있다. 팀파니는 5도 음정의 고정 음높이를 가지는 유율타악기이다.

[그림 9-2]는 가락악기의 분류를 나타낸 것이다.

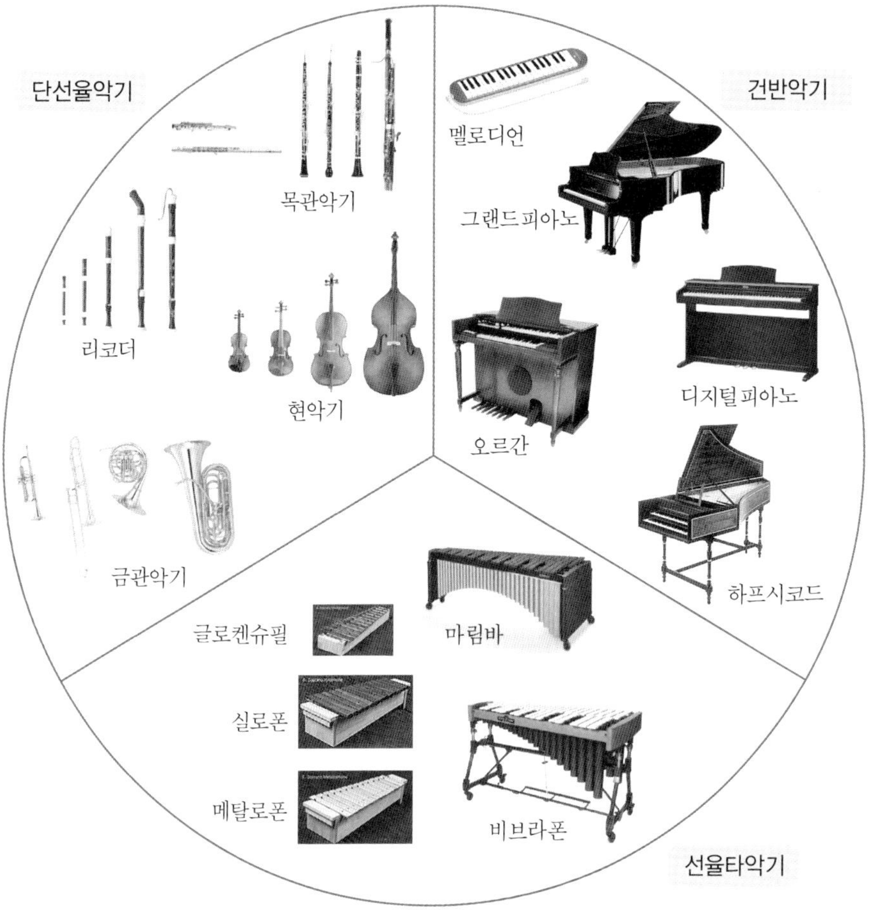

[그림 9-2] 가락악기의 분류

(2) 가락악기 지도

가락악기는 리듬악기 활동을 통해 리듬감이 어느 정도 형성된 이후에 가르치는 것이 바람직하다. 가락악기 지도는 초등학생의 신체 발달과 음악적 발달 단계를 고려하여 현재 리코더와 실로폰부터 시작하여 차츰 단소, 소금을 가르치도록 되어 있다.

가락악기는 오르프 음판악기를 사용하거나 실로폰에 연주할 음을 표시함으로써 초등학교 저학년에서도 단순한 형태로 연주하게 할 수 있다. 리듬악기와 마찬가지로 가락악기도 처음 배울 때부터 바른 자세를 유지하고 바른 호흡과 주법을 사용하도록 가르치는 것이 중요하다.

특히 가락악기 연주는 학년이 올라갈수록 개인차가 크게 나타나기 때문에, 학생들의 연주 능력이 향상될 수 있도록 교사의 세심한 지도가 필요하다. 교사의 시범과 적절한 피드백, 연주 기능과 표현력 향상을 위한 반복 연습과 올바른 연습 방법은 기악 수업에서 필수적이다. 이와 함께 자신의 연주와 다른 사람의 연주를 잘 듣고 그 차이를 구별할 수 있도록 귀 기울이고 집중하는 듣기 활동은 음악적 능력을 향상시키는 중요한 요인이 된다.

3) 그 밖의 악기

리듬악기와 가락악기 외에도 여러 가지 음향 효과를 나타내는 악기들이 있다. 초등학교 음악 시간에 사용할 수 있는 악기로는 레인 스틱, 오션 드럼, 썬더 드럼 등의 악기를 들 수 있다. 이러한 악기들은 흔히 구체적인 장면을 묘사하거나 특별한 음향을 효과적으로 표현하기 위해서 사용된다.

레인 스틱과 오션 드럼은 안에 작은 구슬이 들어 있어 악기를 움직이면 소리가 난다(레인 스틱은 돌가루, 말린 씨앗, 곡식 낟알 등을 넣기도 한다). 레인 스틱은 '좌르르' 하는 빗소리(물소리)를 묘사할 수 있고, 오션 드럼은 '쏴아' 하는 파도 소리를 묘사할 수

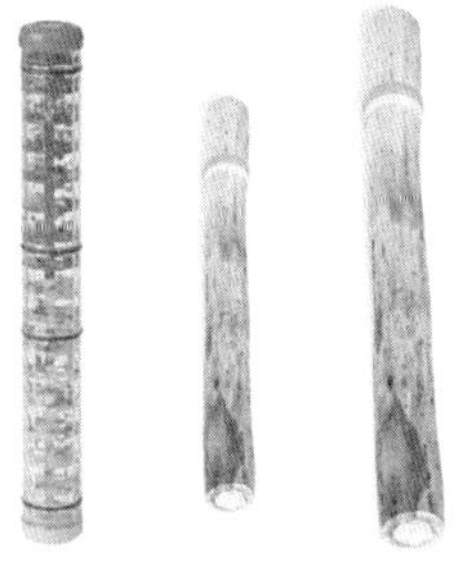

레인 스틱

오션 드럼

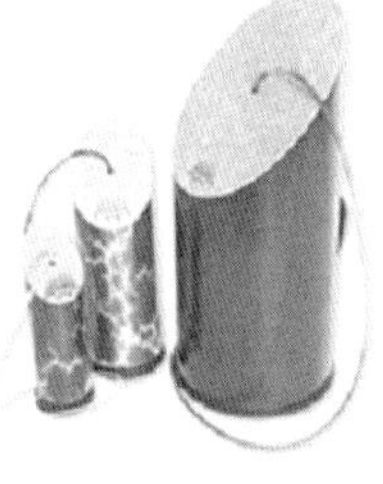

썬더 드럼

[그림 9-3] 그 밖의 악기들

있으며, 썬더 드럼은 스프링을 흔들면 울림통에서 '우르릉' 하는 천둥 소리를 묘사할 수 있다. [그림 9-3]은 이러한 음향 효과를 나타내는 악기들이다.

3. 연주 형태에 따른 악기 연주

학교 음악 수업에서 악기 연주는 독주, 제주, 중주, 합주 활동을 포함한다. 기악 활동은 개인의 악기 연주 능력을 향상시켜 줄 뿐만 아니라 다른 사람과 음악적으로 소통할 수 있는 능력을 길러 주는 수업이 되어야 한다.

1) 독주하기

독주는 기본적으로 어떤 악기이든 혼자서 연주하는 것이다. 일반적으로는 가락 악기 연주를 말하는데, 무반주 독주도 있지만 보통은 피아노 반주와 함께한다.

2) 제주하기

제주는 모든 악기가 하나의 성부, 즉 동일한 가락을 연주하는 것이다. 옥타브 차이를 두고 연주하는 경우도 있다.

3) 중주하기

중주는 두 사람 이상이 각각의 악기로 함께 연주하는 것이다. 연주자 수에 따라서 2중주, 3중주, 4중주 등으로 구분한다. 보통 중주에서는 한 명의 연주자가 하나의 성부를 연주하는데, 조금 큰 규모에서는 하나의 성부를 두세 명의 연주자가 연주하기도 한다. 다음의 [악보 9-1]은 음악 교과서에 실린 리코더 2중주의 예이다.

악보 9-1 리코더 2중주 예

과수원길

박화목 작사/김공선 작곡

4) 합주하기

합주는 중주보다 큰 규모로 연주자는 보통 20명 이상으로 구성되며 여러 가지 악기를 함께 연주한다. 리듬악기로만 연주하면 리듬 합주, 가락악기로만 연주하면 가락 합주라 한다. 서양음악에서는 현악기로만 연주하면 현악 합주, 관악기로만 연주하면 관악 합주라 하는데, 관악 합주는 목관 합주와 금관 합주로 세분된다. 현·관·타악기가 함께 연주하는 관현악 합주(오케스트라)는 기악음악의 연주 형태 중에서 가장 규모가 큰 합주이다.

[악보 9-2]는 음악 교과서에 실린 기악 합주 악보이다. 합주 악보는 위에서부터 가락악기, 리듬악기 순으로 기보하는데 음색이나 음역이 높은 악기에서 낮은 악기 순으로 기보하는 것이 일반적이다. 가락악기는 리코더-멜로디언-실로폰 순으로, 리듬악기는 캐스터네츠-탬버린-트라이앵글-작은북-큰북 등의 순으로 악보에 기보한다.

악보 9-2 합주 악보 예

가을길

김규환 작곡/김성용 편곡

4. 반주하기

반주는 독주를 위한 피아노 반주를 먼저 떠올리지만, 학생들은 리듬악기나 가락악기를 활용한 반주 활동을 할 수 있다. 리듬 반주, 가락 반주, 화음 반주의 예를 살펴보기로 한다.

1) 리듬 반주하기

리듬 반주의 기본은 일정박을 치는 것이다. 2/4, 3/4, 4/4박자에서 단위박은 4분음표(♩)이며, 3/8, 6/8, 9/8박자에서 단위박은 8분음표(♪)이다. 6/8, 9/8박자와 같은 겹박자에서는 악곡이 빠른 경우에 단위박은 점4분음표(♩.)가 되기도 한다. 2박자 악곡에서 박(beat)의 강세는 '강/약'의 흐름으로, 3박자 악곡에서 박의 강세는 '강/약/

약'의 흐름으로, 4박자 악곡에서 박의 강세는 '강/약/중강/약'의 흐름으로 반복된다. 단위박을 규칙적으로 치는 일정박 활동은 악곡의 빠르기를 감지하고 이를 유지하게 하며, 박의 개념과 여러 가지 박자에서 강세의 흐름을 이해하게 한다. 일정박은 신체악기 또는 리듬 막대와 같은 리듬악기를 사용하여 지도한다. [악보 9-3]은 손뼉으로 3/4 박자 일정박을 강-약-약의 흐름으로 치는 예이다.

악보 9-3 일정박 치기 예

산바람 강바람

윤석중 작사/박태현 작곡

학생들이 일정박을 치는 것에 익숙해지면 다양한 리듬꼴 반주를 익히게 하고, 악곡에 어울리는 리듬을 스스로 만들어 치게 하는 즉흥 반주 활동으로 유도한다. 이러한 리듬 반주 활동은 여러 가지 박자의 리듬꼴을 이해하는 데 도움이 된다. 다음의 [악보 9-4]와 [악보 9-5]는 동일한 리듬 패턴이 계속 반복되는 리듬 오스티나토 반주의 예이다. [악보 9-4]는 손뼉치기와 발구르기 또는 두 가지 소리를 낼 수 있는 우드아고고나 봉고 등으로도 할 수 있으며, [악보 9-5]는 3성부 리듬 오스티나토 반주의 예로 각 성부를 서로 다른 악기가 연주한다.

악보 9-4 리듬 오스티나토 반주 예 1

달려라 하니

이진주 작사/방용석 작곡

악보 9-5 리듬 오스티나토 반주 예 2

오늘 밤 사자는 잠을 잔다네

김동희 역사/솔로몬 린다 작곡

신체악기나 리듬악기는 많은 경우에 반주로 사용되지만, [악보 9-6]에서 볼 수 있듯이 손뼉치기 독주에 손뼉치기/발구르기 반주를 하거나, 손뼉치기 독주에 손가락 튕기기/손뼉치기/무릎치기/발구르기 반주를 하는 등 신체악기와 리듬악기는 독주 활동도 가능하다.

악보 9-6 신체악기 악보 예

2) 가락 반주하기

가락 반주는 주선율에 대응하는 또 다른 선율을 의미하는 대선율 형태의 반주와 가락 오스티나토 반주를 예로 들 수 있다. 다음의 [악보 9-7]은 실로폰의 대선율 연주로 반주할 수 있으며, [악보 9-8]은 노래나 가락악기로 가락 오스티나토 반주를 할 수 있다. 가락 반주는 주선율과 반주 선율의 조화로 이루어지는 성부의 어울림, 즉 화음을 경험하게 한다.

악보 9-7 대선율 반주 예

바둑이 방울

김규환 작사/김규환 작곡

악보 9-8 가락 오스티나토 반주 예

참새

정세문 작사/작곡가 미상

출처: 길애경, 임미경(1997), p. 76.

3) 화음 반주하기

초등학교 수준에서의 화음 반주에는 두 음 반주와 주요 3화음 반주가 있다. [악보 9-9]는 〈참새〉 노래에 어울리는 두 음 반주의 예이며, [악보 9-10]은 〈방울꽃〉 노래를 주요 3화음으로 반주한 예이다.

악보 9-9 두 음 반주 예

참새

정세문 작사/작곡가 미상

악보 9-10 주요 3화음 반주 예

방울꽃

임교순 작사/이수인 작곡

5. 악기 연주하기 수업 지도안

기악 지도의 일반적인 수업 단계는 제6장에서 설명한 기악 수업 모형에 따라 생각해 볼 수 있다. 기악 학습에서 중요한 것은 악기 주법 익히기, 리듬과 가락 연습하기, 음악의 개념 이해하기, 악상 표현하기, 아름다운 소리로 연주하기 등이며, 기악 지도는 독주, 제주, 중주, 합주 등 연주 형태에 따른 다양한 연주 활동을 포함한다. 〈표 9-1〉은 음악 교과서에 수록된 〈모두 모두 자란다〉를 기악 수업 중심으로 제시한 지도 내용이다. 같은 제재곡이라 하더라도 합주는 다양한 악기 편성으로 구성할 수 있는데, 여기에서는 멜로디언이 주선율을 연주하고 리코더 1, 리코더 2, 캐스터네츠, 탬버린, 트라이앵글의 악기 편성으로 구성된 합주의 예이다.

〈표 9-1〉 기악 수업 단계

<table>
<tr><th></th><th colspan="2">교수 · 학습 단계</th><th>교수 · 학습 방법</th><th>비고</th></tr>
<tr><td rowspan="2">도입</td><td colspan="2">동기 유발</td><td>• 〈모두 모두 자란다〉 노래 부르기
• 배운 활동과 개념 확인하기
–부분 2부 합창, 화음, 변박자 등에 대해 이야기한다.
• 〈모두 모두 자란다〉 합주 동영상 보여 주기</td><td rowspan="2">학생들이 수업 목표를 설정할 수 있다.</td></tr>
<tr><td colspan="2">수업 목표 제시</td><td>• 리듬/가락악기를 올바른 주법으로 연주하여 악기의 어울림을 경험하며 기악 합주할 수 있다.</td></tr>
<tr><td>전개</td><td>기초 기능 습득</td><td>악기 연습하기</td><td>• 올바른 주법으로 연습하기
–캐스터네츠, 탬버린, 트라이앵글을 올바른 주법으로 연습한다.
–멜로디언, 리코더 1과 리코더 2를 올바른 주법으로 연습한다(멜로디언의 경우 어려우면 소프라노와 알토의 2성부로 나누어 연주할 수 있음).
• 개별, 모둠별로 악기 연습하기
–연주의 어려운 점과 문제점을 생각하여 잘 들으며 반복 연습한다.</td><td>음악을 익힌 후에 음악적 개념을 용어로 설명한다.</td></tr>
</table>

			-효과적인 연습 방법을 생각한다. -교사 또는 또래의 시범 연주와 비교한다.	
	표현 방법 탐색	전체 연주하기	• 캐스터네츠, 탬버린, 트라이앵글 합주하기 • 멜로디언, 리코더 1, 리코더 2 합주하기 • 전체 악기 합주하기	
		제재곡의 특징이나 음악 개념 이해하기	• 변박 표현하기 -신체표현과 악기 연주를 통해 3/4박자와 4/4박자의 강세와 흐름을 이해한다. -전체를 3/4박자로 연주해 보고 그 차이를 느낀다. -박자의 변화를 지휘에 맞추어 연주한다.	
	음악적 표현	악상 표현하기	• 악보에 제시된 악상 기호(***mp***, ***mf***, ***f***) 살려 연주하기 -한 가지 악상 기호로 연주해 보고 그 차이를 느낀다. • 각 악기의 가장 아름다운 소리를 찾아 연주하기	
		여러 가지 연주 형태의 합주하기	• 여러 가지 연주 형태로 연주하기(멜로디언 독주, 리코더 2중주, 리듬 합주, 가락 합주, 리듬/가락 합주) • 연주 형태에 따른 다양한 악기의 어울림 비교하기	
		평가 및 비평하기	• 모둠별 연주 평하기 • 자신의 연주 스스로 평가하기 • 다양한 연주 형태 비평하기	
정리	배운 개념 정리		• 배운 개념에 대한 질문과 대답하기 • 배운 개념의 음악적 활용에 대한 질문과 대답하기	
	전체 합주		• 합주하기 -리듬/가락악기로 다같이 합주한다.	
	차시 예고		• 다음 시간의 수업 내용이나 주요 활동, 준비 등을 예고하기	

제10장

음악 만들기

음악 만들기 활동은 음악을 만드는 창조적 활동을 통해 음악적 상상력과 창의적 표현 능력을 기르는 것을 목적으로 한다. 학생들의 창의력을 발달시켜 주기 위해서 교사는 무엇보다도 학생들의 생각을 존중해 주어야 하며, 학생 개개인이 음악을 개성 있게 표현할 수 있는 다양한 기회를 제공해 주어야 한다. 이 장에서는 음악 만들기의 교육적 의미와 활동 방법을 이해할 수 있도록 하기 위해 기본적인 창작 활동인 간단한 리듬 만들기, 간단한 가락 만들기, 즉흥적으로 표현하기, 이야기를 음악으로 만들어 표현하기, 주변의 소리를 목소리 · 물체 · 악기로 표현하기, 장면에 어울리는 음악 만들기, 친숙한 악곡의 일부를 변형하여 즉흥 표현하기 등에 대한 실제적인 예시를 제시한다.

1. 음악 만들기의 이해

1) 음악 만들기의 의미

음악은 음을 소재로 하는 시간적 예술이고, 예술이란 미를 추구하는 창의적 활동이다. 이러한 점에서 음악교육은 창의적 활동과 깊은 관계가 있다. 창의적 활동과 가장 관계가 깊은 음악 활동은 음악 만들기이다.

음악 만들기는 음악적 창작을 통해 창의성을 기르고 음악적인 성장을 이루는 데에 의미를 둔다. 학교의 음악 수업은 여러 가지 음악 활동을 통하여 다양한 음악적 개념을 이해하는 것을 주된 목표로 한다. 음악적 개념은 음악의 구조와 원리를 이해하고 음악 활동을 하는 데 바탕이 되는 기본적이고 핵심적인 아이디어라고 말할 수 있다. 따라서 학생들은 음악 만들기를 통하여 음악적 개념을 자연스럽게 이해하고, 더 나아가서는 자신의 감정과 사고를 음향으로 표현하는 창의적 작품을 만들 수 있다.

음악 만들기 활동은 독창성을 기반으로 한 예술 영역이기 때문에 초등학생에게 적용하기에는 어렵다는 편견이 있다. 그러나 아동의 인지발달 단계에 알맞은 음악적 지도 방법에 따라 초등학생들의 창작 능력을 성장시킬 수 있다.

음악 수업에서 창의적 음악 활동은 즉흥적인 음악 표현 활동과 작곡 활동, 그리고 이야기음악 만들기 등으로 나눌 수 있다. 즉흥적인 음악 표현 활동은 자신의 음악적 의도에 따라 음향을 자유롭게 즉각적으로 조작하고 표현하는 활동이다. 기초적인 즉흥 표현 활동으로는 교사가 제시하는 단순한 리듬이나 가락에 대하여 학생들이 즉흥적으로 리듬이나 가락을 변형시켜 응답하거나, 자신이 상상한 것을 다양한 악기로 표현해 보는 활동 등이 있다. 즉흥적으로 표현하는 활동은 일반적으로 악보 없이 음악적 아이디어를 직접 음악적인 수단(노래, 기악 등)으로 표현하는 것을 의미한다. 학생들은 처음 단계에서는 매우 단순하고 초보적인 수준에서 즉흥적인 표현을 시작하게 되지만, 이 수업이 거듭될수록 즉흥적인 표현을 통해 나오는 소리에서

'음악적 의미'를 발견하게 된다. 그리고 학생들이 음악적 의미를 알게 될 때 즉흥적인 표현에서 나타나는 예술적인 구조의 수준도 높아지게 될 것이다. 저학년에서 즉흥연주 활동은 여러 음향의 종류를 표시한 그림 악보들을 종종 사용할 수 있다. 학생들은 음악을 들으면서 직접 그림 악보를 만들 수 있으며, 이미 만들어진 그림 악보를 사용하여 음악 활동을 할 수도 있다. 작곡 활동이란 자신의 음악적 의도에 따라 음향을 계획적으로 악보의 형태로 기록하는 활동이다. 학생들은 음악 수업에서 이 두 가지 활동에 참여하는 기회를 가짐으로써 다양한 음악을 이해하게 될 뿐만 아니라, 음악에 대한 통찰력과 음악적 문제 해결력을 갖게 되고, 나아가 음악적 성장을 이루게 될 것이다.

2) 음악 만들기 학습의 목적

음악 만들기 학습의 목적은 음악적 개념을 활용하여 자신의 생각을 음향으로 만들어 표현해 봄으로써 음악적 창의력을 계발하고 신장시키는 데에 있다. 특히 즉흥 표현 활동이나 작곡 활동은 창작 활동 그 자체로서 가치가 있을 뿐만 아니라, 자신이 만든 리듬이나 가락 등을 들으며 창작에 흥미를 가지게 하고 음악의 개념들을 자연스럽게 습득하게 한다. 또한 자신이 만든 곡이 듣기 좋은 음악적 소리로 들릴 때에 성취감을 느끼며 창작에 대한 자신감을 얻게 될 것이다.

학생들은 창작 활동에서 개인적으로뿐만 아니라, 그룹으로 만드는' 기회도 가져야 한다. 그리고 자신이 만든 곡을 노래로 불러 보거나 악기로 연주해 보아야 한다. 더 나아가 이를 일정 기준에 따라 평가해 보는 기회도 가져야 한다. 교사는 학생들의 아이디어를 모두 수용하고 자유롭게 창작할 수 있는 허용적인 분위기를 만들어 주어 창의적인 생각을 많이 표출하게 함으로써 창의력을 신장시켜 주어야 한다.

2. 음악 만들기의 실제

이 절에서는 리듬 만들기, 가락 만들기, 형식에 따른 가락 만들기, 여러 가지 음악 만들기의 순서로 구체적으로 살펴본다.

1) 리듬 만들기

리듬은 음악의 토대를 이루는 기본적인 구성 요소이다. 음악적 감각은 계획적인 리듬 교육을 통하여 발전시킬 수 있다. 리듬감은 어릴 적부터 서서히 향상시켜야 한다. 리듬의 요소에는 박(센박, 여린박), 박자, 음의 강세, 음의 길이, 리듬꼴 등이 있다.

간단한 리듬 만들기는 2/4, 3/4, 4/4박자로 된 2마디 또는 4마디 정도의 단순한 리듬을 만들어 보는 활동이다. 학생들은 배운 곡에 들어 있는 리듬을 약간 바꾸거나, 새로운 리듬을 만들어 보는 활동을 할 수 있다. 여러 가지 박자에 따른 리듬의 특징을 이해하게 하고, 다양한 리듬을 만들어 보게 하는 활동은 리듬감을 향상시키는 데 매우 효과가 있다.

(1) 즉흥 리듬 문답하기

문답식으로 즉흥 표현 활동을 하면서 리듬을 가르칠 수 있다. 교사가 같은 리듬을 반복적으로 손뼉치기를 하고, 학생들은 돌아가면서 2마디씩 즉흥적으로 리듬을 만들어 대답을 한다.

악보 10-1 2/4박자 즉흥 리듬 문답하기

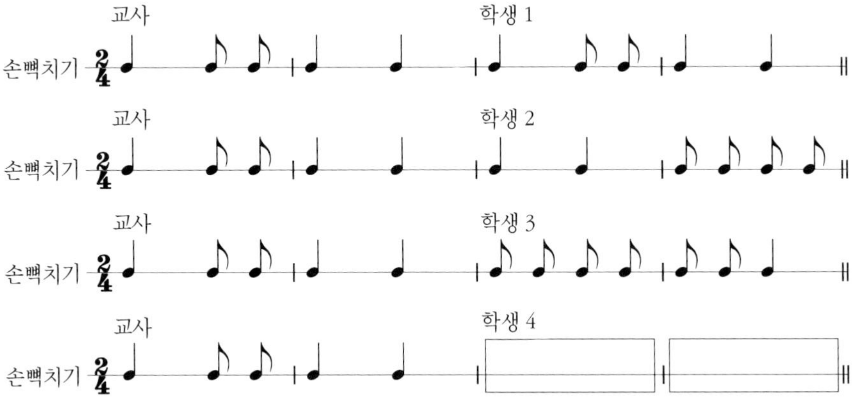

(2) 말 리듬 만들기

교사는 학생에게 일상에서 사용하는 말 또는 간단한 시를 주고 읽어 보도록 한 다음, 여기에 어울리는 리듬을 즉흥적으로 만들어 보게 한다.

악보 10-2 말에 어울리는 2마디 리듬 만들기

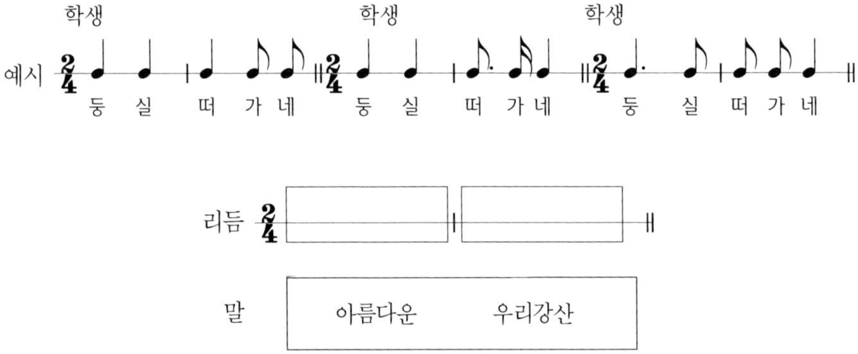

악보 10-3 말에 어울리는 4마디 리듬 만들기

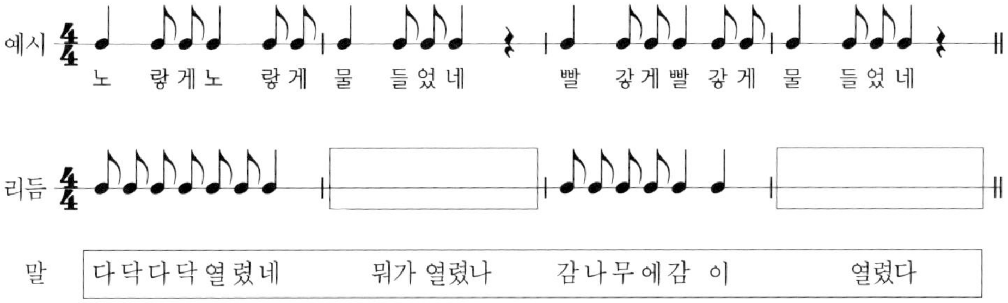

(3) 말 리듬 악보 만들기

2분음표, 4분음표, 8분음표로 이루어진 말 리듬을 창작할 수 있다. 이는 다양한 리듬의 개념을 이해하고 리듬 감각을 익히는 데 효과적인 활동이다. 하나의 말 리듬을 선택한 후, 이를 바탕으로 다양한 리듬 형태를 사용하여 변형시킬 수 있다.

악보 10-4 말 리듬 악보 만들기

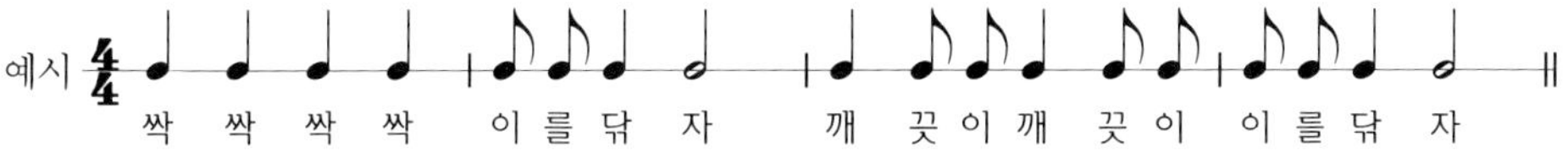

① 4분음표와 8분음표로 이루어진 말 리듬을 만들어 본다.

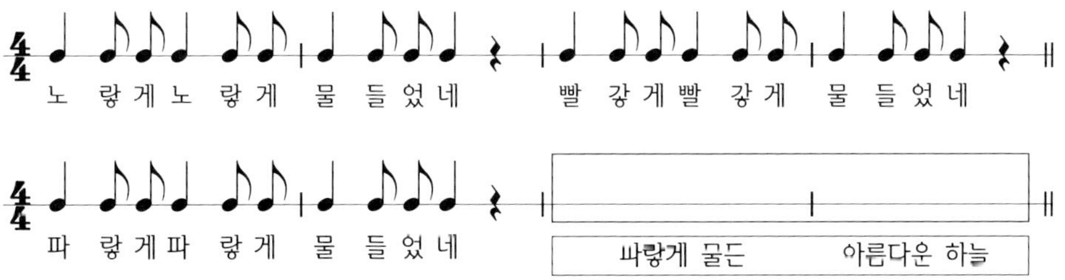

② 점4분음표와 쉼표가 있는 리듬도 그려 보면서 익히도록 한다.

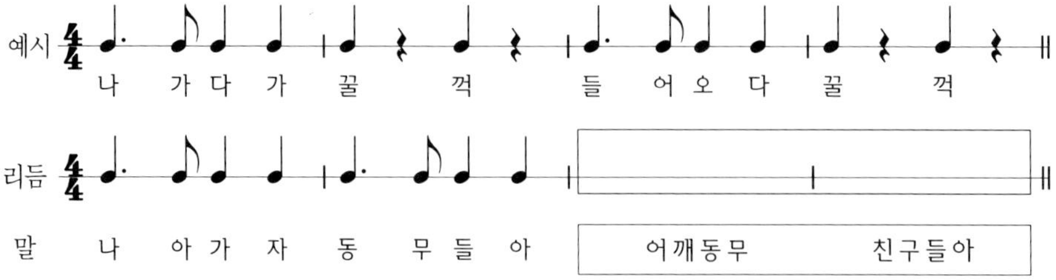

(4) 박자의 변형에 따른 리듬 만들기

박자를 변형시켜 리듬을 만드는 활동이다. 박자의 개념과 박자에 따른 리듬의 형태를 이해하는 데 효과적이다.

악보 10-5 **박자의 변형**

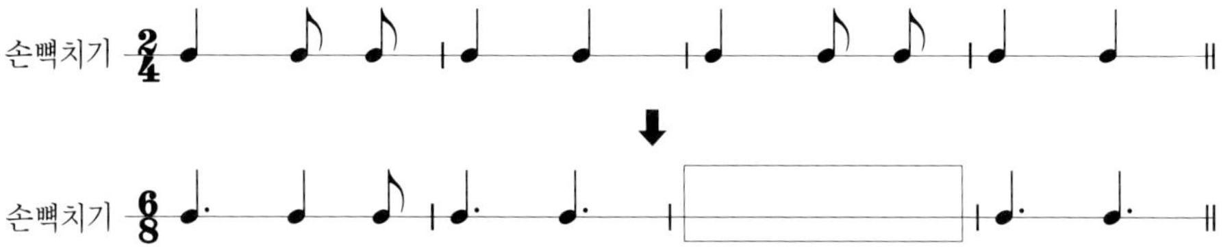

2) 가락 만들기

가락은 높낮이가 다른 음들의 연속적인 흐름이다. 가락의 요소에는 음의 높낮이, 음의 진행 방향, 가락꼴, 조성, 음계 등이 있다. 초등학교에서의 간단한 가락 만들기 활동으로는 2/4, 3/4, 4/4, 6/8 박자로 된 4~8마디 정도의 가락 만들기 등이 있다. 학생들이 스스로 만든 독창적인 가락을 오선보에 적을 수 있도록 하기 위해서는 사전에 악보를 읽고 쓰는 기본적인 능력을 길러 주어야 한다. 초등학교 3, 4학년에서 2/4, 3/4, 4/4, 6/8박자로 된 2~4마디의 가락 만들기 활동을 한다면, 5, 6학년의 활동에서는 8마디까지 연계하여 체계적인 학습을 할 수 있다. 가락 만들기는 2음으로 이루어진 가락을 시작으로 차츰 7음으로 이루어진 가락 만들기로 발전시킬 수 있다.

(1) 2음 가락 만들기

악보 10-6 **2음을 사용한 가락 만들기**

① 도-미

② 미-솔

(2) 3음 가락 만들기

악보 10-7 **3음을 사용한 가락 만들기**

① 미-솔-라

② 라-도-미

(3) 화성에 따른 가락 만들기

화성에 따라 가락을 만들 때는 마디별로 화음(3화음, 7화음 등)을 제시하고, 그에 어울리게 가락을 붙인다.

악보 10-8 화성에 따른 가락 만들기

큰악절 A(a+a′)

a (작은악절)	1마디	2마디	3마디	4마디
	I	IV	I	V
a′ (작은악절)	5마디	6마디	7마디	8마디
	I	IV	$V^{(7)}$	I

실습

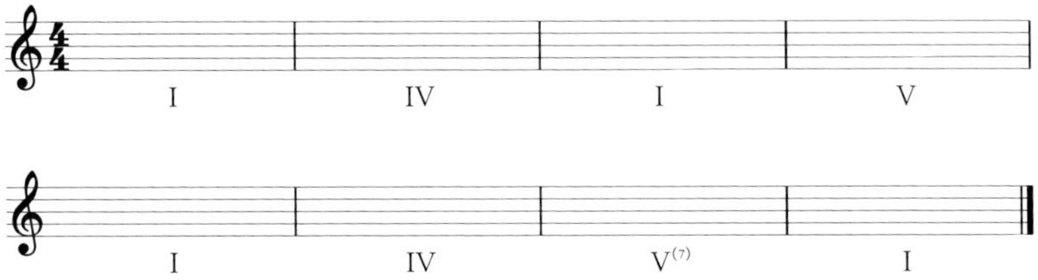

3) 형식에 따른 가락 만들기

음악 작품의 구조를 형식(form)이라고 한다. 형식은 악곡 구조의 최소 단위인 동기를 바탕으로 작은악절, 큰악절 등으로 발전한다. 기악 형식에는 론도 형식, 변주곡 형식 등이 있다.

(1) 동기 만들기

한도막 형식의 가락은 악곡의 기본 단위인 동기(motive)가 발전된 두 개의 작은악절로 구성된다. 동기는 악곡 구성의 기초를 이루는 가장 작은 단위이며 일반적으로 2마디로 구성된다. 동기는 표면상으로 단편적인 선율이지만 내면적으로는 리듬이나 화음, 화성 진행에 영향을 주는 중요한 기초 악상이다.

악보 10-9 동기 만들기

예시
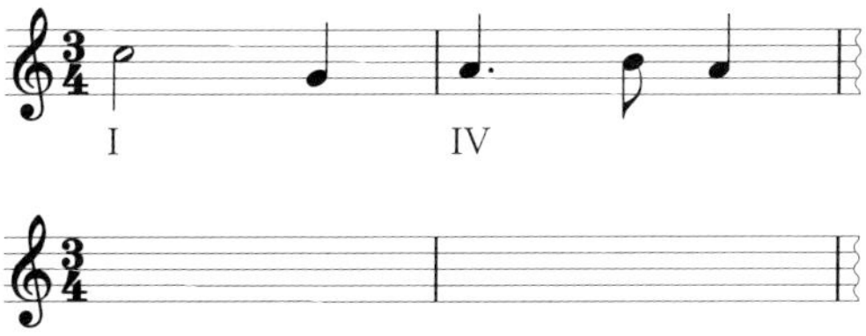

실습

(2) 작은악절 만들기

1~2번째 마디는 동기이다. 3~4번째 마디는 동기의 발전 형태이다. 4번째 마디의 '도'는 I도 화음의 근음으로 끝나는 느낌을 가지게 한다.

악보 10-10 작은악절 만들기

예시

실습

(3) 한도막 형식의 악곡 만들기

일반적으로 한도막 형식(큰악절)의 구조는 다음과 같다.

악보 10-11 한도막 형식의 악곡 만들기

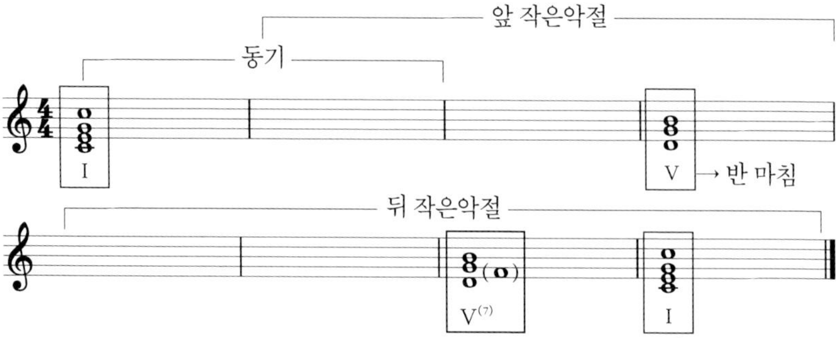

예시

실습
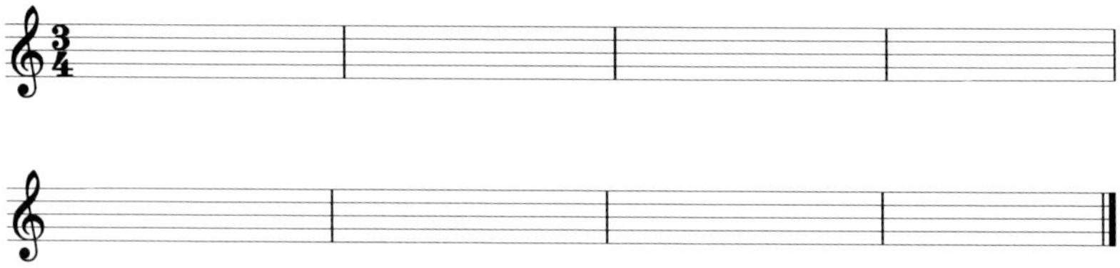

(4) 론도 만들기

하나의 주제가 반복적으로 등장하는 악곡 형식이다. 반복되는 주제 사이에 여러 개의 대조되는 리듬 또는 가락이 나타난다. 리듬 혹은 가락으로 론도 형식의 음악을 만들 수 있다.

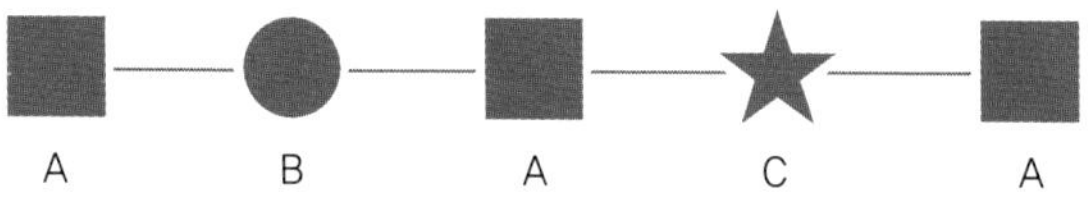

[그림 10-1] 론도 형식의 형태

악보 10-12 리듬 론도 만들기

예시

실습

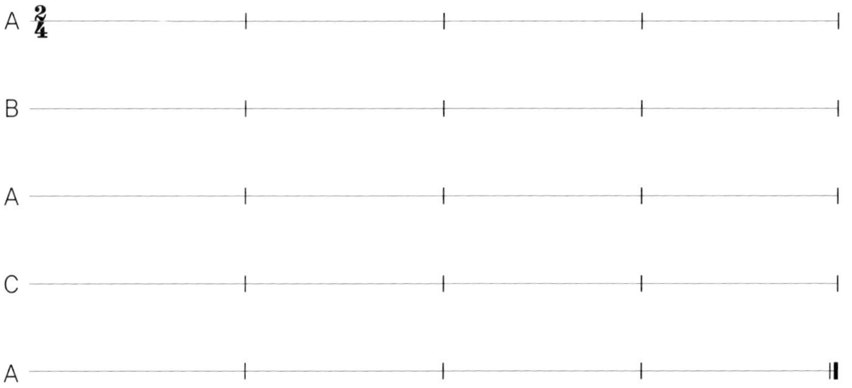

악보 10-13 가락 론도 만들기

(5) 변주곡 만들기

하나의 주제를 정하고, 이 주제를 여러 가지로 변형시켜 연주하는 것을 '변주'라고 하며, 주제와 몇 개의 변주로 이루어지는 곡을 '변주곡'이라고 한다. 변주에는 리듬 변주, 박자 변주, 조성 변주, 가락 변주 등이 있다. 교사가 하나의 주제를 정해 주면 학생들은 이 주제를 다양한 방법으로 변주시킬 수 있다.

악보 10-14 **변주곡 만들기**

4) 소리 창작하기

소리를 이용하여 창작할 수 있다. 주변의 소리나 느낌을 음악으로 만들 수 있고 배경 장면을 보면서 음악을 창작할 수 있다. 또한 다양한 도형이나 이야기를 이용하여 음악을 만들 수 있다.

(1) 주변의 소리나 느낌을 음악으로 만들기

주변에서 흔히 들을 수 있는 소리 혹은 느낌, 예를 들면 새소리, 동물 소리, 자동차 소리, 나뭇가지 소리, 슬픔, 즐거움, 경쾌한 느낌 등을 다양한 악기를 사용하여 음악으로 표현할 수 있다.

[그림 10-2] 주변의 소리나 느낌을 음악으로 표현하기

(2) 장면을 음악으로 만들기

다양한 사진이나 그림을 보고 다양한 악기로 이 장면에 어울리는 소리를 만들어 본다. 예를 들어, 무지개 사진, 파도 사진, 사자 사진 등 사실적인 장면들 또는 추상적인 그림들을 보며 느낌을 음악으로 표현할 수 있다.

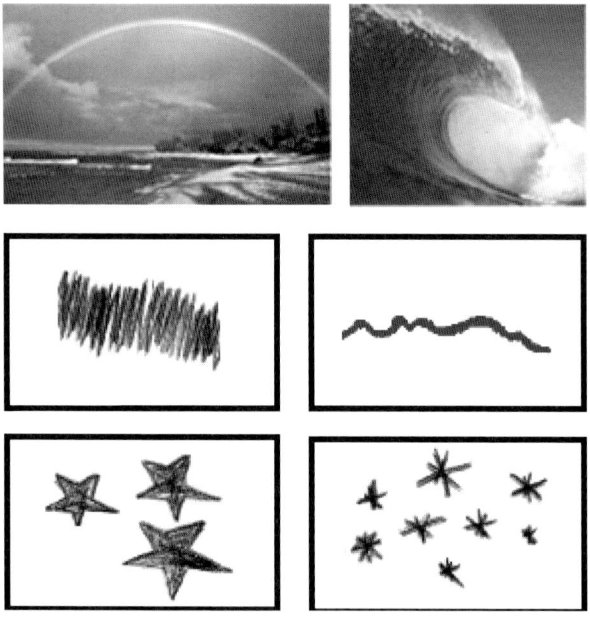

[그림 10-3] 장면을 음악으로 표현하기

(3) 도형을 활용한 음악 만들기

큰 소리, 작은 소리, 긴 소리, 짧은 소리, 높은 소리, 낮은 소리 등을 도형으로 표현할 수 있다. 그리고 다양한 악기로 이 도형에 어울리는 연주를 할 수 있다.

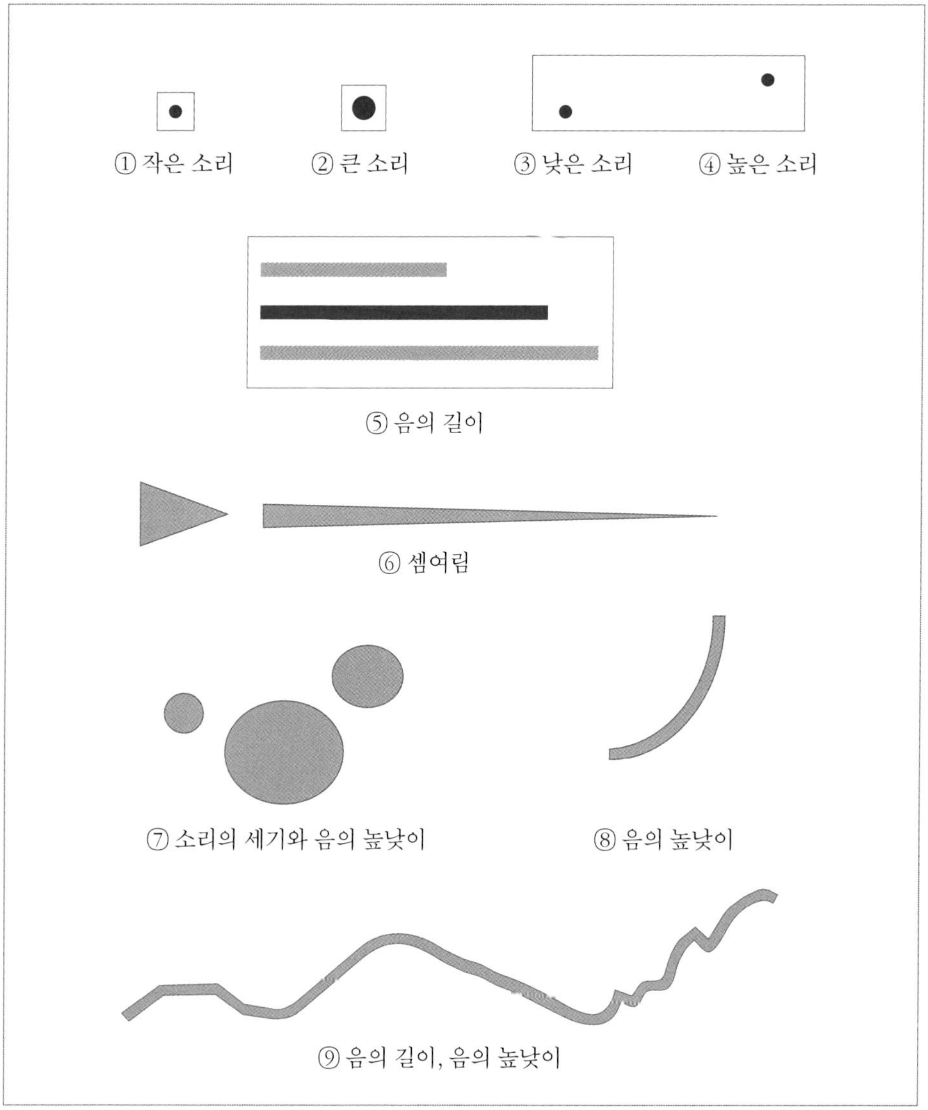

[그림 10-4] 소리를 도형으로 표현하기

(4) 이야기를 음악으로 만들기

이야기음악 만들기 활동은 음악을 이루는 구성 요소에 대한 개념 이해와 창의성 계발에 도움을 준다. 이야기음악 만들기 활동은 학생들의 음악적 능력의 발달을 도모하는 것뿐만 아니라, 신체표현 능력, 언어 및 문학 능력의 발달에도 영향을 줄 수 있는 통합적인 활동이다. 이야기는 그 흐름에 따라 특정한 분위기와 느낌을 준다. 학생들은 음향적 수단(목소리, 악기, 물체 등)을 활용하여 이야기의 분위기와 느낌을 음악적으로 표현할 수 있다. 이야기음악은 적극적인 참여를 통해 만들어지는 것이므로 학생 주도적인 수업으로 발전시킬 수 있다.

〈표 10-1〉 다양한 악기를 활용한 이야기음악의 예

제목: 소나기와 강아지	
이야기 내용	악기
연홍이는 혼자서 집으로 들어가 침대에 누웠습니다. 그러나 창문에 떨어지는 소낙비 소리 때문에 잠을 잘 수가 없었습니다.	 봉고를 손가락 끝으로 빠르게 반복적으로 여러 번 탁탁 친다.
강한 바람으로 나뭇가지와 창문이 흔들리는 소리가 들렸습니다.	  카바사를 흔든다. 동시에 우드 블럭을 채로 친다.
연홍이는 누군가가 현관문을 긁고 있는 소리를 들었습니다.	 손북을 손톱 끝으로 문지른다.
연홍이는 용감하게 문으로 다가갔습니다.	 작은북을 반복적으로 연주한다.

그리고 연홍이는 문을 살며시 열었습니다.	 귀로를 느리게 긁는다.
연홍이는 순간적으로 깜짝 놀랐습니다.	 심벌즈로 세게 한 번 친다.
비에 젖은 강아지 메리가 연홍이 곁을 스치면서 들어와, 연홍이의 침대 위로 떨면서 서서히 올라갔습니다.	 실로폰의 한 음을 반복적으로 계속 친다.

〈표 10-1〉에 제시한 이야기 내용에 어울리는 음악을 만들어 본다. 적절한 악기나 물체를 선택하여 창의적으로 표현해 본다.

〈표 10-2〉 다양한 악기를 활용한 이야기음악의 예

제목: 소나기와 강아지	
이야기 내용	악기
연홍이는 혼자서 집으로 들어가 침대에 누웠습니다. 그러나 창문에 떨어지는 소낙비 소리 때문에 잠을 잘 수가 없었습니다.	
강한 바람으로 나뭇가지와 창문이 흔들리는 소리가 들렸습니다.	

3. 음악 만들기 수업 지도안

음악 만들기 지도는 일반적으로 리듬 익히기, 가락 익히기, 악곡의 구조 이해하기, 여러 가지 방법으로 표현하기, 창작한 음악을 듣고 평가하기 등의 과정을 거칠 수 있다. 〈표 10-3〉은 초등학교 학생을 대상으로 〈작은 별〉 주제에 대한 변주곡 만들기 수업 지도안의 예시이다. 주제 악곡을 바탕으로 리듬, 가락, 박자, 조성 등과 관계하여 변주시키는 수업 지도안이다.

〈표 10-3〉 음악 만들기 수업 단계

	교수 · 학습 단계		교수 · 학습 방법	비고
도입	동기 유발		• 변주곡 〈작은 별〉 듣기 –주제 음악을 듣는다. –변주된 음악을 듣는다. –변주된 음악을 듣고 느낌을 이야기한다.	학생들이 수업 목표를 설정할 수 있다.
	수업 목표 제시하기		• 주제 악곡을 바탕으로 다양하게 변주를 할 수 있다.	
전개	기초 기능 습득	리듬 익히기	• 박자를 정해 간단한 리듬 문답하기 • 박자를 정해 4마디 정도의 리듬 악보를 창작하고 손뼉으로 연습하기	음악을 익힌 후에 음악적 개념을 용어로 설명한다.
		가락 익히기	• 단순한 음계에 의한 가락을 부르기 • 가락의 진행 이해하기(올라가기, 내려가기, 차례가기, 뛰어가기 등) • 박자를 정한 후 배운 가락의 진행을 응용하여 4마디의 가락을 창자하기	
		악곡의 구조 이해하기	• 변주곡 이해하기 –리듬 변주를 이해한다. –가락 변주를 이해한다. –박자 변주를 이해한다.	

	표현 방법 탐색	주제 가락 익히기	• 주제 가락을 익히기(4마디) –주제 가락을 노래 부른다. –주제 가락을 다양한 가락악기로 연주한다.	
		주제 가락 변형하기	• 4마디의 주제 가락을 다양한 기법으로 변형시키기 –리듬을 변형시킨다. –가락을 변형시킨다. –박자를 변형시킨다.	
	창의적 표현	악곡 표현하기	• 변주한 음악을 연주하기 –리듬 변주를 한 음악을 연주한다. –가락 변주를 한 음악을 연주한다. –박자 변주를 한 음악을 연주한다.	
		수정하기	• 아름다운 악곡이 될 수 있도록 수정하여 완성하기	
		여러 가지 방법으로 표현하기	• 수정한 변주곡을 다양한 방법으로 연주하기 –수정한 변주곡을 리코더로 연주한다. –모둠으로 나누어 가락악기와 타악기로 합주를 한다.	
		듣고 평하기	• 창작한 악곡을 동료 간에 평하기 • 자신의 악곡을 스스로 평가하기	
정리	배운 개념 정리하기		• 배운 개념에 대한 질문과 대답하기 • 수업에서 재미있었던 점, 어려웠던 점, 보완해야 할 점 등을 이야기하기	
	차시 예고		• 다음 시간의 수업 내용, 주요 활동, 준비 사항 등을 예고하기	

제11장

음악 감상하기

음악 감상은 듣기를 통해서 음악을 경험하는 활동이다. 소리로 이루어지는 음악을 경험하고 이해하는 데 있어서 음악 감상은 가장 기본적이면서도 중요한 활동이라고 할 수 있다. 또한 음악 감상은 음악을 편하게 듣고 즐기는 것으로부터 악곡이 갖는 예술적 아름다움을 심미적으로 경험하는 것까지 그 목적과 깊이가 다양하다. 학교 음악교육에서 감상 활동의 목적은 음악을 집중하여 들음으로써 음악이 갖고 있는 여러 가지 특징과 악곡 구조의 원리를 이해하고, 이를 통해 음악의 미적 가치를 음미할 수 있는 능력을 갖추도록 하는 것이다. 이러한 음악 감상은 학습과 훈련이 필요한 활동으로서 교사는 학생의 발달 단계와 음악적 준비도를 고려하여 적절한 감상 방법을 적용할 수 있어야 한다. 이 장에서는 음악 감상의 의미와 목적, 그리고 감상 지도에 적용할 수 있는 여러 가지 음악 감상 방법을 살펴본다.

1. 음악 감상의 이해

1) 음악 감상의 의미

감상 활동은 음악을 즐기는 방법 중 가장 보편적인 활동으로서 듣기를 통해서 이루어지는 활동이다. 듣기는 모든 음악적 활동에 필요한 가장 기본적 활동이지만 모든 듣기가 감상으로 이어지는 것은 아니다. 감상은 '음악'을 집중해서 듣고 이해하며 그로부터 다양한 반응을 나타내게 된다는 점에서 적극적인 지적 이해의 과정이 요구된다.

학자들은 감상을 일상적인 듣기와 구별하기 위하여 다양한 해석을 하고 있다. 보드만(E. Boardman)은 음악 감상 활동은 단순히 음악을 듣는 것이 아니라, 인지적으로 음악적 사건에 몰입하여 참여하고 이해해야 한다는 의미에서 'hear'나 'listen'보다는 'describe(묘사하다, 설명하다)'라는 용어를 사용하였다(석문주, 1999에서 재인용). 이것은 음악을 감상하는 것이 귀에 들리는 대로 듣는 수동적 행위가 아니라 들은 것을 서술하고 표현할 수 있는 능동적인 활동이어야 한다는 것을 강조하는 것이다. 화이트(White, 2005)는 "음악을 단순히 듣는다는 것은 음악을 지적으로 즐길 수 있는 경지로 유도해 낼 수 없으며, 음악적 즐거움을 갖기 위해서는 '음악을 이해하는 것'이 중요하다."라고 하여 음악 감상에 있어서 인지적 과정과 해석적 과정의 중요성을 제시하고 있다.

이와 같이 음악을 감상한다는 것은 음악에 주의를 기울여 집중하여 듣고 사고함으로써 음악의 미적 특성과 의미를 이해하고 음미하는 행위이다. 바람직한 감상을 할 수 있으려면 음악에 대해서 집중하고 주의를 기울여 들을 수 있어야 하며, 적극적 듣기를 통해 음악을 구성하고 있는 여러 요소를 이해해야 한다. 뿐만 아니라 그 속에 함축하고 있는 음악적 의미를 이해할 수 있게 될 때에 비로소 듣기는 음악 감상으로서 가치 있는 음악적 경험이 되고, 음악적 능력의 발달과 음악적 심성의 계발에 도움이 될 수 있다.

2) 음악 감상의 유형

'음악 감상'은 다양한 목적과 방식으로 이루어진다. 감상 시 청자의 의식의 양상과 집중의 정도는 다르게 나타날 수 있다. 같은 공간에서 같은 음악을 듣고 있다 해도 각각의 청자가 받아들이는 음악은 모두 다를 수 있으며, 이때 무엇을 느끼는가도 달라질 수 있다. 같은 〈운명교향곡〉을 들으며 어떤 이는 의식을 일깨우는 새로운 경험을 할 수도 있지만, 다른 이는 의미 없이 연속되는 소리의 지루함에 졸음을 억제하지 못하게 되기도 한다. 식사를 하거나 청소를 하면서 경쾌한 분위기를 즐기기 위해 음악을 들을 수도 있지만, 한 음 한 음의 진행에 따라 전개되는 음악적 사건에 온전히 몰입하여 음악을 들을 수도 있다. 이와 같이 음악 감상의 목적과 유형은 경우에 따라 달리 나타나는데, 학자들은 음악을 듣는 청자의 의식의 상태에 따라 감상의 유형을 다양하게 구별하여 설명하고 있다(〈표 11-1〉 참조).

감상의 유형은 시각에 따라 다양한 용어로 설명될 수 있다. 이러한 유형의 제시에서 알 수 있는 것은 감상의 과정에서 나타나는 의식의 수준이 다양하다는 것이며, 각각의 이론에서 적용되는 명칭은 다르지만 무의식적 반응에서 의식적 반응으로, 표면적 단계에서 내면적 단계로, 부분적 이해에서 종합적 이해로 점차 심화되어 가

〈표 11-1〉 음악 감상의 유형

코플란드(A. Copland)	감각적 단계, 분석적 단계, 창의적 해석 단계
호퍼(C. Hoffer)	물리적 특징 듣기, 표현적 특징 듣기, 음악적 사건을 파악하며 듣기
화이트(J. D. White)	무의식적 감상, 감각적 감상, 통찰적 감상
밀러(H. M. Miller)	수동적 감상, 감각적 감상, 정서적 감상, 지각적 감상
성경희	분석적 탐색, 종합적 이해, 창의적 해석
이홍수	분석적 감상, 종합적 감상, 악곡 종류와 감상, 악곡 배경과 감상, 악곡 성격과 감상

는 양상이 발견된다는 점이다. 보다 심화된 단계의 감상을 위해서는 더욱 많은 감상의 경험과 그에 필요한 지식이 요구된다. 이러한 심화 단계의 감상은 갑자기 일어나는 것이 아니라, 의식의 몰입을 위한 과정을 단계적으로 거치며 가능해진다.

감상의 단계를 좀 더 구체적으로 살펴본다면, 주의 집중–감각적 감상–정서적 감상–분석적 감상(지각적 감상)–심미적 감상의 다섯 가지 유형으로 세분화시킬 수 있다([그림 11–1] 참조). '주의 집중'은 음악에 관심을 갖고 듣기 시작하는 단계이다. 청감각은 매우 주관적인 측면이 있어서 청자가 음악을 의미 있게 받아들이기로 결정하지 않는다면 '들리는데 듣지 않는' 상황이 발생한다. 다시 말해서, 물리적으로 음악이 존재하고 청신경을 자극하고 있지만 학생은 이를 '듣는' 대신 '다른 생각'을 할 수도 있다. 따라서 음악의 존재를 인식하고 이를 '들어 보기로' 결정하는 주의 집중의 단계는 음악 감상을 가능하게 하는 가장 중요한 단계로 볼 수 있다.

'감각적 감상'은 음악적 소리가 불러오는 감각적인 즐거움을 느끼는 것을 의미하며, 이러한 유형의 감상은 음악에 대한 전문적인 지식이 없어도 즐기는 것이 가능하다. 다양한 매체로 생성되는 음악적 소리 자체의 아름다움도 매력적일 뿐 아니라, 소리와 소리들이 어우러져 만들어 내는 음향적 조화로움은 그 자체만으로도 즐거움을 줄 수 있다. 이같이 감각적 감상이란 음악에서 나타나는 음향적 특징이나 음악이 일으키는 일시적인 소리의 역동성을 감상하는 단계이다.

'정서적 감상'은 음악이 일으키는 정서적 반응에 몰입하고, '분석적 감상'은 악곡의 요소와 구성적 논리에 집중한다는 점에서 차이가 있으나, 이를 위해서는 지속적으로 음악에 몰입하여 적극적으로 반응해야 한다는 점에서 두 가지 모두 심화된 감

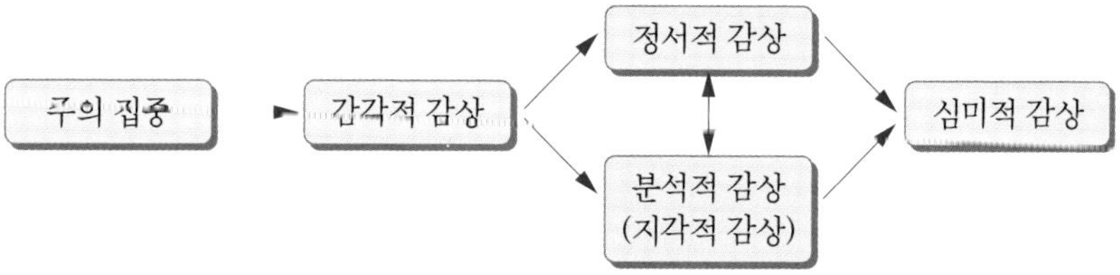

[그림 11–1] 음악 감상의 과정

상의 단계라고 볼 수 있다. 정서적 감상은 음악이 불러일으키는 정서나 분위기와 함께 음악에 대한 자신의 반응에 더욱 커다란 비중을 두고 감상하는 상태이며, 분석적 감상은 악곡을 이루고 있는 음악적 요소와 이들의 구성적 전개에 집중하여 듣는 상태이다. 특히 분석적 감상을 위해서는 분석의 기준이 되는 음악적 기초 지식이 필요하다는 점에서 학습과 훈련이 필요하다. 이 같은 까닭으로 분석적 감상을 정서적 감상보다 심화된 감상 유형으로 보기도 하지만, 음악을 분석적으로 들을지 혹은 정서적으로 들을지는 청자의 선택이 많이 작용한다고 볼 수 있다(Copland, 1988).

마지막으로, 심미적 감상 단계는 앞서 언급한 감상의 여러 유형을 포괄함과 동시에 청자의 주관적인 해석과 가치 평가의 단계가 더 추가되며, 극히 몰입된 음악 경험으로부터 새로운 가치와 아름다움을 발견하게 되는 것을 의미한다. 이때의 의미와 가치는 지적 이해와 정서적 반응 모두를 포함하는 다양하고 복합적인 요인들의 작용으로 유발된다고 볼 수 있다.

이러한 다섯 단계의 유형이 반드시 위계적 관계로 존재하는 것은 아니다. 주의 집중과 감각적 감상은 비교적 감상의 처음 단계에서 일어나며, 정서적 감상과 분석적 감상은 감상자의 보다 적극적인 참여와 인지적 활동이 필요하고, 심미적 감상은 작품으로서의 음악에 심취하여 새로운 질적 가치를 발견하게 된다는 점에서 가장 상위의 감상 형태라고 볼 수 있을 것이다. 그러나 심미적 감상이 가능한 청자의 경우에도 음악을 들을 것인지 말 것인지, 혹은 얼마나 집중하여 무엇을 어떻게 들을 것인지 등은 청자의 주관적 결정에 의한 것이다. 또한 같은 악곡을 같은 연주자가 연주하는 경우라도 소리 자체가 갖는 음향적 매력이 감상에 큰 영향을 미친다는 점을 고려할 때, 주의 집중이나 감각적 감상을 위한 감상 환경과 조건에 대한 배려도 매우 중요한 과정임을 명심할 필요가 있다.

3) 음악 감상 학습의 목적

음악 수업에서 감상 활동의 목적은 다양한 방식의 음악 듣기를 통하여 음악적 소리를 인식(awareness), 변별(discrimination)할 수 있는 능력을 길러 주고, 나아가 음악에 민감하게 반응할 수 있는 음악적 감수성을 기르는 데 있다. 이를 위하여 음악 학습에서는 주의를 기울여 음악에 몰입할 수 있는 음악적 집중력과 소리의 특성을 지각하고 변별할 수 있는 청지각력, 음악의 구성 요소와 생성 원리에 대한 음악적 이해력 신장에 초점을 두어야 한다. 초등학교에서 이루어지는 감상 학습 활동에서는 다음과 같은 구체적인 목적을 고려할 수 있다.

(1) 악곡의 느낌을 감지할 수 있다

음악을 들은 후에 자신이 느낀 점을 자유롭게 음미하도록 한다. 학생은 음악을 들으면서 흥미로웠던 특징들을 자기만의 방식으로 표현할 수 있다. 처음 단계에서는 음악을 듣고 난 후의 막연한 느낌이나, 음악의 일부분이나 제한된 특징들을 중심으로 반응하게 되지만, 반복적 듣기 활동이 이루어진다면 들을 때마다 새로운 특징들을 발견하게 되고 그에 따른 느낌들도 다양해질 수 있을 것이다.

(2) 악곡의 특징적인 요소를 파악할 수 있다

음악의 특징적인 요소를 파악하며 듣기는 '분석적 감상'의 단계로서 감상곡의 음악적 구성 요소를 객관적이고 구체적으로 듣고 분별하여 이를 설명해 보는 단계이다. 분석과 감성적 반응은 서로 상반되는 감상의 방법이라기보다는 음악의 세부적인 특징을 구별할 수 있는 감지 능력이 발달할수록 음악에 대한 이해에 도움이 되며, 그에 따른 다양한 감성적 반응도 함께 확장될 수 있다는 점에서 상호 보완적이다.

(3) 악곡의 종류와 쓰임 및 배경적 지식을 알 수 있다

각각의 악곡은 소리로서의 악곡이 갖는 구성적인 특징 외에 배경적인 특성을 갖고 있다. 악곡의 작곡자 및 작곡된 시대, 문화적 · 사회적 배경에 대한 이해는 악곡에 대한 호기심을 불러일으킬 수 있으며 감상에 대한 느낌을 구체화시키는 데에도 도움이 될 수 있다. 음악 감상을 통해서 일어나는 음악 자체에 대한 인지 · 정서 · 심미적인 감상 과정과는 별도로 악곡과 관련된 부가적인 지식을 습득하는 것도 음악 감상의 중요한 부분이다. 해당 악곡과 관련된 사실에 대한 폭넓은 이해는 음악 감상의 의미를 더욱 확대시켜 줄 수 있다.

(4) 음악의 느낌을 악곡의 구성 요소와 연계시켜 설명할 수 있다

음악을 듣고 느낌의 변화나 정서적 반응을 가지게 되는 것은 음악 감상의 중요한 과정이다. 이러한 정서적 반응은 소리로서 인식되는 음악의 여러 가지 특징과 연계되어 있다. 음악을 듣고 나서의 막연한 생각이나 직관적인 느낌을 말하는 단계에서 좀 더 발전하여 그러한 느낌을 일으키는 음악의 특징들을 인지할 수 있다면 음악 감상이 주는 의미가 더욱 다채로워질 수 있을 것이다. 악곡의 느낌, 분위기, 정서적 특징들을 음악적 구성 요소와 연관시켜서 이를 음악 용어를 사용하여 설명할 수 있다면, 악곡의 특징을 보다 정확하게 인지하고 분석할 수 있는 능력을 가지게 될 것이다.

(5) 음악을 감상하는 바른 태도를 갖는다

바른 태도로 감상하기란 적극적이고 긍정적으로 음악을 감상하는 것을 의미한다. 외적으로 나타나는 바른 자세뿐만 아니라, 음악에 대한 호기심을 가지고 음악의 요소들을 구별하여 듣고 기억하여 음악이 어떻게 흘러가는지를 이해하고 즐기고자 하는 음악 감상의 자세를 길러야 할 것이다.

2. 감상 수업의 단계

초등학생은 대부분 집중하여 음악을 듣는 활동에 익숙하지 않다. 따라서 초등학교에서의 음악 감상 활동은 무엇을 어떻게 들을지에 대한 분명한 지시를 단계적으로 제시하는 것이 필요하다. 가창, 기악 등의 표현적 음악 활동과는 달리 감상 활동은 내면에서 일어나는 정서적 반응이나 인지적 이해의 비중이 큰 활동이기 때문에 학생들의 지속적인 집중과 활동 참여를 위한 여러 가지 활동 전략이 필요하다.

감상 활동은 학생으로 하여금 듣기 경험에 적극적으로 참여하여 새로운 음악적 경험을 하고, 음악에 대한 더 나은 이해를 하며, 다양한 음악을 즐기고 가치화하도록 도와주는 것이다. 다음은 음악 감상 활동 지도를 위하여 고려할 수 있는 감상 수업의 단계이다. 모든 단계가 매번의 감상 활동에 모두 포함되어야 하는 것은 아니며, 학습 목표와 학생의 준비도에 따라 적절히 변형하여 구성할 수 있다.

1) 목표 제시와 악곡의 소개를 통한 흥미 유발

악곡의 이해를 위해 학생들에게 감상의 초점과 목표를 제시한다. 이를 위해 악곡과 작곡가에 대한 배경지식을 제시하여 학생의 흥미와 관심을 이끌어 낼 수 있다. 이어질 감상 활동에 도움을 주는 다양한 악곡 관련 내용을 소개하는 것도 효과적이다.

감상 활동의 준비를 위해 다음과 같은 내용을 제시할 수 있다.

- 작곡가나 음악가의 전기에 대하여 간단하게 알아본다.
- 감상할 음악의 특징과 종류 또는 음악 듣기에 도움이 되는 음악 지식을 제시한다.
- 작곡된 시대와 그 음악의 역사적 · 문화적 배경의 특징을 설명한다.
- 감상 목적에 따라 적절한 감상 태도에 대한 안내를 해 준다.

• 감상 제재곡의 주제 리듬이나 가락을 먼저 부르거나 연주해 본다.

2) 음악 듣고 느끼기

선택된 악곡의 전체 혹은 부분을 들어 보고 그에 대한 느낌을 갖게 되는 단계이다. 음악에 대한 느낌은 개인적이며 주관적이다. 특정 반응을 유도하기보다는 음악에 대한 인상을 자유롭고 편안하게 말할 수 있는 분위기를 만들어 주는 것이 중요하다. 악곡에 대한 느낌은 듣는 사람의 과거 경험, 즉 어떤 음악을 자주 들어 왔는지에 따라 많은 영향을 받게 된다.

학생들의 적극적인 참여를 유도하기 위해서는 학생들이 음악을 듣고 다양한 느낌과 감정, 정서와 상상을 이끌어 낼 수 있는 적절한 발문을 하는 것이 도움이 될 수 있다. '음악을 들으면서 어떠한 장면이 떠오르는가?', 장면이 떠오른다면 '언제, 어디서, 누가, 무엇을, 어떻게, 왜?'와 같은 연계 질문들로 확장해 가면서 느낌과 상상의 범위를 넓혀 갈 수 있을 것이다. 또한 음악을 들으면서 변화하는 분위기와 느낌에 따라 적당한 형용사를 고를 수 있는 '감상 형용사표'를 제시하거나, '다섯 개의 단어로' '떠오르는 색이나 빛깔' '몸짓으로' 등의 흥미를 끌 수 있는 유도 활동을 제시하는 것도 효과적이다. 어휘의 성격에 제한을 두지 말고 가능한 한 음악과 연관 지어 다양한 특징과 인상을 상상하고 표현할 수 있도록 유도한다.

다음과 같은 질문을 시작으로 음악에 대한 느낌을 유도할 수 있다.

• 어떤 장면이 떠오르는가?
• 어떤 인물이 떠오르는가?
• 어떤 시대가 연상되는가?
• 하루 중 어느 때의 느낌인가?
• 음악의 느낌이나 분위기에 어울리는 형용사(색, 빛깔 등)가 있는가?
• 음악의 느낌을 몸짓이나 마임으로 표현해 볼 수 있는가?

3) 악곡의 음악적 특징 파악하기

듣기를 통해서 악곡이 갖고 있는 음악 요소의 특징을 변별하여 듣는 과정이다. 악곡은 다양한 구성적 특징을 가지고 있으므로 반복적인 듣기가 필수적이며, 한 번에 한두 가지의 특징들을 구체적으로 설명할 수 있도록 이끌어 준다. 느낌에 대한 설명과는 다르게 특징을 설명할 때는 음악에 대한 비교적 객관적인 특징들을 음악적 표현 방법으로 설명하도록 하며, 음이 높고/낮고, 빠르고/느리고, 복잡하고/단순하고, 크고/작고, 부드럽고/딱딱하고, 목소리/악기 소리 등의 간결하면서도 적절한 표현으로 답하도록 지도한다. 교사는 학생들이 이를 기록하도록 하여 다른 학생들의 반응과 공유하고 비교해 보는 과정을 통해서 음악적 경험을 설명할 수 있는 어휘를 늘려 가도록 한다. 악곡의 모든 특징을 대상으로 하기보다는 학습 목표, 학생들의 학년 수준과 음악적 수준에 맞는 곡의 원리와 음악적 요소를 다루도록 한다.

4) 분석적으로 듣기

분석 단계에서는 악곡의 구성 요소에 더욱 초점을 두고 이러한 요소들 사이의 관련성을 찾도록 한다. 다음과 같은 질문들을 할 수 있다.

- 어떤 음색을 들었는가?
- 어떤 악기 소리를 들었는가?
- 강세의 변화는 어떠한가?
- 빠르기의 변화는 어떠한가?
- 흥미로운 소리의 특징적인 표현이 있는가?
- 장조인가, 혹은 단조인가?
- 박자의 유형이 유지되는가, 혹은 바뀌는가?
- 당김음이 있는가?

- 비슷하거나 다른 악구들을 구별할 수 있는가?
- 음악이 반복되는가, 대비되는가?
- 긴장감이 있는가, 이완되는가?
- 음악의 성부 조직 혹은 형식을 알 수 있는가?(단성, 다성, 화성/AB, ABA, 론도 등)

5) 종합하여 해석하기

해석 단계에서는 학생이 무엇을 들었는가에 더하여 그에 대한 느낌과 그것이 무엇을 의미하는지를 이야기하게 한다. 첫 단계에서 이야기했던 느낌, 전체적 특징들을 다시 떠올리면서 그러한 느낌들이 음악의 어떠한 요소들과 연관된 것인지를 생각해 볼 수 있으며, 음악에 대한 학생들의 적극적인 판단을 더할 수 있다는 점에서 보다 확장된 감상 활동이라고 볼 수 있다.

이 단계에서 학생들은 자신들의 상상과 자신의 실제 생활에서의 경험 등을 관련지어 의견을 발표할 수 있다. 이러한 관련성은 학생의 문화적 특성, 개인적 관점, 과거의 음악적 경험에 따라 매우 다를 수 있다. 교사는 학생 각자가 들은 것에 대하여 확신을 갖도록 하여, 판단, 비평, 평가의 두려움 없이 스스로의 느낌과 생각을 적극적으로 표현하도록 격려한다. 다음과 같은 활동이 이 단계에서 활용될 수 있다.

- 음악과 관련지어 상상한 것을 모으고 비교한다.
- 음악과 관련된 주제, 분위기를 브레인스토밍한다.
- 어떤 때, 어떤 장소에서 연주되면 적합할지 이야기해 본다.
- 음악을 들은 후 그림을 그려 보거나 이야기를 꾸며 보고(개인 혹은 모둠별) 음악을 들으며 서로 비교해 본다.

6) 가치판단/평가하기

학생들이 다양한 방법으로 음악을 경험하여 곡의 특징을 알 수 있고, 음악에 대한 설명 및 분석과 더불어 악곡에 대한 종합적인 이해를 할 수 있게 되었다면, 다음 단계에서는 악곡의 가치에 대해 스스로 판단과 평가를 할 수 있도록 지도한다. 교사는 학생이 적절한 어휘를 사용할 수 있도록 권하며, '왜?'라는 질문을 주어 그러한 판단의 근거를 제시하도록 한다. 다음은 악곡에 대한 자신의 의견을 표현하는 방법의 예시이다.

- 새로운 소리로 구성된 음악이어서 흥미롭다.
- 내가 알던 음악들과 비슷하여 친근감이 있다.
- 연주 악기의 음색이 익숙하지 않아서 친근감이 들지 않는다.
- A 연주자의 연주가 B 연주자의 연주보다 더욱 마음에 든다.
- 전자악기는 우리가 알고 있던 악기와는 균형이 잘 맞지 않는 것 같다.
- 나는 화려하고 웅장한 오케스트라 음악이 좋다.

3. 감상 수업의 전략

1) 흥미 유발

감상 수업에 있어서 흥미 유발은 중요한 문제이다. 제재곡은 학생의 음악적 경험과 흥미 유발에 밀접한 관련을 가지고 있다. 초등 과정에서는 대체로 연상을 통한 흥미 유발이 수월한 표제음악들이 감상 제재곡으로 빈번히 선택된다. 교사는 악곡의 성격을 잘 파악하여 감상 시 학생들의 관심을 이끌어 내고, 악곡 이해에 도움을 줄 수 있는 부수적인 자료들을 준비할 필요가 있다. 다음은 흥미 유발을 위해서 생각해 볼 수 있는 방법들이다.

- 악곡이 학생들의 과거 경험을 고려할 때 흥미를 유발시키기에 적합한 길이와 성격인지 살펴본다.
- 친숙한 유형의 악곡부터 시작하여 점차 새로운 형태의 악곡으로 감상을 진행하는 것이 효과적이다.
- 악곡과 관련된 에피소드, 지역, 사건 등 배경 자료를 준비한다.
- 흥미를 유발하고 감상 활동에 도움을 줄 수 있는 그림, 도표 등을 제시하거나 말하기, 마임과 같은 타 영역의 소재도 고려해 본다.
- 악곡의 주제, 리듬 등을 들려주거나 연주하여 악곡에 익숙하게 한다.

2) 집중하여 듣기

음악 감상은 듣기를 통해서 음악을 이해하는 과정이다. 이는 일상생활에서 일어나는 배경음악으로 듣기나 분위기를 위해 가볍게 듣기와는 달리, 듣고 변별하거나 이해해야 할 목적이 있는 집중력을 요하는 의식적 듣기 활동이다. 학생들이 집중하여 음악을 듣도록 하기 위해서는 음악의 어떤 특징에 집중하여 들어야 할지를 분명히 제시하는 것이 효과적이다. 악곡을 무조건 반복하여 듣기보다는 매번 듣기의 목적을 달리하여 악곡의 특징들을 순차적으로 찾아낼 수 있도록 하는 것이 바람직하다. 또한 전체 듣기와 부분 듣기를 번갈아 하여 음악의 세부적인 특징을 변별하고 그러한 특징들이 악곡의 전체에서 어떻게 연계되어 펼쳐지는지를 경험히도록 지도하여야 한다.

- 감상의 시작에서 전체를 듣고 부분 듣기로 진행하는 '전체–부분–전체'의 방식이 일반적이지만, 악곡의 특징, 감상 활동의 목표, 학생들의 준비도 등을 고려하여 '부분 듣기–연결 듣기–전체 듣기'로 구성할 수 있다.

• 연주되는 악기 찾기, 박자의 특징 들어 보기, 가락의 반복을 찾기 등 듣기의 목표를 분명히 제시해 주면서 분석적 듣기의 범위를 넓혀 갈 수 있도록 지도한다.
• 듣고 난 후에는 그에 대한 묘사, 설명, 토의 등을 통해서 들은 것을 정리하는 과정을 반드시 거치도록 하는 것이 중요하다.

3) 신체 활동의 적용

음악은 소리가 가지고 있는 물리적 특징으로 인하여 청자의 역동적 반응을 유도한다. '높은음'을 들으면 청자는 실제로 물리적 높이를 연상한다. 음이 어떻게 진행되느냐에 따라서 청자는 음 진행의 움직임을 느끼게 된다. 음악의 구성 요소 중 박, 박자, 리듬, 가락, 빠르기, 셈여림과 같은 요소들은 신체적 움직임과 연계될 때 그 특징과 변화를 더욱 분명히 느낄 수 있다.

▶ [악보 11-1]의 음악을 들어 보자. 음들의 진행에서 어떠한 움직임을 포착할 수 있는가? 음의 움직임에 따라 손가락으로 선을 그려 보도록 한다. 강약의 변화에 따라 '왕벌'과의 거리감이 어떻게 느껴지는지를 손가락으로 표시해 보도록 한다(예: '***pp***'-멀리, '***ff***'-가까이).

악보 11-1 림스키-코르사코프의 <왕벌의 비행>

▶ [악보 11-2]와 [악보 11-3]의 음악을 들으며 음악의 움직임에 맞추어 걸어 보자. 어떻게 다른가? 4/4박자 행진곡의 씩씩한 발걸음과 3/4 박자 왈츠의 춤추는 느낌의 발걸음을 비교해 보자.

악보 11-2 요한 슈트라우스의 <라데츠키 행진곡>

악보 11-3 브람스의 왈츠

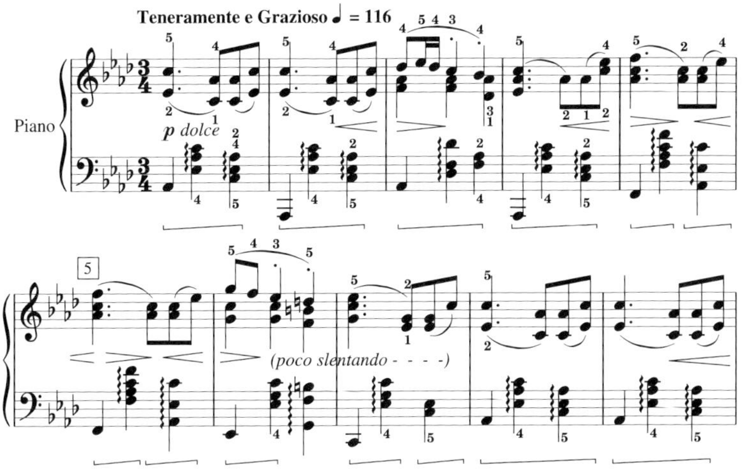

▶ [악보 11-4]와 [악보 11-5]의 음악을 듣고 그 느낌을 몸짓으로 표현해 보자. 두 곡의 차이를 비교해 보자.

악보 11-4 생상스 <동물의 사육제> 중 '캥거루'

악보 11-5 생상스 <동물의 사육제> 중 '백조'

앞의 음악들에서 일련의 음들이 만들어 내는 움직임은 듣는 사람으로 하여금 물리적인 이동을 느끼게 한다. 음들이 만들어 내는 움직임의 느낌은 음의 높고 낮음 외에도 음들과 음들 사이 간격의 변화나 빠르기의 변화 또는 크고 작은 강세의 배치를 변화시킴으로서 유발된다. 다음과 같이 음악의 요소적 특징에 따라 다양한 신체 움직임을 적용할 수 있다.

- 음악의 규칙박에 맞추어 걷는다.
- 음악에 나타나는 반복적인 리듬을 손뼉치기로 따라 해 본다.
- 악곡의 주제 선율을 들으며 가락선으로 그려 본다.
- 악곡의 빠르기의 변화에 맞추어 걷기, 팔 젓기 등을 해 본다.
- 악곡의 강세의 변화에 따라 몸을 움츠리거나 펴 본다.
- 음악의 인상을 마임으로 표현해 본다.

4) 그림 악보를 활용한 감상 지도

그림 악보는 음악의 분위기, 가사 내용, 음악의 구성 요소 등을 쉽게 인식할 수 있도록 시각적으로 다양하게 나타낸 것이다. 교수-학습 측면에서 시각적인 이미지를 사용했을 때 학습 동기를 효과적으로 부여할 수 있을 뿐만 아니라, 추상적인 개념의 정립이 아직 확실히 되어 있지 않은 초등학교 저학년 학생들에게 그림 악보는 음악의 추상적인 의미를 구체화시킬 수 있으며, 음악이 표현하고자 하는 의미를 보다 빠르게 이해시킬 수 있다.

그림 악보를 활용하게 되면 음악의 부분적인 구조와 악곡 전체의 윤곽을 쉽게 파악할 수 있으며, 음악의 개념을 파악하는 데에도 도움이 된다. 특히 막대 그림 악보의 경우는 음의 길고 짧음, 높고 낮음을 시각적으로 쉽게 파악하는 데 매우 효과적이다. 또한 초등학교 음악 감상에서 그림 악보의 활용은 학생들로 하여금 시각적 흥미를 유도하여 음악에 더욱 집중할 수 있는 올바른 태도로 이끌 수 있다. 그림 악보에는 다음과 같은 종류가 있다.

(1) 주제 그림 악보

주제 그림 악보(theme chart)란 악곡의 주제 가락을 그림으로 제시한 것이다. 제목이 상징하는 그림으로 주제 가락선율을 그리면 주제 그림 악보가 되는데, 특히 표제 음악을 학습할 때 쉽게 적용할 수 있다.

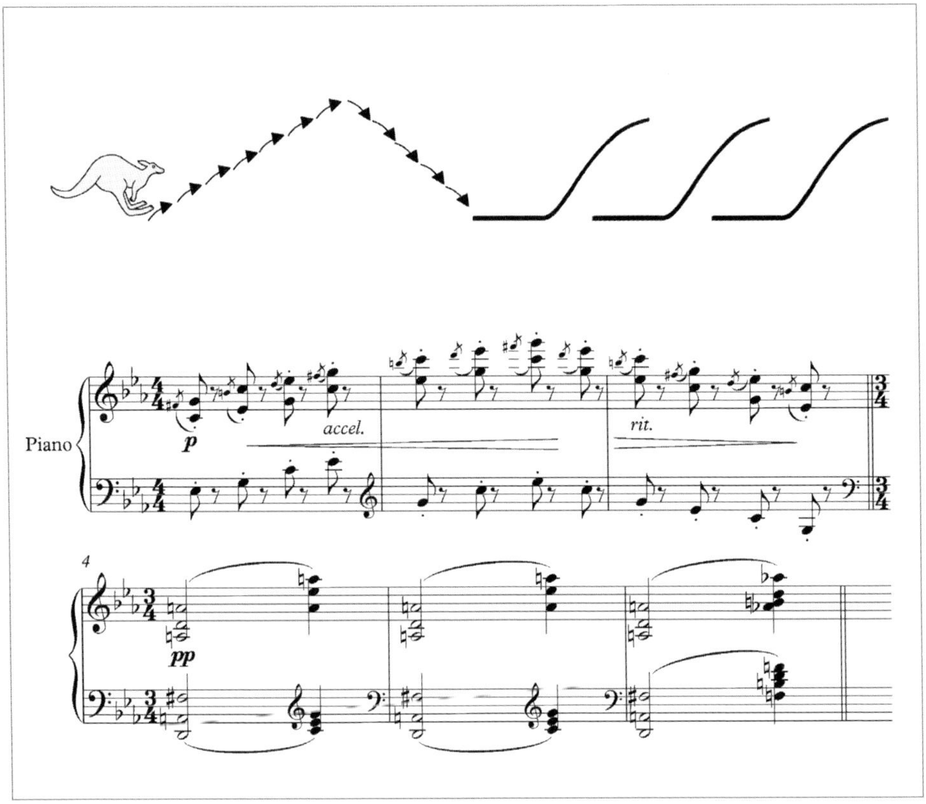

[그림 11-2] 〈동물의 사육제〉 중 '캥거루'의 주제 그림 악보

[그림 11−2]는 악곡이 묘사하고 있는 주제 또는 표현의 소재인 '캥거루'를 활용해서 주제 가락의 음의 고저와 선율을 나타내고 있다. 캥거루 그림을 보며 박자치기를 하거나 캥거루의 움직임을 나타내는 주제 가락의 움직임을 가락선으로 나타내 보거나 주제 가락의 구성음들을 악보에서 찾아볼 수 있다. 반복 듣기를 하면서 전체 음악에서 주제 선율이 몇 번 나왔는지, 또 가락의 변화가 어떻게 진행되었는지를 파악하여 악곡의 전체적인 이해를 돕도록 활용할 수 있다.

(2) 막대 그림 악보

막대 그림 악보(bar chart)란 곡의 주제 부분 전체를 막대 모양으로 그려 표현하는 방법으로 가락이나 리듬을 막대 모양으로 그려서 나타내는 것이다. 막대 그림 악보는 주제 선율의 음높이의 변화와 음길이를 상대적인 비율로 설정하여 그리게 되는데 그림 악보보다는 음악적 사건에 더 집중할 수 있도록 하여 주제 그림 악보보다 감상곡의 구조를 파악하는 데 훨씬 효과적이다.

막대 그림 악보에서 막대의 길이는 음의 길이를 나타낸다. 기준 막대를 중심으로 막대가 반이 짧으면 음의 길이가 짧아지고, 막대가 두 배 길면 음의 길이도 두 배로 길어진다. [그림 11−3]에서 막대는 음의 높이를 나타낸다. 기본음의 높이를 중심으로 높낮이에 따라 음의 고저를 알 수 있다. 또한 마지막 줄의 크고 두꺼운 막대는 소리가 갑자기 커진 것을 나타낸다.

먼저 현악기로 주제를 연주하는데 이것은 아무런 장식이 없는 프랑스 민요풍의 주제라고 할 수 있다. ***p*~*pp***의 셈여림으로 숨을 죽이고 있다가 갑자기 강한 소리로 모든 악기가 폭발하듯 울린다.

주제에 이어서 현악기, 플루트, 오보에, 호른 등이 함께 피아니시모(***pp***)로 반복 연주된다.

[그림 11-3] 하이든 〈놀람교향곡〉 2악장의 막대 그림 악보의 예

5) 마인드맵을 활용한 맥락적 감상 활동

음악 감상의 제재곡들은 구성적 음악 특성 외에도 해당 음악이 가지고 있는 다양한 맥락적 특징이 있다. 맥락적 특징에는 작곡가와 관련된 내용, 악곡의 배경 스토리, 악곡이 연주된 시대적 배경 등을 생각해 볼 수 있다. 마인드맵은 생각의 전개 과정을 그림으로 나타낸 것이다. 마인드맵은 악곡의 음악적 특징 외에 악곡의 배경에 담긴 내용들로 확장 접근함으로써 통합적인 감상을 유도할 수 있다.

[그림 11-4]는 4학년 감상 제재곡인 무소륵스키(M. P. Musorgsky, 1839~1881)의 모음곡 〈전람회의 그림〉 중 '골덴베르크와 슈미일레'의 감상 활동에서 사용할 수 있는 마인드맵 감상지이다. 음악을 들으면서 악곡의 배경에 담겨 있는 장면이나 스토리를 상상하며 마인드맵을 완성하면 색다른 연상적 감상을 경험할 수 있다. 마인드맵을 완성한 후 다시 음악을 들으면서 어떤 음악적 요소가 그러한 스토리를 전개하도록 했을지 함께 이야기해 본다.

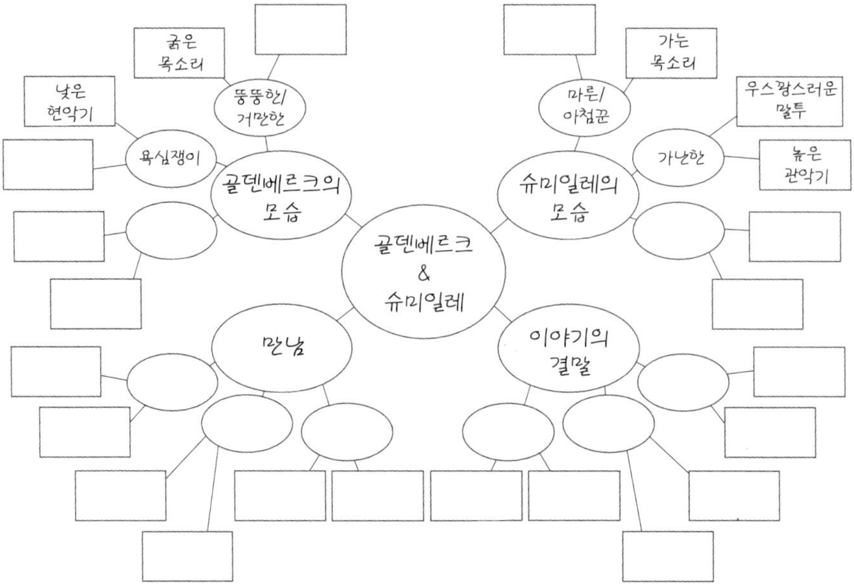

부유하고 거만한 골덴베르크와 가난하고 비굴한 슈미일레의 대화를 나타냈다. 골덴베르크가 거만하게 이야기를 시작하고 다음에 슈미일레가 빈약하게 지껄이는데, 낮은 음의 위압적인 골덴베르크의 소리에 슈미일레가 압도당한다.

골덴베르크의 주제 (저음 현악기)

슈미일레의 주제 (고음 관악기)

[그림 11-4] 마인드맵을 활용한 감상지

4. 감상하기 수업 지도안

감상 활동 목표는 학년에 따라 성취의 수준이 달라질 수 있으며, 같은 학년 안에서도 단원의 성격에 따라서 강조되는 점이 달라질 수 있다. 저학년의 감상은 악곡을 듣고 그에 대한 전체적인 느낌과 인상적인 특징들을 대략적으로 파악하는 활동을 통해서 관심을 이끌어 내고, 음악을 듣는 태도와 악곡을 듣고 느낌과 특징을 감지할 수 있는 기초적인 능력을 기르는 데 중점을 두며, 학년이 올라갈수록 악곡을 구성하고 있는 객관적인 특징 파악으로 진행된다.

교과서에 나타나는 감상 활동은 ① 독립된 감상 활동 단원으로 구성, ② 가창, 기악, 창작 등 다른 활동과의 연계 차시로 구성, ③ 가창, 기악 등 주 제재곡과 연계된 참고곡 듣기로 구성하는 경우를 생각해 볼 수 있다. 단원의 목표, 동반 구성된 음악 활동 및 제재곡들의 성격은 감상 활동 구성에 있어 제재 악곡의 특징, 음악 요소, 악곡 관련 지식의 어떤 부분에 중점을 두어 활동을 구성해야 할지를 판단할 수 있는 중요한 지침이 된다.

〈표 11-2〉는 노르웨이 작곡가 그리그(E. H. Grieg, 1843~1907)의 모음곡 제1번 〈페르귄트〉 중 네 번째 곡인 '산왕의 궁전에서'의 감상 활동 예시로, 나단조, 4/4박자 행진곡풍의 곡이다. 8분음표와 4분음표로 구성된 리듬꼴이 바삐 움직이는 모습을 잘 묘사하고 있으며, 급박히 빨라지며 커지는 음악의 진행으로 산왕의 군사들에게 쫓기는 모습을 효과적으로 묘사하고 있다. 주제가 악곡 전체에서 반복됨으로써 움직임의 묘사가 더욱 효과적으로 표현된 악곡이다.

〈표 11-2〉 감상하기 수업 단계

	교수 · 학습 단계		교수 · 학습 방법	비고
도입	선수학습 상기하기		• 기습곡 중 4/4 박자의 빠른 빠르기의 노래 불러 보기 • 4분음표와 8분음표의 분할, 4/4박자의 주요 리듬치기 점검	학생들이 수업 목표를 설정할 수 있다.
	동기 유발		• 감상 제재곡 ‘산왕의 궁전에서’를 듣고 어떤 이야기가 담겨져 있을지를 상상해 보기 • ‘페르귄트’의 이야기를 들려주기 −어떤 인물인가? −왜 산왕의 부하에게 쫓기게 되었을까?	
	수업 목표 제시하기		• 수업 목표의 제시 −악곡의 특징과 분위기를 파악하며 감상할 수 있다. −빠르기와 셈여림의 변화를 느끼며 감상할 수 있다. • 주요 활동 설명하기	
전개	제재곡의 특징 이해하기	제재곡의 가락 특징 알기	• 주제를 제시해 주고 리듬과 가락의 특징을 생각하며 들어 보기 	음악을 익힌 후에 음악적 개념을 용어로 설명한다.
		제제곡의 리듬 특징 알기	• 제재곡의 주제를 제시해 주고 리듬치기 해 보기 • 재미있는 가사를 붙여 말 리듬으로 표현해 보기 	
		제제곡의 표현적 특징 알기	• 주제의 리듬을 점점 빠르게 불러 보기 • 주제의 리듬을 점점 크게 불러 보기	
	악곡 감상하기	음악 듣기	• 다시 음악을 들어 보면서 ‘신왕의 궁전에서’의 특징 생각해 보기	
		응답 정리하기	• 빠르기의 변화 이해하기 • 셈여림의 변화 이해하기	

	심미적 감상 유도하기	응답 발표하기	• '산왕의 궁전에서' 특징을 셈여림, 빠르기의 개념과 관련지어 설명해 보기 • 악곡의 느낌을 달리 표현할 수는 없을지 이야기해 보기	
		음악 듣기	• 셈여림, 빠르기의 변화에 주의를 기울여 다시 들어 보기	
		생각 정리하기	• 악곡 감상문을 작성하기 –음악의 느낌에 대하여 설명한다. –음악의 특징에 대하여 설명한다. –'산왕의 궁전에서'에 대한 나의 생각에 대하여 설명한다.	
정리	배운 개념 정리하기		• 친구의 감상문을 함께 읽어 보기 • 감상 제재곡 '신왕의 궁전에서'의 악곡의 배경, 음악적 특징을 정리하기	
	다시 듣기		• 주요 부분만 다시 듣기	
	차시 예고		• 다음 시간의 수업 내용이나 주요 활동, 준비 등을 예고하기	

제12장

음악과 평가하기

음악과 평가하기는 음악적 역량, 즉 음악적 능력이나 지식 혹은 태도 등에 대해 정한 기준에 따라 성취 정도를 판단하는 행위이며, 이것은 학생들의 음악적 역량을 이해하는 동시에 창의성이나 음악성을 발전시킬 목적을 가지고 있다. 이 장에서는 음악과 평가의 이론과 실제를 구분하여 제시한다. 음악과 평가의 이론에서는 음악과 평가의 의미, 음악과 평가의 내용, 음악과 평가의 방법, 평가 결과의 활용 등을 설명하고, 음악과 평가의 실제에서는 인지적 영역, 심동적 영역, 생활화 영역으로 구분하여 평가 준거와 문항 예시를 제시한다. 이를 통해 음악 수업에서 활용할 수 있는 평가의 기본적인 개념을 이해하고 평가 계획을 세우며 실제 문항이나 평가 기준을 개발하는 데 도움을 주고자 한다.

1. 음악과 평가의 이론

1) 음악과 평가의 의미

음악과 평가란 음악적 역량, 즉 능력이나 지식 혹은 태도 등에 대해 정한 기준에 따라 도달 정도를 판단하는 행위이다. 음악과 평가는 학생들의 음악적 역량을 이해하는 동시에 창의성이나 음악성을 발전시킬 목적을 가진다. 음악적 역량은 심동적 · 인지적 · 정의적 영역으로 구분하여 설명할 수 있다. 심동적 역량은 실제 음악적 행위를 하는 역량을 말하고, 인지적 역량은 음악을 이해, 분석, 해석, 종합하는 역량을 말하며, 정의적 역량은 음악에 대한 태도, 관심, 흥미, 집중력 등의 능력을 의미한다.

음악과 평가는 학습을 하기 전에 진단을 위한 평가와 학습 후에 성취를 판단하는 형성 평가, 그리고 수업 과정에 실시하는 과정 평가 등으로 구분한다. 음악과 평가는 교육적 목적에 따라 설계되며, 평가의 결과는 교사에게는 학습의 목표와 내용 및 방법에 대한 반성 자료로, 학생에게는 수업 방법을 보완하는 수단으로 활용될 수 있도록 해야 한다.

2) 음악과 평가의 내용

음악과 평가는 음악적 역량을 판단하기 위한 것이며, 음악적 역량을 심동적 · 인지적 · 정의적 영역으로 구분하여 살펴보면 다음과 같다.

심동적 영역은 가창, 기악, 창작 활동에서의 기능적 측면을 의미한다. 가창 활동에서는 노래 부르는 능력, 기악 활동에서는 악기 연주하는 능력, 창작 활동에서는 악보를 그려 음악을 만드는 능력과 악기를 연주하면서 새로운 음악을 만드는 즉흥 연주 능력 및 이야기음악 만들기 등의 능력과 관련된다.

〈표 12-1〉 음악과 평가의 내용과 방법

영역		평가의 내용	주요 평가의 방법
심동적 영역	가창	노래 부르기 능력	관찰 평가(실기 평가), 상호 평가, 포트폴리오 평가
	기악	악기 연주하기 능력	
	창작	작곡, 즉흥 창작, 이야기음악 만들기 능력	
인지적 영역	요소	리듬, 가락, 화성, 형식, 셈여림, 빠르기, 음색	지필 평가, 실음 지필 평가, 면접 평가, 포트폴리오 평가
	종류	오페라, 교향곡, 실내악, 판소리, 시조	
	배경 지식	악곡의 작사가, 작곡가, 만든 시기, 연주된 과정, 음악의 역사	
정의적 영역	관심	음악 활동에 참여도, 음악 활동에 적극성	관찰 평가, 면접 평가, 자기 평가, 상호 평가, 포트폴리오 평가
	흥미	음악의 아름다움을 즐기는 정도	
	집중력	음악 연주나 연습에서의 집중력	

인지적 영역은 음악의 요소와 종류, 그리고 배경지식 등으로 구분하여 설명할 수 있다. 음악의 요소는 일반적으로 리듬, 가락, 화성, 형식, 셈여림, 빠르기, 음색 등 일곱 가지가 있다. 음악의 종류로는 오페라, 교향곡, 행진곡, 소나타 등 다양한 종류가 있다. 그리고 음악의 배경지식은 역사적 · 사회적 · 문화적 지식을 포함한다.

정의적 영역은 태도나 느낌에 대한 것으로 교육에서 중요하게 다루고 있다. 수업에서 많은 지식을 습득하고 행동할 수 있는 능력을 갖게 되었다고 하더라도 음악에 흥미를 잃어버린다면 그 수업의 가치는 떨어질 수 있다. 따라서 음악 수업은 음악에 대한 관심과 흥미를 높이고 집중력을 기를 수 있도록 해야 하며, 그것들을 평가해야 한다. 〈표 12-1〉은 음악과 평가의 영역별 내용과 그에 따른 방법을 보여 준다.

3) 음악과 평가의 방법

음악과의 평가 방법으로는 지필 평가, 관찰 평가, 면접 평가, 자기 평가, 상호 평가, 포트폴리오 평가 등을 활용한다. 지필 평가는 주로 인지적 능력을 평가하는 것으로, 음악의 요소에 대한 이해력을 평가하거나 음악의 역사 혹은 음악의 종류를 이해하고 있는지를 평가한다. 또한 지필 평가는 음악을 들려주고 그 음악의 지식에 대해 쓰는 경우가 많은데, 이런 평가는 '실음 지필 평가'라고 한다.

관찰 평가는 교사가 학생이 실제 음악 활동을 하는 것을 관찰하여 평가하는 방법으로 '실기 평가'라고 부르기도 한다. 관찰 평가의 경우 총괄 평가 혹은 준거 평가를 하는데, 총괄 평가는 학생의 전체적인 음악 활동에 점수를 주거나 특성을 파악하는 평가 방법이고, 준거 평가는 결과에 대한 객관성을 높이기 위해 평가의 요소를 사전에 몇 가지로 구분하여 요소별 특성을 파악하는 평가 방법이다. 평가 요소는 기초 기능, 표현, 태도 등으로 구분하고, 기초 능력에 대한 준거를 상, 중, 하 등으로 구분하여 각각의 기준을 정해 평가한다. 준거 평가는 요소에 대한 준거를 미리 결정하여 평가함으로써 평가의 신뢰도를 높일 수 있는 장점이 있다. 〈표 12-2〉는 독창 평가를 위한 준거 평가의 예를 보여 준다.

면접 평가는 교사와 학생이 일대일로 질문과 응답을 이어 가는 평가이다. 음악과 평가에서 면접 평가는 인지적 영역이나 정의적 영역에서 유용하게 활용될 수 있다. 면접 평가는 학생 개인이 가지고 있는 지식의 수준을 비교적 정확하게 파악할 수 있

〈표 12-2〉 준거 평가의 예(독창의 경우)

요소	준거	
기초 기능	상	리듬과 가락이 전체적으로 정확하다.
	중	리듬과 가락이 대체로 정확하다.
	하	리듬과 가락이 부분적으로 정확하다.
표현	상	음악적 표현이 전체적으로 적절하다.
	중	음악적 표현이 대체로 적절하다.
	하	음악적 표현이 부분적으로 적절하다.
태도	상	노래 부를 때 집중력이 높다.
	중	노래 부를 때 집중력이 보통이다.
	하	노래 부를 때 집중력이 낮다.

다는 장점이 있다. 그러나 시간이 오래 걸리고 면대면 평가이기 때문에 감성에 치우칠 가능성이 있어 객관성을 잃을 수 있다는 단점이 있다.

자기 평가는 학생 스스로 하는 평가이다. 음악과 평가에서 자기 평가는 모든 영역에서 활용 가능하지만, 특히 정의적 영역에서 유용하다. 학생 자신이 음악을 즐기고 있는지, 적극적으로 참여하는지 등을 평가하는 것이다. 자기 평가는 스스로 잘 알고 있는 대상에 대한 평가라는 점에서 타당성은 높지만 객관적인 평가가 어렵기 때문에 신뢰성을 유지하기가 어렵다는 단점이 있다.

상호 평가는 동료 학생의 활동을 서로 평가하는 것이다. 상호 평가는 심동적 영역이나 정의적 영역 평가에서 유용하다. 학생들은 서로 가창이나 기악 등의 음악 활동에 대한 평가를 할 수 있지만 전문적인 판단이 어렵다는 점에서 상호 평가는 참고나 보조 자료로 활용한다.

포트폴리오 평가는 음악 활동의 산출물을 누가적으로 모은 자료집을 평가하는 것이다. 음악과 평가에서 포트폴리오 평가는 전 영역에서 활용될 수 있다. 학생들의 음악 자료집에는 노래하거나 악기를 연주한 녹음 자료, 음악 활동 사진 자료, 음악 작품 등이 모두 포함될 수 있다.

4) 평가 결과의 활용

평가 결과는 다음과 같은 방향으로 활용되어야 한다. 첫째, 교사의 수업을 개선하는 데 활용되어야 한다. 둘째, 학생 스스로 학습의 방법을 개선하는 데 활용되어야 한다. 셋째, 학부모가 학생 지도를 위한 방법을 개선하는 데 활용되어야 한다.

평가의 결과는 희망과 의욕을 주기도 하지만 실망과 좌절을 준다. 이것들은 학습에 긍정적인 자극으로 활용되기도 하지만, 학생에게 좌절의 실마리를 제공하기도 한다는 점을 인식하면서 평가 결과의 활용에 유의해야 한다.

2. 음악과 평가의 실제

1) 인지적 영역의 평가(이해 영역의 평가)

인지적 영역의 평가는 음악에 대한 지식의 이해 수준을 평가하는 것이다. 음악 개념을 평가하고자 할 때는 실제 음악을 들려주는 '실음 지필 평가' 형태가 바람직하다. 실음 지필 평가는 음악이 담고 있는 개념, 역사적 · 문화적 · 사회적 지식 등의 배경지식, 혹은 음악의 종류 등을 묻는 문항 등으로 구성된다. 지필 평가는 선다형, 단답형, 진위형, 서술형 등을 활용할 수 있다.

(1) 실음 지필형

실음 지필 평가는 단순한 리듬을 들려주고 그 리듬을 악보로 옮긴 것을 맞히는 형태부터, 감상곡을 들려주고 그 음악에 대한 내용을 묻는 문항까지 매우 다양한 형태로 만들어질 수 있다. 〈표 12-3〉과 〈표 12-4〉는 실음 지필형 문항의 예이다.

〈표 12-3〉 실음 지필형 문항의 예 I

* 음악을 듣고 리듬을 악보에 바르게 옮긴 것의 번호를 적으시오.

〈들려주는 리듬〉

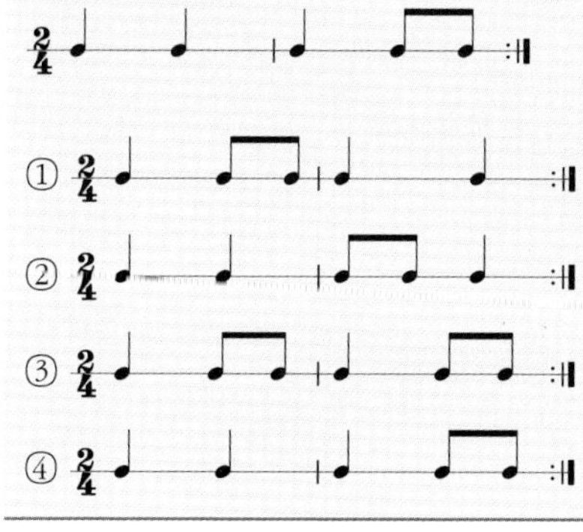

〈표 12-4〉 실음 지필형 문항의 예 II

* 음악을 듣고 가락을 악보에 바르게 옮긴 것의 번호를 적으시오.

〈들려주는 가락〉

① 

② 

③ 

④ 

(2) 선다형

선다형은 여러 개의 답 중 한 가지를 선택하는 문항 형태를 말한다. 선다형은 4지선다형, 5지선다형 등을 활용한다. 〈표 12-5〉는 5지선다형 문항의 예이다.

〈표 12-5〉 5지선다형 문항의 예

* 음악을 듣고 악보에 바르게 옮긴 것의 번호를 적으시오.

〈음악을 들려줌〉

1. 감상한 음악의 박자로 어울리는 박자는?
   ① 2/4 ② 3/4 ③ 4/4 ④ 6/8 ⑤ 8/9
2. 감상한 음악은 다음 중 어떤 음악인가?
   ① 제창 ② 2부 합창 ③ 부분 2부 합창 ④ 돌림노래 ⑤ 3부 합창
3. 감상한 음악의 끝나는 음의 계이름은?
   ① 도 ② 레 ③ 미 ④ 파 ⑤ 솔

(3) 단답형

단답형은 단순하게 혹은 한 가지로 답하는 형을 말한다. 주로 명사로 답하는 형태가 많으며, 선다형의 문항을 단답형으로 만들 수 있다. 〈표 12-6〉은 단답형 문항의 예이다.

〈표 12-6〉 단답형 문항의 예(선다형을 문항을 단답형으로 만든 예)

*음악을 듣고 다음의 물음에 답하시오.

〈음악을 들려줌〉

1. 감상한 음악은 몇 분의 몇 박자 노래인가?
   답: 4/4박자
2. 감상한 음악은 몇 성부로 노래하는가?
   답: 2성부(혹은 부분 2부, 부분 2부 합창)
3. 감상한 음악의 끝나는 음의 계이름은?
   답: 도

(4) 진위형

진위형은 옳은지 그른지를 묻는 질문이며, ○× 문항이라고도 한다. 진위형 역시 선다형을 변형해서 사용할 수 있다. 〈표 12-7〉은 진위형 문항의 예이다.

〈표 12-7〉 진위형 문항의 예

*음악을 듣고 다음의 물음에 맞으면 ○, 틀리면 ×로 답하시오. 〈음악을 들려줌〉 1. 감상한 음악은 4/4박자이다. 답: ○ 2. 감상한 음악은 제창곡이다. 답: × 3. 감상한 음악의 계이름 '도'로 끝난다. 답: ○

2) 심동적 영역의 평가

(1) 가창(독창과 합창)의 평가 기준

가창 평가는 노래 부르는 활동 자체를 평가하는 것으로 수행 평가의 취지에 맞는 평가이다. 가창은 독창, 중창, 합창으로 구분하여 평가 기준을 만들어야 한다. 독창 평가의 요소는 기초 기능에 해당하는 발성, 리듬, 가락 등과 표현력에 해당하는 셈여림, 빠르기, 태도 등 세 가지로 구분한다. 중창과 합창은 어울림이 중요한 요소리고 할 수 있다. 따라서 평가 요소는 기초 기능, 표현, 태도라는 세 가지 요소라고 하더라도 표현에서 가락의 표현과 성부의 어울림을 더 강조해야 한다. 가창의 평가 기준은 〈표 12-8〉과 같이 정리할 수 있다.

〈표 12-8〉 독창, 합창(중창)의 평가 기준

요소	준거		
기초 기능	상		리듬과 가락을 전체적으로 정확하게 노래 부를 수 있다.
	중		리듬이나 가락을 대체로 정확하게 노래 부를 수 있다.
	하		리듬과 가락을 부분적으로 정확하게 노래 부를 수 있다.
표현	상	독창	음악적 표현이 전체적으로 적절하다.
		합창	음악적 표현과 성부의 어울림이 전체적으로 적절하다.
	중	독창	음악적 표현이 대체로 적절하다.
		합창	음악적 표현과 성부의 어울림이 대체로 적절하다.
	하	독창	음악적 표현이 부분적으로 적절하다.
		합창	음악적 표현과 성부의 어울림이 부분적으로 적절하다.
태도	상		노래 부를 때 집중력이 높다.
	중		노래 부를 때 집중력이 보통이다.
	하		노래 부를 때 집중력이 낮다.

(2) 기악(독주와 합주) 평가 기준

기악 평가는 악기 연주하는 활동 자체를 평가하는 것으로 수행 평가의 취지에 맞는 평가이다. 기악은 독주, 중주, 합주 등으로 구분하여 평가 기준을 만들어야 한다. 독주 평가의 요소는 기초 능력에 해당하는 운지법, 리듬, 가락 등과 표현력에 해당하는 셈여림, 빠르기, 태도 등 세 가지로 구분한다.

중주와 합주는 독주과 다르게 성부의 어울림이 중요한 요소라고 할 수 있다. 따라서 평가 요소는 기초 기능, 표현, 태도라는 세 가지 요소라고 하더라도 표현 능력에서 가락의 표현과 성부의 어울림을 더 강조해야 한다. 기악의 평가 기준은 〈표 12-9〉와 같이 정리할 수 있다.

〈표 12-9〉 독주, 합주(중주)의 평가 기준

요소	준거		
기초 기능	상		리듬과 가락을 전체적으로 정확하게 노래 부를 수 있다.
	중		리듬이나 가락을 대체로 정확하게 노래 부를 수 있다.
	하		리듬과 가락을 부분적으로 정확하게 노래 부를 수 있다.
표현	상	독주	음악적 표현이 전체적으로 적절하다.
		합주	음악적 표현과 성부의 어울림이 전체적으로 적절하다.
	중	독주	음악적 표현이 대체로 적절하다.
		합주	음악적 표현과 성부의 어울림이 대체로 적절하다.
	하	독주	음악적 표현이 부분적으로 적절하다.
		합주	음악적 표현과 성부의 어울림이 부분적으로 적절하다.
태도	상		연주할 때 집중력이 높다.
	중		연주할 때 집중력이 보통이다.
	하		연주할 때 집중력이 낮다.

(3) 창작 평가 기준

창작 평가는 작곡, 즉흥연주, 이야기음악 만들기 등으로 구분하여 실시된다. 창작 평가에서는 기초 기능, 표현, 태도 등을 평가한다. 작곡은 기준에 따라 악보에 음악을 적고 그것을 평가한다. 작곡에서 기준이란 2/4박자, 바장조, 8마디, 동형 진행 활용 등과 같이 작곡을 하는 데 기본적인 내용을 의미한다. 이 내용을 충족하는지를 기초 능력에 포함시킬 수 있다. 그리고 창의성은 가락이 독창적으로 만들어졌는지를 판단하는 것이다. 작곡의 평가 기준은 〈표 12-10〉과 같이 정리할 수 있다.

〈표 12-10〉 작곡의 평가 기준

요소	준거	
기초 기능 (제안된 기준)	상	리듬과 가락이 전체적으로 정확하다.
	중	리듬과 가락이 대체로 정확하다.
	하	리듬과 가락이 부분적으로 정확하다.
표현	상	새로운 가락으로, 표현이 전체적으로 자연스럽다.
	중	새로운 가락으로, 표현이 대체로 자연스럽다.
	하	새로운 가락으로, 표현이 부분적으로 자연스럽다.
태도	상	작곡에 관심이 매우 높다.
	중	작곡에 관심이 보통이다.
	하	작곡에 관심이 낮다.

즉흥연주는 새로운 가락을 즉각적으로 연주하는 능력인데, 이것은 우선 생각한 것을 악기로 연주할 수 있는 악기 연주 능력을 가지고 있어야 하고, 새로운 음악을 만들어 낼 수 있는 능력이 있어야 한다. 즉흥연주의 평가 기준은 〈표 12-11〉과 같이 정리할 수 있다.

〈표 12-11〉 즉흥연주의 평가 기준

요소	준거	
기초 기능 (악기 연주 능력)	상	의도한 음악을 전체적으로 악기로 표현한다.
	중	의도한 음악을 대체로 악기로 표현한다.
	하	의도한 음악을 부분적으로 악기로 표현한다.
표현 (새로운 음악을 만드는 능력)	상	새로운 가락으로, 표현이 전체적으로 자연스럽다.
	중	새로운 가락으로, 표현이 대체로 자연스럽다.
	하	새로운 가락으로, 표현이 부분적으로 자연스럽다.
태도	상	즉흥연주에 관심이 매우 높다.
	중	즉흥연주에 관심이 보통이다.
	하	즉흥연주에 관심이 낮다.

이야기음악 만들기 평가는 이야기에 맞는 소리를 만들거나 편집한 결과, 혹은 과정을 평가하는 것이다. 이야기를 음악으로 표현하는 것은 기초 기능, 표현, 태도 등을 평가한다. 이야기를 소리로 만들기 평가 기준은 〈표 12-12〉와 같이 정리할 수 있다.

〈표 12-12〉 이야기음악 만들기 평가 기준

요소	준거	
기초 기능 (소리 만드는 능력)	상	악기나 물건으로 의도된 소리를 만들 수 있다.
	중	악기나 물건으로 의도된 소리를 대체로 만들 수 있다.
	하	악기나 물건으로 의도된 소리를 부분적으로 만들 수 있다.
표현 (이야기에 어울림)	상	이야기를 음악으로 표현한 것이 전체적으로 자연스럽다.
	중	이야기를 음악으로 표현한 것이 대체로 자연스럽다.
	하	이야기를 음악으로 표현한 것이 부분적으로 자연스럽다.
태도	상	이야기를 소리로 만들기에 관심이 매우 높다.
	중	이야기를 소리로 만들기에 관심이 보통이다.
	하	이야기를 소리로 만들기에 관심이 낮다.

3) 생활화 영역의 평가

생활화 영역의 평가는 학생들이 음악을 생활화한 경험을 정리하는 것으로, 포트폴리오 혹은 기록장을 활용하여 정리하고 그것을 평가한다. 여기에서는 학생들이 음악 활동한 것을 기록할 수 있는 기록장의 예를 〈표 12-13〉과 같이 제시한다. 학생들은 음악회 감상, 학교 내외에서 참여한 연주회, 가족 음악회, 가족 행사에서의 연주, 음악으로 감동한 사례 등을 모두 기록하여 제출한다.

〈표 12-13〉 음악 활동 기록장의 예

일시	종류	주요 내용	장소	감동적인 면	비고
○○년 ○○월 ○○일	음악회 감상	차이코프스키, 〈백조의 호수〉	문화회관	발레와 음악의 아름다운 조화	
○○년 ○○월 ○○일	연주회 참여	학교 오케스트라 병원 위문공연	우리들 병원	음악으로 봉사의 기쁨을 경험	
○○년 ○○월 ○○일	가족 음악회	가족 음악회 방송 출연	방송국	음악으로 가족이 하나됨	
○○년 ○○월 ○○일	가족 행사에서의 연주	가족 행사에 리코더 연주	식당	음악을 통해 가족의 사랑을 느낌	

생활화 영역의 평가는 기록장을 활용하여 직접 판단을 내린다. 기록장의 평가 기준은 〈표 12-14〉와 같이 정리할 수 있다.

〈표 12-14〉 음악 활동 기록장에 대한 평가 기준

요소	준거	
활동 기회	상	생활 속에서 음악 활동의 기회를 자주 가진다.
	중	생활 속에서 음악 활동의 기회를 보통으로 가진다.
	하	생활 속에서 음악 활동의 기회를 가끔 가진다.
활동의 질	상	음악 활동의 예술적 수준이 높다.
	중	음악 활동의 예술적 수준이 보통이다.
	하	음악 활동의 예술적 수준이 낮다.
태도	상	생활 속에서 음악에 대한 관심이 높다.
	중	생활 속에서 음악에 대한 관심이 보통이다.
	하	생활 속에서 음악에 대한 관심이 낮다.

생활화 영역에서 감상문을 쓰는 과제를 내고 그것을 평가할 수 있다. 감상문은 다음 〈표 12-15〉와 같은 양식을 활용하여 과제를 내 준다.

〈표 12-15〉 감상문 양식

이름		반, 번호	
감상 제목		장소	
날짜		시간	
프로그램			
출연자			
내용 및 감상 느낌			

음악을 생활화하기 위해서는 다양한 음악을 즐기는 데 그치지 않고 음악의 기능을 생각하고 활용할 수 있도록 해야 한다. 즉, 생활의 여러 가지 행사에 적합한 음악을 찾아 준비할 수 있는 능력을 가질 필요가 있다. 이를 위해 여러 가지 평가 문항을 생각할 수 있다. 〈표 12-16〉은 음악의 기능 이해를 자극할 수 있는 문항이다.

〈표 12-16〉 음악의 기능 이해를 위한 문항

* 물음에 적합한 음악을 구체적으로 제시하시오.
1. 체육대회에서 선수들이 입장할 때 배경 음악으로 적절한 음악을 선택하고, 그 이유를 쓰시오.
2. 가족 행사, 결혼식, 부모님 생신 등에 활용할 수 있는 음악을 선택하고, 그 이유를 쓰시오.
3. 학교에서 수업 시작과 끝을 알리는 시보로 적절한 음악을 선택하고, 그 이유를 쓰시오.

4) 종합 평가

(1) 총괄 평가

앞에서 설명한 평가 방법 등은 모두 음악적 활동을 요소로 나누어 분석적으로 평가한 것이다. 그러나 실제로는 요소를 구분하지 않고 총괄적으로 평가하는 경우가 많으며, 전문가의 총괄 평가는 정확성이 매우 높다. 따라서 요소를 구분하여 분석적으로 접근하는 것만이 최선의 음악적 평가라고 보기는 어렵다. 교사의 음악적 능력이 높고 평가에 대한 경험이 풍부한 경우는 총괄 평가를 하여 학생들의 음악적 기량을 평가하는 것도 적절한 평가가 될 수 있다.

(2) 포트폴리오 평가

학생들의 한 학기 또는 한 해 전체 음악 활동을 평가할 때는 포트폴리오 평가를 활용할 수 있다. 학생들이 스스로 음악적 활동을 한 기록, 음악 파일, 그림, 감상문, 사진 등 모든 것을 모아서 만든 포트폴리오를 음악적 능력의 발전을 중심으로 평가한다. 〈표 12-17〉은 포트폴리오를 작성할 때 만들어야 하는 목차의 예이다.

〈표 12-17〉 포트폴리오 평가 목차의 예

날짜	제목	주요 음악적 내용	매체 종류	주요 활동
3월 19일	음악회	모차르트 협주곡	사진, 노트	관람, 감상문 작성
4월 20일	축제	풍물	사진	참가
5월 5일	가족 음악회	동요	MP3, 사진	노래 부르기
6월 10일	작곡	동요 작곡	노트	가락 만들기
7월 20일	학예회 참여	합주	MP3, 사진	피아노 연주

제3부

음악교육 확장하기

제13장

창의성 계발을 위한 음악교육

창의성은 다양한 지식 영역에서 공통적으로 강조하는 능력 요인이다. 음악 영역에 있어서도 단지 노래를 잘 부르거나 완벽한 연주를 할 수 있다는 것 외에 표현 주체가 부여하는 독창적인 의도와 의미, 그리고 그에 대한 소통의 과정이 더욱 중요하게 다루어지게 되었다. 창의적 표현과 소통의 과정으로서의 음악 활동은 음악적 사고를 수반한다. 특히 소리라는 추상적인 매체를 통한 음악 표현의 결과물들은 근본적으로 창의적 속성을 갖고 있으며, 표현과 체험의 과정에서 인간의 창의성을 자극하기도 한다. 이 장에서는 창의성의 개념과 교육적 의미, 그리고 음악적 창의성의 속성을 살펴보고, 특히 창의성 계발을 위한 음악 학습의 방법에 대하여 탐색한다.

1. 창의성의 이해

1) 창의성의 개념

창의성은 영어로 'creativity' 또는 'creativeness'로 'creare(창조)'와 'crescere(성장, 형성)'라는 단어의 합성어이다. 어원적으로는 창의성과 창조성을 같은 의미로 사용한다고 볼 수 있다. 교육학 사전에는 창의성을 새로운 관계를 시작하거나, 비범한 아이디어를 산출하거나, 또는 전통적 사고 유형에서 벗어나 새로운 유형으로 사고하는 능력이라고 정의한다. 창의성은 창의적인 산출물의 생산을 전제로 하며, 교육에서는 특히 이러한 창의적 산출물 생산의 과정에 관여하는 사고 과정과 그 특성에 주목한다. 창의성의 규명과 마찬가지로 창의적 사고 과정을 명쾌하게 정의하기는 어렵지만, 창조의 과정에는 인지적 특성 외에 사고 주체의 성향적 특징과 호기심, 몰입과 같은 동기적 요인 또한 중요한 변수로 작용한다고 이해되고 있다.

창의성이 한 개인의 모든 사고 과정에 일관적으로 나타나는 보편적 능력인지, 혹은 한 영역이나 몇몇 영역에서 차별적으로 나타나는 영역특화적인 속성을 가지는 능력인지에 대하여는 연구자들 간에 견해의 차이를 보이고 있다. 일상에서 우리가 어떤 사람을 지칭하여 "매우 창의적인 구석이 있어!"라고 할 때와 "과학적 창의성이 뛰어나!"라고 할 때의 '창의성'의 의미에 사뭇 차이가 있음에서도 알 수 있듯이, 창의성이 갖는 의미는 매우 다양하며 그 범위 또한 넓다고 볼 수 있다. 교육을 통해서 추구하는 창의성에는 일부 보편적 의미의 창의성, 즉 삶의 면면에서 직면하는 다양한 문제를 새로운 시각으로 보아 이를 효과적으로 해결할 수 있는 능력으로서의 창의성과, 영역특화적 창의성, 즉 수학 문제를 새로운 방법으로 해결할 수 있는 능력이나 같은 음악적 소재를 참신하고 감동적인 표현으로 풀어내는 음악적 창의성과 같이 어떤 특정 영역 안에서의 창의적인 능력 모두가 포함된다고 볼 수 있다.

창의성의 보다 구체적인 개념은 주어진 문제를 창의적인 방법으로 해결할 수 있는 능력 또는 해당 영역에서 창의적인 결과물을 산출하는 능력을 의미한다. 창의성은 독창적이어야 할 뿐 아니라 해당 영역에 충분히 기여할 수 있는 수준의 가치를 지녀야 한다는 점에서 단순한 기발함과는 그 차원이 다르다. 창의성에 대한 분석적인 연구들은 창의성이 인간의 다른 능력과 별개로 존재하는 독립적인 능력이 아니라 인간의 다양한 능력과 성향 간의 상호작용으로 생겨나는 복합적인 능력으로 보고 있다. 창의성에 관여하는 요인으로는 개인의 지적 능력과 영역에 대한 기초 지식, 이를 기반으로 이루어지는 다양한 사고 능력과 개인적 성향 및 동기 등 다양한 요인이 제시되고 있다. 창의성과 관련하여 교육 영역에서 중시하는 점은, 정도의 차이는 있지만 창의성은 모든 사람이 가지고 있는 보편적인 능력이라는 점과 창의성이 발현되기 위해서는 적절한 자극과 계발의 과정이 필요하다는 점이다.

우리나라에서도 최근 교육을 통한 창의성 계발의 중요성이 더욱 강조되고 있다. 우리나라 교육과정에서 창의성은 인성과 함께 전 교육과정에서 중요시하여야 할 핵심적인 교육 요소로 강조되고 있으며, 창의성의 신장은 전 교과를 통하여 중요한 교육 목표로 제시되고 있다. 창의성 계발을 위한 교육적 접근에서는 창의성의 구성 요소들을 중심으로 이를 촉진할 수 있는 교육적 조건과 환경들을 마련해 나가는 것이다.

2) 창의성의 구성 요소

교육 영역에서 관심을 갖는 창의성의 요소들은 크게 인지적 요소, 성향적 요소, 그리고 동기적 요소의 세 가지 측면이다. 창의적 문제해결 과정이나 창의적 결과물의 산출 과정에 필수적으로 포함되는 것이 창의적 사고 과정이라는 점을 고려할 때 인지적 요소는 가장 중요한 조건이라고 볼 수 있다. 인지적 요소는 다양한 사고의 유형을 포함하고 있으며, 이러한 사고의 능력은 해결해야 할 문제와 관련된 일련의 기반 지식과 학습 및 훈련을 요한다는 점에서 교육의 역할이 갖는 의미는 매우 크다. 또한 인지적 요소 외에 개인의 성향적 특징은 자신의 지적 잠재력을 어떤 방

〈표 13-1〉 창의성 요소

창의성 요소			내용
인지적 요소	사고의 확장	확산적 사고	다양한 관점에서 새로운 가능성이나 아이디어들을 다양하게 생성해 내는 능력
		상상력/시각화 능력	이미지나 생각을 정신적으로 조작하고, 마음의 눈으로 사물을 그릴 수 있는 사고 능력
		유추/은유적 사고	사물이나 현상 또는 복잡한 현상들 사이에서 기능적으로 유사하거나 일치하는 내적 관련성을 알아내는 사고 능력
	사고의 수렴	논리/분석적 사고	부적절한 것에서 적절한 것을 분리해 내고 합리적인 결론을 끌어내는 사고 능력
		비판적 사고	편견, 불일치, 견해 등을 인식할 수 있는 능력, 객관적이고 타당한 근거에 입각하여 판단하는 능력
	문제 해결력	문제 발견	새로운 문제를 찾고, 형성하며, 제시하는 능력
		문제 해결	문제를 인식하고 현재 상태에서 목표 상태에 도달하기 위해 진행해 가는 일련의 복잡한 사고 활동(문제발견-자료의 탐색 및 해결안 생성-실행 및 평가)
성향적 요소	개방성	다양성	다양한 아이디어나 입장을 수용하는 열린 마음
		복합적 성격	서로 모순되는 정반대(양극)의 성격을 동시에 가지고 있는 것
		애매모호함에 대한 참을성	불확실함과 모호함을 잘 견딤으로써 새로운 방향으로 문제의 해결을 잘 이끄는 성향
		감수성	미세하고 미묘한 뉘앙스를 잘 느끼고 감지하는 성향, 정서/자극에 대한 민감성
	독립성	용기	모험심, 위험 감수, 개척자 정신, 도전 정신
		자율성	타인의 말에 쉽게 흔들리지 않고 스스로 선택하고 행동하는 성향
		독창성	자기만의 방식으로 현상을 판단하고 유행을 따르지 않는 성향
동기적 요소	호기심/흥미		주변의 사물이나 현상에 대해 끊임없는 의문과 관심을 갖는 성향
	몰입		어떤 일에 시간 가는 줄 모르고 몰두하게 되는 완벽한 주의 집중 상태

식으로 활용하게 되는가에 영향을 주게 되며, 이는 창의성 계발에 있어서 교육적으로 고려해야 할 중요한 요인들이다. 마지막으로, 동기적 요소는 문제에 대한 흥미와 중요성을 부여함으로써 개인의 인지적 자원과 성향적 특성으로 연계 · 집중시킬 수 있다는 점에서 중요하다. 〈표 13-1〉은 인지적 · 성향적 · 동기적 측면에서 살펴본 창의성 요소들이다(문용린 외, 2010).

2. 음악적 창의성의 이해

1) 음악적 창의성의 개념

1970년대 포괄적 음악성이 강조된 이후 '창의성'은 음악교육 영역에서도 가장 중요한 교육 요소로 다루어지게 되었으며, 이는 단지 미국이나 유럽뿐 아니라 우리나라에서도 마찬가지이다. 우리나라 현행 교육과정에서는 '창의와 배려의 조화를 통한 창의적 인재 육성'이란 교육적 목표를 제시하고 있으며, 이에 따라 음악과에서도 음악성과 창의성의 신장을 음악 교과의 주요 목적으로 삼고 있다(교육과학기술부, 2009).

고전적 의미의 음악적 창의성은 새로운 음악을 창조하는 능력으로 이해되어 왔다. 따라서 음악적 창의성이 직접적으로 관여하는 영역은 작곡, 즉흥연주와 같은 음악 창작 영역으로 보았다. 그러나 현대의 시각에서 보는 음악적 창의성은 단지 음악 창작 행위에 국한되지 않고 음악 활동의 전 영역을 포괄한다.

음악적 활동은 인지적 · 정서적 · 심동적인 속성이 경험적 · 맥락적 배경 안에서 복합적으로 작용하는 것이기 때문에 이 모든 요인을 포용하는 음악적 창의성에 대한 개념과 특성을 명쾌하게 설명하는 것은 일반적 창의성의 정의에서와 마찬가지로 쉬운 일이 아니다. 이는 생태적으로 복합적이고 다양한 양상을 띠는 음악 활동에서 '창의적'이라는 같은 표현 아래 전혀 다른 의미가 실릴 수 있기 때문이다.

음악적 창의성의 개념 정리를 일반적 창의성과 동일한 틀에 적용시켜 본다면 '음악적 문제를 창의적으로 해결할 수 있는 능력' 또는 '창의적인 음악적 결과물을 산출할 수 있는 능력'으로 볼 수 있을 것이다. 그렇다면 음악적으로 창의적인 문제 해결이나 창의적인 결과물이란 어떤 것인지 다음의 예들을 보며 생각해 보자.

■ 장면 1. 음악적 생산

영감에 넘치는 작품을 완성한 작곡가, 꼬리에 꼬리를 물며 밤새도록 지속될 것 같은 재즈 뮤지션의 즉흥연주, 네 줄짜리 장난감 기타를 튕기며 자기만의 새로운 노래에 열중하고 있는 세 살 꼬마, 이와 같이 새로운 소리의 구조물이 생겨나는 '창작'의 장면을 우리는 '창의적'이라고 생각한다(McPherson, 2003).

■ 장면 2. 음악적 표현

같은 베토벤의 〈월광〉 소나타라도 특정 피아니스트의 연주가 다른 연주보다 더 매력적으로 들리는 이유는 무엇일까? 연주는 악보로 존재하는 음악을 소리로 재현하는 과정이지만 사려 깊은 연주자는 창의적인 해석의 과정을 거치게 된다. 연주를 위한 악곡의 해석은 음악가의 감성을 소리로 표현하기 위하여 악보에 담겨 있는 각각의 음들을 끊임없이 떠올리며 그 의미들을 연결하는 내적 성찰 과정이다. 연주자는 음악의 창의적 표현가(creative expressioner)이어야 한다(Haroutounian, 2002).

■ 장면 3. 음악적 이해

모든 음악 활동에는 '듣기'가 포함된다. 음악을 지각 · 인지하여 소리에 담겨 있는 의미들을 성찰하게 될 때 음악적 이해가 이루어진다. 창의적 청자(listener)는 소리의 내면적 이해 과정을 거쳐서 이를 미적 언어로 해석하기도 한다. 이같이 음악적 경험을 언어적 표현으로 변환하기 위해서는 소리를 변별하여 듣고 이를 음악적으로 해석하고 정리하여 다시 자신만의 가치를 부여하는 음악적 사고 과정이 필수적으로 수반된다. 듣기란 작품이나 연주와 같은 창의적 생산물이 나오지 않는 활동이라고 반박할 수도 있으나, 듣기를 통한 음악적 이해의 과정은 모든 창의적 음악 활동에서 일어나는 필수적인 과정이며, 깊이 있는 감상 활동은 창의적 음악사고의 과정을 공유한다(Haroutonian, 2002).

이같이 인간이 경험하는 예술로서의 음악적 활동에는 작곡, 연주, 즉흥연주, 그리고 음악을 듣고 이해하는 분석적 활동들이 포함된다. 그리고 이 모든 활동은 각기 서로 다른 메커니즘을 통해 수행되지만 수행자의 주관적 목적과 의지가 소리의 내적 성찰의 결과물로 나타난다는 점에서 모두 음악적 창의성을 필요로 한다.

2) 음악적 창의성의 요소

웹스터(P. Webster)는 음악적 창의성을 여러 유형의 창의적 음악 활동에서 공통적으로 나타나는 음악적 사고 과정으로 설명하였다. 웹스터는 창의적 사고는 활동 유형에 상관없이 '문제 해결'의 과정에서 나타나는 ① 문제-해결의 맥락, ② 발산적(확산적) 사고와 수렴적 사고의 속성, ③ 문제 해결을 위한 사고 과정의 메커니즘, ④ 해결 방법의 참신함과 기발함, ⑤ 결과의 유용성의 다섯 가지 조건을 중심으로 설명되어야 한다고 제시하였다(Webster, 2002: 28).

음악적 창의성의 구조는 크게 창의적 의도, 창의적 사고 과정, 그리고 그에 따른 결과로 얻어지는 창의적 산출물의 세 영역을 통하여 탐색될 수 있다. 창의적 의도는 음악적 산출물이 기대되는 음악 활동들로서 작곡, 작곡된 작품의 연주, 일회성 음악 듣기, 반복적 음악 듣기, 그리고 창작과 연주가 결합된 즉흥연주의 다섯 가지 유형을 제시하고 있다. 이는 모든 음악적 활동에서 창의적 음악사고가 일어날 수 있음을 의미하며, 그로부터 생산된 음악적 산출물들, 작품, 연주, 듣기에 따른 논평, 분석, 즉흥연주 모두가 창의적일 수 있다([그림 13-1] 참조).

웹스터는 창의적 음악사고를 확산적 사고(divergent thinking)와 수렴적 사고(convergent thinking)가 상호 전환되는 역동적 과정으로 설명한다. 창의적 음악사고 과정에서는 주어진 문제에 따른(활동 유형에 따른) 다양한 음악적 가능성을 찾아내

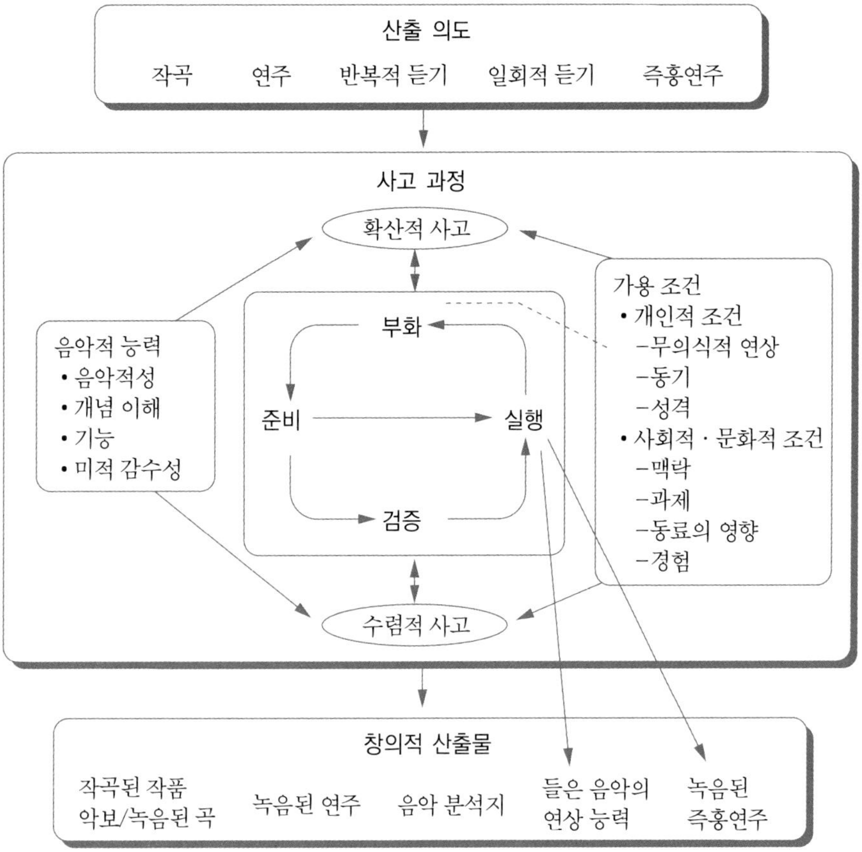

[그림 13-1] 창의적 음악사고 과정 모델(Model of Creative Thinking Process)

출처: Webster (2002), p. 27.

고 수집하여, 이 중 어떤 것을 선택하거나 변형시키며 가장 적합한 해결 방법을 결정하게 된다. 웹스터는 창의적 음악사고의 핵심을 확산적 사고로 보는데, 확산적 사고는 고정된 방식이나 순서에 따라 진행되지 않으며 직관적이고 산발적으로 일어난다. 확산적 음악사고에 영향을 미치는 것은 음악적 문제 해결에 동원될 수 있는 개인의 음악적 능력 요소와 현재의 음악적 문제 해결 상황을 둘러싸고 있는 환경적 요소들이다. 개인의 음악적 능력으로는 음악적 적성, 보유하고 있는 개념적 지식, 음악적 기능, 그리고 음악적으로 얼마나 민감하게 반응할 수 있는지에 영향을 미치는 미적 감수성 등을 들 수 있다. 환경적 요소로는 개인의 무의식의 세계에 저장되어 있는 음악적 이미지들(리듬적 · 가락적 동기, 인상적인 하나의 화성 울림, 독특한 악기의 음색 또는 보다 길고 복잡한 음악적 패턴 등), 동기, 개인의 성향적 요인들과 경험이 일어나고 있는 맥락이나 과제의 성격, 함께하는 동료, 그리고 이전의 경험과 같은 사회적 · 문화적 요인들도 영향을 미치는 것으로 보고 있다.

확산적 사고에 대한 상대적 개념인 수렴적 사고는 연속적이고 순차적이며 분석적인 사고이다. 수렴적 사고를 거치며 경험된 음악적 요소들은 의미를 갖는 '전체(entities)'를 형성하게 되는데, 수렴적 사고를 거치면서 음악적 생산물은 정교하게 다듬어진다. 수렴적 사고의 과정은 음악적 변별력에 기초하며, 계획성을 띠는 사고이다. 수렴적 사고를 통해서 음악적 재료들은 보다 체계적으로 구성되며 다듬어진다. 웹스터(2002: 29)는 수렴적 사고를 창의적 사고의 마지막 단계에서 일어난다고 보지만, 창의적 사고의 원동력은 확산적 사고이며 수렴적 사고는 한 단계의 확산적 사고를 마무리하는 과정에서 나타난다는 점에서 창의성의 측면에서는 보조적인 역할에 위치한다고 볼 수도 있다. 수렴적 사고에 이어 다시 다음 단계의 확산적 사고 과정이 연속되면서 창의적 사고는 새로운 국면을 맞게 되어 순환 · 확장된다.

웹스터는 확산적 사고와 수렴적 사고 간의 상호작용을 음악 활동에서 나타나는 상호 순환적인 과정으로 보고 있다. 이 순환적 과정에는 준비(preparation) 과정, 실행(working through) 과정, 검증(verification) 과정과, 준비와 실행 과정 사이에 시간차를 두고 거치는 조망(time away) 과정을 두고 있다. 각 과정은 정한 순서에 따라 진행되는 것은 아니며, 산출 의도와 주어진 문제의 맥락에 따라 양 방향으로 전개될 수 있다고 제시한다.

일반 창의성에서와 마찬가지로 음악적 창의성 역시 한두 가지의 단편적 증상으로 설명되거나 단정될 수 없으며, 창의적 문제와 창의적 과정 그리고 창의적 결과가 연결되는 일련의 맥락적 상황을 중심으로 이해되어야 할 것이다.

3. 음악 활동과 창의성

일반적 창의성의 개념과 음악적 창의성의 개념이 서로 다른 것처럼, 음악 활동과 관련지어 논의되는 창의성 신장의 문제 역시 두 가지 측면으로 이해할 필요가 있다. 첫째는 어떻게 하면 음악적 활동을 통해서 일반적 의미의 창의성, 또는 창의적 사고 능력을 자극하고 촉진시킬 수 있겠는가의 문제이며, 둘째는 어떻게 하면 음악적 창의성, 또는 창의적 음악사고 능력을 자극시키고 계발시킬 수 있겠는가의 문제이다. 이상적인 차원에서 보자면 가장 창의적인 음악 활동은 높은 수준의 창의적 사고를 요하며 이를 통해서 최고 수준의 창의성이 나타날 것이다. 그러나 교육의 과정에서 그 목적을 일반적 창의성 신장에 두는지 혹은 음악적 창의성에 두는지는 교육의 소재와 방법 그리고 구성에 있어 많은 차이를 가지고 있다.

1) 창의성 신장을 위한 음악 수업

창의성 신장을 위한 음악 수업이라 함은 음악 활동을 통해서 일반적 창의성의 다양한 요소를 자극하고 촉진하여 개인의 잠재적 창의성을 이끌어 내기 위한 접근이다. 따라서 결과물의 음악적 수준보다는 과정에서 일어나는 창의적 사고의 효과에 더욱 초점을 두게 된다.

창의적 사고의 함양은 주로 교육방법과 교육 소재의 차별화를 통해서 접근된다. 사고의 확장, 수렴, 문제의 해결은 일반적인 학습 과정에서도 일어나는 사고 과정이지만 창의적 사고 능력 계발을 목적으로 하는 교육과정이나 학습 활동은 특히 창의성 요인의 자극과 촉진을 목표에 두고 교육 소재와 방법을 구성하게 된다. 교과의 특성에 따라 창의성의 다양한 요인 중에서도 특히 효과적으로 자극될 수 있는 요소들이 있으며, 이를 중심으로 소재와 활동을 구성한다면 해당 교과의 활동을 통해서 창의성의 신장이 도모될 수 있다고 보는 것이다.

교과 영역에 따라 관련된 창의성의 요소는 차이를 보이는데, 소리라는 추상적 소재를 다루는 음악 영역은 창의성의 대부분의 요소와 연계가 가능하다. 대부분의 음악적 활동은 그 자체로도 상상력, 시각화 능력을 장려하며, 활동의 성격에 따라서 논리와 분석, 수렴과 종합 등의 창의적 사고 요소와도 밀접하게 관련되어 있다. 무엇보다도 음악 활동은 감각적 즐거움과 성취감이 높아 학습 활동 자체가 흥미와 호기심을 유발할 수 있다는 점에서 창의성과 관련성이 높다. 그러나 음악 활동을 통하여 창의성을 신장한다는 것은 일상적인 음악 활동의 결과로 기대되는 창의성 촉진의 효과에서 머무는 것이 아니라, 활동의 구성에 있어 창의성 요소의 자극을 음악적 목적과 함께 주요 목표로 고려하는 적극적인 창의성 교육방법을 의미한다.

교과 활동 구성에 있어 창의성 신장을 함께 고려하는 것은 국가 교육과정에서 지속적으로 강조되고 있다. 교과 활동을 통한 창의성 계발은 교과 고유의 성격과 목적을 유지하면서 창의성의 자극과 촉진을 동반하는 방법을 권장하고 있다. 이를 위해서 보편적으로 제안되고 있는 것은 교과 활동의 구성에 있어서 교과 고유의 교수 방법 외에 창의성의 요소를 촉진할 수 있는 교육방법을 연계하는 방식이다. 음악과로 예를 들자면, 음악 활동 구성에 있어서 활동 목표 달성에 필요한 음악적 교수법과 함께 창의성 요소를 촉진할 수 있는 교육 활동 방법을 함께 고려하는 것이다. 창의성을 촉진할 수 있는 교육방법이란 주로 학습자 중심의 문제 해결을 통한 교육방법들로서 교과 내의 소재를 적용하면서도 그것을 다루는 과정에서 발산적 사고, 수렴적 사고, 은유, 유추, 분석, 비판 등의 창의적 사고 요인들을 보다 적극적으로 자극할 수 있는 교육방법들이다. 이러한 교육방법들로는 문제중심학습(PBL), 창의적 문제 해결, 창의적 사고 기법, 탐구/발견학습 등을 들 수 있다. 음악 활동 구성에 있어서 창의성의 촉진이 더욱 중요하게 다루어지면서, 내재적으로 창의성 요소를 가지고 있는 활동의 비중을 높이고 이와 함께 창의적 교육방법을 함께 연계하여 구성하는 방법들이 제안되고 있다(문용린 외, 2010).

〈표 13-2〉 창의성 계발을 위한 음악 활동

음악 활동의 내재적 창의성 요소	활동의 예	창의적 사고를 위한 수업 방법
상상력/시각화 능력	• 소리, 음악을 시각적 표상, 행동 등으로 나타내 보기 • 짧은 시를 이용해 즉흥연주해 보기 • 상황, 장면에 맞는 곡 선정 · 구성해 보기 • 오감을 경험하고 그것을 음악으로 표현하기	창의적 문제 해결 방법(CPS), 문제 중심학습(PBL), 탐구/발견학습
확산적 사고	• 하나의 노래에 여러 가지 가사를 붙여 바꿔 부르기 • 팀별 뮤지컬 제작해 보기 • 주변의 소리나 사물을 응용하여 다양한 리듬 만들기(예: 빗소리를 이용하여 새로운 리듬 만들기)	PBL, 탐구/발견학습, 프로젝트 수업, 협동교수
논리/분석적 사고	• 동양과 서양의 다양한 음계체계의 차이점 및 공통점 구분해 보기 • 잘못된 화음을 찾아 올바른 화음으로 고쳐 보기 • 비슷한 멜로디와 리듬을 가진 다양한 음악을 들어 보고 공통점과 차이점, 음악적 독창성의 문제를 생각해 보기	토의/토론, CPS, PBL
감수성	• 음악이 쓰인 다양한 장르(발레, 뮤지컬, 광고 등) 경험해 보고 서로의 의견 나누기 • 자신의 감정을 다양한 종류의 악기 연주를 이용해 표현하기(예: 즐거움을 현악기, 타악기, 관악기 등 각각의 다른 악기 소리로 표현해 보기) • 여러 가지 소리의 미묘한 차이를 느껴 보기	역할놀이, 실습, 토의/토론
즐거움, 열정	• 주변의 사물을 이용하여 악기 제작하여 연주하기(예: 빈 깡통을 이용해 새로운 악기 만들어 보기) • 좋아하는 음악을 다른 장르로 표현해 보기(예: 대중가요를 클래식이나 재즈로 재해석하여 표현하기) • 각 나라의 전래동요를 배워서 놀이에 활용해 보기	탐구/발견학습, 프로젝트 수업, PBL, 실습, 협동교수
흥미, 몰입	• 역할놀이를 통해서 음악 사조와 작곡가 탐색하기(예: 바흐가 되어 바로크 시대의 음악 사조에 대해 알아 가기) • 만들기를 통한 악기의 유래나 악기 만드는 과정 이해하기 • 직접 체험을 통하여 새로운 음악과 친숙해지기(국악 뮤지컬이나 공연을 감상하고, 알지 못했던 전통악기 찾아보기)	협동학습, 역할놀이, 탐구/발견학습

2) 음악적 창의성 신장을 위한 음악교육

음악적 창의성은 음악적 수준에서 정교하고 독창적인 결과물을 산출할 수 있는 능력을 의미한다. 고전적 의미의 음악적 창의성은 새로운 음악을 만드는 활동, 즉 창작과 즉흥연주로 대변되어 왔지만, 현대 음악교육에서 보는 음악적 창의성은 음악 활동의 모든 분야에서 기대되는 요인이다. 음악 활동에서의 창의성은 음악 활동의 전 과정에서 필요한 개인의 잠재적인 음악 능력을 독창적으로 나타내는 한 요소로서 볼 수 있으며, 따라서 음악성과 대등한 관계 안에서 다루어져야 한다.

일반 창의성에서와 마찬가지로 음악적 창의성 역시 음악 활동에 관여하는 다양한 요인이 복합적으로 작용하기 때문에 '음악적 창의성'에 직접적으로 관여하는 효과적 교육방법이 존재하는 것은 아니다. 단지 음악적으로 창의적인 수준의 능력과 결과들이 나타날 때의 제반 조건과 요소, 과정들을 고려하여 효과적인 활동 방법과 교육적 배려를 제공하는 것이 음악적 창의성을 위한 음악교육이라고 볼 수 있다. 음악적 창의성은 다음과 같은 주요 발현 특성을 보인다.

첫째, 음악적 창의성은 모든 음악적 활동 유형을 통해 나타날 수 있다. 음악적 창의성은 즉흥연주나 작곡의 '창작' 활동에서만 나타나는 것이 아니라 음악적 의도와 능동적 표현을 담는 음악 활동의 모든 영역에서 나타나는 특성이다.

둘째, 음악적 창의성은 활동 유형별로 요구되는 기본적인 능력의 토대를 전제로 발현 가능하다. 일반 창의성과 마찬가지로 '음악적 창의성' 역시 일반적 음악 능력과 독립하여 존재하는 특별한 능력 요인이 아니다. 음악적으로 의미 있는 창의적 결과를 이끌어 내기 위해서는 연주, 듣기 및 이해, 즉흥연주, 작곡 등의 유형별 음악 활동에서 필수적으로 갖추어야 할 지식, 기능 그리고 경험적 요인들이 필요하며, 음악적 창의성은 이를 토대로 발현 가능하다.

셋째, 음악적 창의성은 활동 유형적 차이를 막론하고 소리의 지각-변별-인지 과정을 기본으로 하는 음악적 성찰 과정을 필수로 한다. 음악 활동 유형별로 창의성 발현의 경로와 요구되는 조건 능력들이 다양하지만, 공통적으로 발견되는 것은 소리를 듣고 지각하며 이를 보존하고 음악적 방법으로 생각할 수 있는 능력이다. 소리의 인지–지각 능력은 이미 다양한 교수법에서 강조하고 있는 중요한 능력이지만, 음악 창의성에 있어서도 다른 기능적 능력의 습득 이전에 필수적으로 계발되어야 하며 지속적으로 발전시켜 가야 할 요인이라고 볼 수 있다.

넷째, 창의적 음악 산출을 가능하게 하는 사고 과정은 소재를 익히고 적용하며 새롭게 변환, 응용하는 창의적 사고의 일반적 순환 과정을 공유한다. '창의성' 연구의 근거가 되는 창의적 산출물 출현 과정을 음악 영역에 적용한 이론들을 근거로 볼 때, 창의적 음악 산출 역시 도발적, 도약적으로 이루어지는 신비주의적 과정이 아니며 기초 기능, 개념, 소재의 습득에서 시작하여 정교화를 통하여 창의성 수준에 도달하게 되는 단계적 사고 과정을 거친다.

종합하여 볼 때 음악적 창의성 계발을 위한 음악 활동은 음악 활동의 전 영역에서 고려되어야 하며, 음악적 기본 지식과 기능을 충실하게 익힘과 동시에 이를 적용, 심화, 확산하여 새롭게 구성할 수 있는 음악적 사고 과정에 유의하여 구성할 필요가 있다. 〈표 13–3〉은 학생의 자발적 음악사고 능력 촉진을 위하여 일반적 음악 학습 구성에 적용과 재구성, 평가의 단계를 창의성의 차원에서 강화시켜 제시한 음악 활동 구성의 단계이다.

음악 활동의 각 유형에 따라서 요구되는 예술적 수준의 음악적 창의성은 상당한 기간 동안 지속적으로 이루어지는 심화교육과 훈련의 과정이 필요하다. 이러한 까닭에 일반 음악교육에서 예술적 수준의 음악 창의성을 목표로 교육과정을 운영하는 것은 쉽지 않은 일이다. 그러나 창의적 음악사고는 학생의 연령과 음악 능력의 수준에 따라 소재와 방법을 조절하여 적용할 수 있다는 점에서 일반 학교의 음악 교실에서 적극적으로 고려될 수 있다.

창의적 음악사고를 촉진시키기 위한 음악 활동들은 발산적 사고, 분석, 논리, 종합을 포괄하는 창의적 사고 과정을 중시하고, 학생 중심의 구성주의적 접근 방법을 적용하며, 타 영역과 연계된 다양한 소재를 채택한다는 점에서 일반적 창의성 신장을 위한 음악 활동과 많은 유사성을 띠기도 한다. 그러나 일반적 창의성을 위한 음

〈표 13-3〉 음악적 사고의 창의적 확산을 위한 활동 구성 단계

- **탐색**: 청각, 시각, 근감각의 비정형화된 유도를 통하여 새로운 개념에 대한 자유로운 사고를 이끌어 낸다. 탐색 단계에서는 제시되는 개념의 무조건적인 수용보다는 오감을 통하여 자극의 성격과 그로부터 펼쳐지는 음악적 개념으로서의 의미를 자발적으로 찾아가는 과정을 중요시하도록 한다.
- **익히기**: 개념을 정확히 제시하여 인지적 · 심동적으로 그 특성을 바르게 익히도록 한다. 개념을 익히기 위하여 다양한 음악적 활동이 적용되어야 한다. 음악적 접근이 주가 되는 구체적 활동을 통해서 음악 개념을 익히도록 한다. 개념의 특징에 따라서 다양한 학습의 통로를 고려한 통합 예술적 요소를 적용할 수 있다.
- **적용**: 익힌 개념을 음악적 맥락을 갖는 활동(제재곡을 통한 가창, 악기를 이용한 연주 시퀀스, 듣기를 통한 구체적 감상 활동 등)을 통해서 적용해 보는 과정을 갖도록 한다.
- **재구성**: 개념의 정확한 이해와 그 적용 활동 과정을 거쳐서 학습된 개념을 창의적 표현을 위한 새로운 재료로 활용하여 소리를 통한 표현을 구성하도록 한다. 주제를 중심으로 한 다양한 통합 예술적 접근 방법이 시도될 수 있도록 한다.
- **평가**: 학생 수준에서 고려할 수 있는 평가의 기준들을 제시하도록 하며, 그 기준은 학습 내용의 활용도와 정확도, 그리고 창의적인 측면을 균형 있게 반영하도록 한다. 자기 평가와 동료 평가 그리고 교사 평가의 다양한 시점을 적용하고 그 결과를 공유해 봄으로써 스스로의 학습에 대한 객관적이고 분석적인 이해 능력을 길러 주도록 한다.

악 활동 구성과의 차이점은 모든 소재와 방법의 선택이 음악적 지식, 음악적 개념, 음악적 기능 그리고 음악적 창의성을 목표로 이루어진다는 점이다.

음악적 창의성 촉진을 위한 음악 활동의 구성은 학생의 연령, 수준, 흥미, 성향을 고려하여 다양한 소재와 방법으로 구성될 수 있다. 〈표 13-4〉는 창의적 음악사고 촉진을 위하여 〈표 13-3〉의 단계를 적용하여 구성한 통합적 성격의 음악 활동 예시이다.

〈표 13-4〉 창의적 음악사고를 위한 수업의 예

활동 주제	소리 모양(Sound Shape)
활동 목표	• 다양한 소리를 듣고 그 특징을 구별할 수 있다. • 소리의 특성을 나타낼 수 있는 시각적 방법을 고안할 수 있다. • 그림 모양과 소리를 연결하면서 음의 길이, 높낮이, 강세, 음색의 요소를 이해할 수 있다. • 그림으로 제시된 도형 악보를 보고 여러 가지 음악적 방법으로 표현할 수 있다.
단계	활동
탐색	① 어떻게 표현할까? • 다음의 그림 모양들을 보여 주면서 어떤 특징이 인상적인지 이야기해 본다. –그림으로 표현된 그림의 특징을 신체표현으로 나타낸다면 어떨까? –그 밖의 다른 방법으로는 모양의 특징을 나타낼 수 없을까? –소리로 나타낸다면 어떻게 할 수 있을까? a.  b.  • 학생들은 'a'와 'b'를 여러 가지 악기와 방법으로 자유롭게 표현하도록 한다. 돌아가면서 표현해 보고 소리의 어떤 특징이 모양의 어떤 느낌을 잘 표현하고 있는지 서로 이야기해 본다. 모두 돌아가면서 해 보고 가장 적당하다고 생각되는 의견을 정해 본다. –어떤 표현이 가장 많이 제시되었는가? –아무도 생각하지 못한 표현을 한 친구가 있었는가? –다른 표현에서는 모양의 어떤 특징을 중요하게 여겼는가? ② 같게 또 다르게! • 처음 제시된 모양은 비교적 쉽게 표현할 수 있는 것들이었다. 교사는 다음의 두 경우는 어떨지 물어본다. 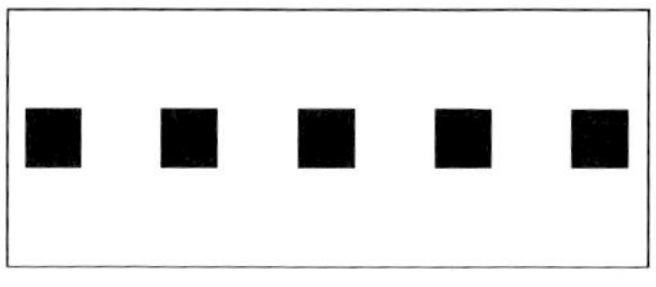 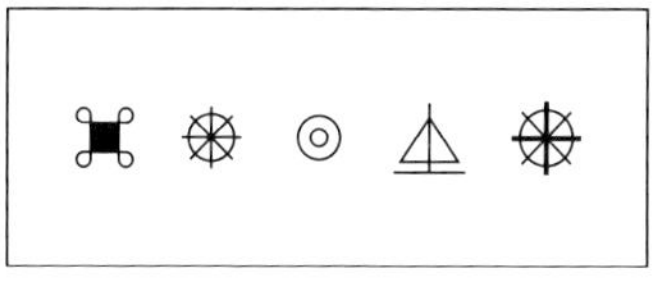

• 교사는 학생들에게 다음의 질문을 주어 학생들의 생각을 이끌어 내 본다.
  –두 그림의 공통점은 무엇인가?
  –두 그림의 공통점은 소리의 어떤 특징으로 표현될 수 있을까?
  –두 그림의 차이점은 무엇일까?
  –서로 다른 모양은 어떻게 소리로 표현할 수 있을까?
• 학생들은 우선 주어진 그림을 잘 관찰하여 그 특징을 탐색하도록 한다.
  두 그림의 규칙성은 규칙적인 박으로 나타내지지만 이와 다른 생각을 가진 경우 그 근거는 어떤 점이었는지를 충분히 설명하도록 한다.

익히기

③ 소리 모양 템플릿 꾸미기

• 교사는 도형이나 그림의 어떤 특징들은 소리의 높낮이나 길이, 강약 등의 특징과 보다 명확하게 연결되는 데 비해서 어떤 모양들은 그렇지 않은 경우도 있음을 설명한다. 다음의 모양들을 보고 소리의 어떤 요소들이 모양의 특징과 가장 적합하게 연결될 수 있을지 생각해 본다.

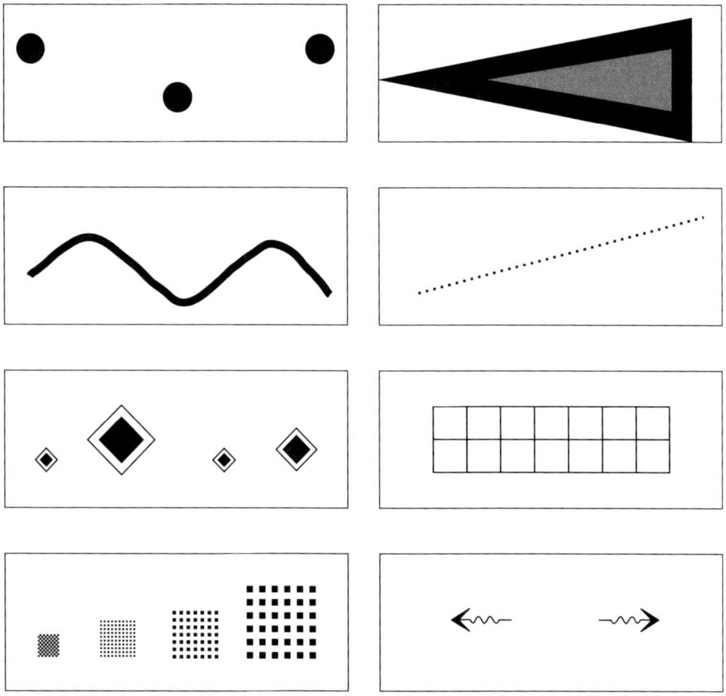

소리 모양

	• 제시된 모양의 어떤 특징에 주목하여 표현할지를 잘 생각해 보도록 한다. 자신의 생각을 가장 잘 표현해 줄 악기를 고르고 어떤 방법으로 연주할지를 정해 보도록 한다. 자신이 내고 있는 소리는 모양의 어떤 점과 닮아 있는가? 옆의 친구와 서로서로의 표현을 나누어 보면서 자기가 표현하려고 하는 것이 잘 전달되는지를 점검해 보도록 한다.
적용	④ 그림 음악(graphic music) 만들기 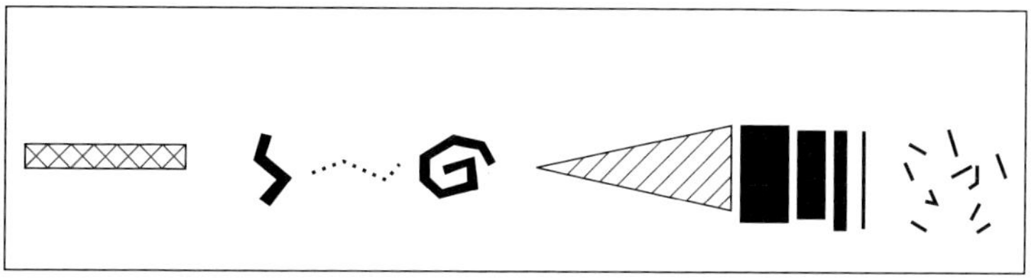 소리 그림 • 그림을 구성하고 있는 부분 부분의 그림 안의 모양들을 살펴보도록 한다. 앞서 만든 소리 모양 탬플릿을 참고하여 그림에 나타난 모양들을 어떻게 표현하면 좋을지 돌아가면서 의견을 발표하도록 한다. • 악기와 연주법 그리고 모양을 표현할 구체적인 방법이 결정되었으면 교사의 지휘에 맞추어 그림을 음악으로 연주해 본다. • 앞서 만들었던 소리 모양 탬플릿을 이용하여 그림을 다 함께 소리로 표현해 본다.
재구성	⑤ 모둠별 소리 그림 만들기 • 이번에는 아동들이 스스로 그림 악보를 만들어 연주하도록 한다. 4~5명의 아동을 한 모둠으로 하여 재미있는 그림 악보를 그려 보도록 한다. • 그림 악보를 그릴 때는 소리 모양 탬플릿을 참고하여 그림의 소리를 상상하면서 그리도록 한다. • 모둠 구성원이 모두 참여하여 그림 악보를 만들도록 하며, 이때 누가 어떤 아이디어를 냈는지 그림의 각 모양 밑에 친구들의 이름을 메모해 보도록 한다. • 그림 악보가 완성되면 계획한 대로 연주될 수 있도록 악기와 연주법 등을 결정하여 연습하도록 한다.
평가	⑥ 조별 발표와 평가 • 준비가 완료되면 조별 그림 악보를 함께 나누고, 학급 동료 모두 앞에서 연주한다. • 다른 친구들과 함께 연주 후에 느낀 점을 나누고, 자신의 모둠에서 표현하려고 했던 것과 어떻게 차이가 나는지를 이야기해 본다.

제14장

다문화 교육을 위한 음악교육

현대사회는 지구촌이라고 불릴 정도로 국가와 국가 간의 거리가 좁혀졌으며, 지구촌에 존재하는 수많은 나라들이 문화를 통해 서로를 이해하고 벽을 허물어 가고 있다. 음악은 문화의 한 요소이다. 따라서 세계 문화의 이해라는 관점에서 볼 때, 다른 교과와 마찬가지로 음악 교과에서도 세계화에 따른 다문화 교육을 위한 새로운 접근이 필요하다. 이 장에서는 세계화의 관점과 다문화 가정의 관점의 두 가지 측면에서 다문화 교육에 대해 살펴본다.

1. 다문화 교육의 이해

오늘날 정보통신 기술 및 교통의 발달로 민족 간, 국가 간의 산업 · 지식 · 문화의 교류가 활발해짐에 따라 '세계화 시대' 혹은 '지구촌 시대'라는 용어를 보편적으로 자연스럽게 사용하고 있다. 이러한 세계화의 흐름 속에서 문화의 다양성을 인정하고, 상호 간의 문화를 존중하며 함께 공유하면서 즐기는 태도는 국제 이해 교육의 차원에서 매우 의미가 있다.

최근 한국에서는 다른 아시아 국가 여성과의 국제결혼이 급증하면서 다문화 가정의 아동이 증가하고 있다. 이러한 사실은 이제 더 이상 우리가 단일민족을 자랑으로 내세울 수 없으며, 서로 다양한 문화적 배경을 가진 민족과 앞으로 어떻게 공존할 것인가를 고심해야 할 시점에 와 있다는 것을 말해 준다. 따라서 여기에서는 세계화의 관점과 다문화 가정의 관점, 이 두 가지 관점에서 다문화 교육을 살펴보고자 한다.

1) 다문화 교육의 의미

다문화 교육은 국가마다 그 의미를 달리한다. 그러므로 다문화 교육의 의미를 제대로 이해하려면, 먼저 국가별로 살펴보아야 할 것이다.

미국이나 독일의 다문화 교육은 다양한 인종 및 국적을 가진 학생들이 모여 있는 학급에서 사회적 능력의 배양을 목표로 한다. 미국의 다문화 교육(multicultural education)은 혼합 민족으로 구성된 자국 내에서 인종 및 민족적 차별을 없애기 위한 일환으로서 다양한 민족 문화를 폭넓게 수용하려는 노력에서 나온 것이다. 그러므로 미국의 다문화 교육은 혼합 민족이라는 사회적 구조에 기인한다고 볼 수 있다. 이에 반하여 독일의 다문화 교육(intercultural education)은 외국 노동자들의 유입에 따라 자국인과 외국인 간의 갈등이 요인이 되어 나타난 것으로, 국가 간의 문화적 상관성을 인정하면서 서로 간에 존중하고 관용을 베풀자는 성격이 강하다.

그러나 한국의 경우는 이들 국가와는 다른 양상을 보인다. 한국의 경우는 미국 혹은 독일의 다문화 교육에 대한 의미와 상황을 그대로 적용시킬 수 없다. 한국은 미국의 혼합 민족의 경우와는 다르며, 외국인의 문제로 심각한 상황에 처해 있는 독일의 경우와도 다르다. 따라서 미국이나 독일과는 달리 한국에서의 다문화 교육은 다른 의미를 가지고 발전되어야 한다. 한국에서의 다문화 교육은 '세계화'와 '다문화 가정', 이 두 가지 맥락에서 그 의미를 찾아보아야 한다.

오늘날 사회에서 자주 언급되는 '세계화'라는 단어는 지구공동체적 입장에서 인류는 하나라는 인식하에 발전된 개념적 용어로 광범위하게 사용되고 있다. 현대의 모든 나라는 하나의 지구촌이라는 생각으로 인류의 공존을 위해 에너지 문제, 식량 문제, 환경 문제 등 여러 측면에서 국가 간의 협조를 필요로 한다. 이러한 현상은 인종 및 각 나라 간의 문화적 장벽을 넘어 다원적 세계관을 바탕으로 하나의 통합된 세계 문화로 나아가고 있음을 보여 준다.

최근 한국에서는 국제결혼의 증가로 다문화 가정이 부쩍 늘어나고 있다. 따라서 다문화 가정의 자녀 교육은 심각한 사회적 문제로 대두되고 있다. 이러한 시점에서 한국의 다문화 교육은 다문화 가정과 밀접한 관계가 있다고 볼 수 있다.

2) 다문화 교육의 필요성

(1) 세계화의 관점

과거와 달리 이제 한국에서도 산업체를 비롯한 여러 교육기관과 기업체 등에서 많은 외국인이 활동하고 있으며, 거리에서 외국인 노동자들과 자주 마주치게 된다. 오늘날 우리는 세계화 시대를 살아가고 있다. 이 시점에서 세계화 시대가 요구하는 다문화 교육은 각 국가 간의 교류와 함께 나라 간의 독특한 문화를 존중하면서 그들 문화의 가치를 인정하는 것이다. 각 국가는 피부색, 종교 그리고 문화를 달리하면서 그들 나름대로 고유한 성격과 형식을 가지고 있다. 우리가 각 민족의 본질적 차이를 이해하고 서로를 인정하고 존중해 줄 때 상호 간의 공존이 가능할 것이다. 만약 다문화적 교류의 본질을 제대로 파악하지 못하고 서로 자국의 형식만을 고집한다면 그 만남은 실패로 끝나게 될 것이다. 다문화 교육은 각 국가 간의 정치, 경제, 사회, 종교 등의 충돌로 인해 수많은 갈등을 경험하고 있는 이 시대의 인류에게 서로 간 존중하고 포용할 수 있는 능력을 길러 줄 수 있는 유익한 교육으로 발전되어야 한다.

(2) 다문화 가정의 관점

2007년 8월 유엔(United Nations)의 인종차별철폐위원회(Committee on the Elimination of Racial Discrimination: CERD)는 한국 사회의 다민족적 성격을 인정하고, 한국이 사실과는 다른 '단일민족 국가'라는 이미지를 극복해야 한다고 지적하였다. 그리고 이를 위하여 교육, 문화, 정보 등의 분야에 적절한 조치를 취해 서로 다른 민족 · 국가들의 역사와 문화에 관한 정보들을 초 · 중등학교 교과목에 포함시킬 것을 권고하였다. 보고서의 주요 내용은 한국 사회가 단일 민족을 강조하는 순혈주의에서 벗어나야 함을 지적한 것과 '혼혈(mixed blood)'과 같은 인종차별적인 단어 사용을 반대한다는 것이다.

이 같은 국제사회의 권고는 다문화 가정 아동의 증가가 가장 큰 원인이 되었다. 이 권고는 우리 사회가 우리나라를 단일민족 국가로 인식하던 기존의 가치관에서 벗어나 다민족 국가로 새롭게 재인식하여야 한다는 시대적 요구로 받아들여진다. 정서적 혹은 감정적으로 민감한 시기에 놓여 있는 다문화 가정의 아동들이나 외국 아동들이 학교에서 차별로 인하여 정체감 형성 및 학업에 어려움을 겪게 될 경우 학업을 포기하는 사례가 늘게 될 것이며, 이는 교육 불평등으로 인한 심각한 사회 문제를 야기할 수 있다. 우리나라가 현재 겪고 있는 다문화 사회 진입의 원인을 다음과 같이 세 가지 관점에서 살펴볼 수 있다.

〈표 14-1〉 다문화 사회 진입의 원인

1. 급격한 도시화로 인한 농어촌 청년들의 국제결혼 증가
2. 노동력 수출 나라에서 노동력 유입 국가로의 탈바꿈
3. 탈북자 새터민의 꾸준한 증가

첫째, 급격한 도시화로 인한 농어촌 청년들의 국제결혼 증가를 들 수 있다. 급격한 도시화로 인하여 많은 농어촌 여성이 도시로 진출하게 되었다. 그 결과 농어촌에 살고 있는 결혼 적령기 남성들이 결혼할 여성 배우자를 찾지 못하게 되었고, 궁여지책으로 민간 단체들이 우리나라 남성과 외국 여성 간의 국제결혼을 추진하게 되었다.

둘째, 노동력 수출 나라에서 노동력 유입 국가로의 전환을 들 수 있다. 1960~1970년대에 우리나라는 노동력을 수출하는 나라였다. 그러나 1988년 서울 올림픽 이후 우리나라는 아시아인이 선호하는 나라가 되었다. 더욱이 고학력 인구가 늘어남에 따라 국내 노동자의 인건비가 비싸지면서 상대적으로 저렴한 외국인 노동자를 원하는 국내시장이 점차 늘어나게 되었다.

셋째, 북한 탈출 난민인 새터민의 꾸준한 증가를 들 수 있다. 북한 사회의 경제가 매우 어려워지면서 탈북자들이 꾸준히 증가하고 있다. 남한 일각에서는 탈북자라는 용어가 어감이 부정적으로 인식될 수 있으므로 다른 용어로 바꾸어야 한다는 의견이 제시되었다. 이에 따라 2005년 1월 9일 대한민국 통일부는 한국 거주 탈북자를 순화 용어인 새터민으로 바꾼다고 발표했다. 이 말은 '새로운 터전에 정착한 주민'이라는 의미로 해석될 수 있다. 비록 새터민은 우리와 같은 한민족이지만, 정치 · 경제 · 문화적으로 우리 사회와는 다른 이질적인 사회에서 살아왔기 때문에 남한 사회가 외국이나 다름없다.

다문화 교육으로의 추구는 세계화를 지향하는 한국의 국제적 위상, 그리고 국제결혼을 통한 다문화 가정 자녀의 증가를 감안할 때 더 이상 피할 수 없는 현실이 되었다. 이러한 배경에서 다문화 교육은 한국 교육의 가장 중요한 화두 중 하나가 되었으며, 많은 학자가 다문화 교육에 대하여 심도 있는 연구를 하고 있다.

2. 다문화 교육으로서 음악교육의 가치

1) 세계화의 관점

오늘날 한국에는 많은 외국인이 활동하고 있으며, 거리에서 자주 동남아시아 노동자들과 마주치게 된다. 이러한 배경에서 우리는 경제적 논리에서의 세계화 전략뿐만 아니라 인류애 사상에 바탕을 둔 한국식 다문화 교육의 필요성을 절실히 느껴야 할 것이며, 학교의 음악교육 또한 다문화 교육에 부응하여야 한다. 독일의 음악교육학자 놀테(E. Nolte, 2003: 56)는 초등학교에서의 다문화 음악교육의 필요성에 대하여 다음과 같이 밝히고 있다.

> "아동들은 음악적인 면에서 아직은 상대적으로 덜 규범적이다. 즉, 그들의 음악적인 이해력이 아직 자리를 덜 잡았고, 나아가 그들의 감성적 체계가 청소년기의 경우에 비해 덜 발달된 상태이다. 낯선 것에 대한 개방성은 새로운 발견에 대한 호기심 및 기쁨과 결속되어 있다. 바로 이것은 다문화적 음악 수업을 위한 좋은 전제 조건이다."

다문화 음악교육은 어떤 특정한 대상을 위한 음악교육이 아니고, 모든 학생을 위한 음악교육이다. 또한 선진국을 이상형으로 숭배하거나 상대적으로 힘이 약한 나라 혹은 소수 민족을 동정하는 교육이 아니다. 다문화 음악교육의 목적은 다른 민족의 문화와 사회를 이해함으로써 상대방을 보다 더 이해하는 것이다. 사실상 과거 몇 년 전만 해도 우리나라 학교의 음악교육은 절대적으로 서양음악이 주가 되었다. 그러나 동남아시아의 많은 외국인이 국내에 거주함에 따라 음악교육의 영역에서는 아시아권에 속하는 문화권의 음악들은 물론이고, 아프리카권의 음악들까지도 음악 수업에서 의식적으로 다루기 시작하였다. 다문화 음악교육의 가치를 〈표 14-2〉와 같이 정리할 수 있다(권덕원, 2000: 65).

〈표 14-2〉 다문화 음악교육의 가치

- 다문화 음악교육은 학생들로 하여금 다른 민족의 음악, 문화, 사회, 정치, 종교 등을 이해할 수 있도록 해 준다.
- 다문화 음악교육을 통하여 학생들은 자기 자신에 대한 올바른 정체성(identity)을 갖게 될 뿐만 아니라, 다른 사람, 다른 민족에 대한 정체성도 이해할 수 있다.
- 각 종족의 음악들은 서로 비교할 수 없는 독특성을 가지고 있다. 이러한 음악들 사이의 다양성과 차이성을 인식하도록 해 준다.
- 자기 고유의 음악 이해에 도움이 된다. 여러 종족의 음악들을 경험하다 보면, 그 속에서 자기 고유 음악의 특성을 보다 명확하게 인식하게 된다.
- 음악적 창의성의 발달에 도움을 준다.
- 다문화 음악교육은 음악의 개념을 확대시켜 준다.

각 민족의 음악은 독자적인 음악 어법을 가지고 있다. 이것은 서양음악만이 논리적으로 생성된 것이 아니고, 모든 민족의 음악이 자신들의 사회적 맥락 안에서 서로 공유할 수 있는 음악적 어법이 존재한다는 것이다. 이러한 음악 어법들을 다양하게 이해하는 학생은 한 가지 음악 어법만 알고 있는 학생보다 음악적 창의성이 뛰어날 수밖에 없다. 그리고 음악적 개념의 확대와 관련하여, 여러 민족 음악을 통해 다양한 리듬을 경험한 학생들은 그렇지 못한 학생들과 비교할 때 현저하게 리듬의 개념을 폭넓게 이해할 수 있다. 세계화 시대인 현 사회에서 다른 나라의 문화를 접하고 공유하는 일은 자연스러운 현상이다. 앞에서 진술된 바와 같이, 다문화 교육으로서의 음악적 경험은 단지 세계의 노래들을 배우는 것 그 이상의 의미와 가치를 지닌다고 말할 수 있다.

2) 다문화 가정의 관점

다문화 가정의 자녀들을 위한 음악교육의 과제는 다문화 가정의 자녀들이 한국

문화와 사회에 적응할 수 있도록 도와주는 것을 목적으로 한다. 다문화 가정의 자녀들이 다른 한국 학생들과 함께 어울려 즐겁게 노래하고 연주하는 것을 통하여 그들이 한국의 문화와 환경에 동화 · 적응할 수 있도록 교육적으로 도와주는 '동화(Assimilation) 교육'에 바탕을 두어야 한다는 것이다. 독일의 음악교육학자 놀테는 동화 교육에 있어서 특히 음악 과목이 다른 과목에 비하여 현저하게 우수하다는 것을 증명하였다(Nolte, 1994: 22-23). 메르크트(I. Merkt)도 수업 중에 주로 말이나 이론이 주가 되는 다른 과목들에 비해서 감각적이며 감성적인 음악 활동(노래하기, 연주하기)이 동화 교육에 매우 효과적이라고 주장하였다(Merkt, 1993: 141-145). 다문화 가정의 자녀들이 점점 늘어나는 추세에 따라 음악교육 영역은 그들의 사회성을 배려하고 그들의 정체성을 회복시키며, 그들 부모들의 문화와 지속적인 만남이 될 수 있도록 실천하여야 한다. 교사는 다문화 음악교육을 전개함에 있어서 한국의 학생들에게 〈표 14-3〉과 같은 태도를 심어 주어야 한다.

〈표 14-3〉 다문화 음악교육에 대한 학생들의 태도

- 심성 함양을 넘어 교육적 관점에서 감정의 동화, 관용, 연대성을 추구하여야 한다.
- 다문화 가정 친구의 문화적 상이함을 인정하면서 문화적 다양성을 수용하는 자세를 가져야 한다.
- 다문화 가정 친구의 부모 나라의 역사적 · 문화적 · 사회적 현상을 이해하여야 한다.

특히, 다문화 가정의 자녀와 함께하는 음악 활동에서는 음악적 심성 함양을 넘어 감정의 동화, 관용, 연대성 등이 중요한데, 여기서 '연대성'이란 서로가 다른 것을 인정하지만 함께한다는 공동체적 의미를 담고 있다. 따라서 연대성은 모든 국가와 인종에 편견을 갖지 않도록 바른 세계관을 심어 주는 데 기여하여야 한다. 그리고 이러한 교육은 교육심리학적 관점에서 어릴 때부터 시작되어야 한다.

3. 다문화 교육으로서 음악 지도의 방향

1) 세계화의 관점

세계화의 관점에서 음악 지도의 방향은 [그림 14-1]과 같이 나타낼 수 있다.

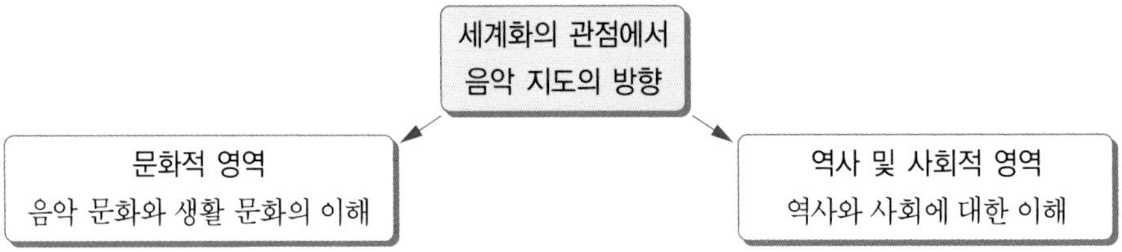

[그림 14-1] 세계화의 관점에서 음악 지도의 방향

세계화의 관점에서 본 다문화 음악교육은 각 나라 간의 문화적 차이를 인정하면서 세계화 시대에 알맞게 문화적 다양성을 수용하여야 한다. 다른 나라의 음악을 이해한다는 것은 학습자의 국제적 친화 능력을 향상시켜 주는 데에 효과적인 수단으로 작용한다. 교사는 다문화 음악교육을 통해 학생들로 하여금 세계 여러 나라의 역사적 · 문화적 · 사회적 정보를 획득할 수 있도록 실용적 교육방법을 모색하여야 한다. 학생들은 지식의 면에서 해당 나라의 역사 및 사회적 현상을 이해하여야 한다. 다른 나라의 민요들을 단순히 음악 활동의 객체로서만 보는 것이 아니라 문화적 주체로 존중하고 이해하려는 자세가 필요하다. 음악 수업이 세계화의 관점에서 세계의 다양한 민요를 다룰 때는 실제 음악적 활동(가창, 기악, 감상 등)은 물론이고, 해당 나라의 생활문화적 환경과 방식, 경우에 따라서는 춤 등과 연관하여 다루어야 한다.

세계화의 관점에서 본 다문화 음악교육은 역사 및 사회와 관련된 현상을 이해하는 것을 목표로 세울 수 있다. 이 같은 교육에서는 다른 나라의 음악들을 단순히 실음 중심의 객체로서만 보는 것이 아니라, 역사적 주체로서 다루고 이해하려는 자세가 필요하다. 지금까지 통상적으로 학교의 음악 수업은 다른 민족의 민요들을 단지 노래 부르기의 소재로서 다루었다. 다문화 음악교육은 세계의 민요들이 역사적 · 사회적 배경을 드러낼 수 있도록 하여야 한다.

사실상 지금까지의 우리나라 학교 음악교육을 살펴보면, 서양 중심적 사고와 세계관이 음악교육을 지배하였다 해도 과언은 아니다. 다문화 음악교육은 서양음악에 편중했던 의식에서 과감하게 벗어나 각 나라 간 문화의 교류라는 과정을 통하여 다른 민족의 주체성을 존중하는 태도를 요구한다. 효과적인 다문화 음악교육을 위해서는 다른 나라의 역사와 사회에 대한 전반적인 지식을 바탕으로 직접 음악과 춤으로 느껴 보는 것이 중요하다.

2) 다문화 가정의 관점

다문화 가정의 자녀를 위한 음악 지도의 방향은 [그림 14-2]와 같이 나타낼 수 있다.

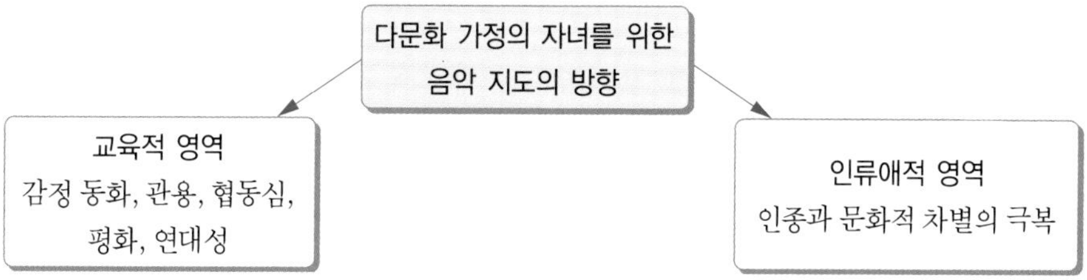

[그림 14-2] 다문화 가정의 자녀를 위한 음악 지도의 방향

다문화 가정의 자녀를 위한 음악교육이 추구하는 것은 넓은 의미에서 사회교육의 학습에 속하는 것으로 감정의 동화, 관용, 협동심, 연대성 등이다. 여기에서 감정의 동화란 상호 간의 처지를 이해할 수 있는 능력을 의미한다. 디문화 음악교육은 각 개인 스스로가 마음의 문을 열어 낯선 생활 방식과 생활 태도를 가진 동료들의 문제를 함께 고민하고 해결해 줄 수 있는 관용의 능력을 필요로 한다. 연대성이

란 서로가 다르다는 것을 인정하지만 함께한다는 공동체적 행위를 뜻한다. 세계관과 삶의 이해관계 속에서 충분히 발생할 수 있는 서로 간의 갈등을 해결해 나갈 수 있는 능력을 통해 연대성은 강화된다. 감정의 동화, 관용, 협동심, 연대성 등을 추구하는 사회교육적 기능으로서의 다문화 음악교육은 모든 사람에 대한 배려와 관용을 베풂으로써 올바른 세계관과 가치관을 심어 주는 데에 기여하여야 한다.

더 나아가 다문화 가정의 자녀를 위한 음악교육은 인종과 문화적 차별의 극복을 위한 수단으로 사용될 수 있다. 다양한 문화와 생활 방식을 가진 사람들이 평화적으로 공존하고 화합할 수 있다는 이상을 실현시키기 위해서는 인류애적인 사상을 기본적으로 가져야 할 것이다.

4. 다문화 교육으로서 음악 지도 방법

다문화 교육으로서 음악 지도 방법은 학생들의 인지발달 단계를 고려하여 초등학교에서는 감정에 바탕을 둔 감각과 감정교육으로서의 음악교육으로, 중학교에서는 감정과 지적인 측면을 동시에 고려하는 음악교육으로, 그리고 고등학교에서는 사고에 바탕을 두고 지적인 면을 중시하는 음악교육으로 발전하는 것이 효과적이다(민경훈, 2004: 136-137). 예를 들면, 초등학교에서는 감각적으로 움직이면서 활동하는 것, 즉 음악 활동(예: 리듬 놀이, 노래 부르기, 즉흥연주하기, 악기 연주하기 등), 신체 활동, 언어 놀이, 그림 그리기 등 주로 감각을 바탕으로 한 활동이 중심이 되어야 하고, 고등학교의 경우에는 음악에 대한 사고의 폭을 확장시켜 나라별 전통음악의 역사적 이해, 해당 나라 음악의 문화적 · 사회적 배경 등에 대한 다양한 지식을 음악 수업의 중심부에 놓아야 한다. 다문화 음악교육이 효과적으로 이루어지기 위해서는 질 높은 교수 · 학습 방법과 포괄적인 학습을 통하여 자국의 음악뿐만 아니라 세계 여러 나라 음악을 충분히 경험하여야 한다. 다문화 음악교육은 단순히 다른 나라의 음악을 부르거나 소개하는 정도의 수준에 머물러서는 안 되고, 다른 나라의 음악과 문화에 친해질 수 있도록 음악 활동을 전개하여야 한다.

1) 세계화의 관점

초등학교 음악 수업에서 다문화 음악교육이 효과적으로 이루어지기 위해서는 다양한 학습 자료를 활용한 효율적인 지도 방법을 구상하여야 한다. 수업 활동은 가창 · 기악 · 창작 · 감상 활동을 중심으로 전이적 활동에 이르기까지 다양하게 이루어져야 하며, 단순히 부르거나 듣는 정도의 감상 활동은 지양되어야 한다.

학생들은 다문화 음악교육의 첫 시간에 타민족의 음악을 직접 불러 보아야 한다. 그리고 오디오나 동영상 자료를 통하여 타민족이 부르는 음악을 주의 깊이 들어 보고, 학생들이 부른 음악과 타민족이 부른 음악의 표현 방법 간에 서로 어떠한 차이가 있는지 이야기해 보아야 한다. 그다음에는 음악과 관련된 나라의 역사 · 지리 · 문화 · 사회적 상황 등에 대하여 충분히 조사하고 발표해 보아야 한다. 이러한 활동을 통하여 학생들은 타민족과 그들의 음악 문화에 대하여 이해하고 관심을 가지게 될 것이다. 다문화 음악교육에서는 각 문화권 속에서 뿌리를 내린 음악으로서 문화적 가치가 있다고 판단되는 대표적인 음악들이나 민요, 즉 재즈, 록, 포르투갈의 민속음악인 '파두', 그리고 몽고의 민속음악인 '호미' 등과 같은 음악이 선택될 수 있다. 다문화 음악교육은 〈표 14-4〉와 같은 교수 · 학습 방법을 통하여 실천될 수 있다.

〈표 14-4〉 다문화 음악교육에 대한 교수 · 학습 방법

- 역사적 · 문화적 · 사회적 맥락에서 음악을 다룬다.
- 학습자의 인지발달 과정과 음악적 재능을 고려하면서 다양한 문화권의 음악을 직접 표현하는 기회를 통해 그들의 음악 문화와 표현 방법을 이해한다.
- 각국의 음악이 지니고 있는 독특한 음악적 표현 양식을 인지적 · 정의적 측면에서 이해하여야 한다.
- 음악을 표현하는 방법 및 연주 방식을 이해한다.
- 지금까지 소개되지 않은 낯선 나라들과 그들의 문화를 발견해 보는 학습이 되어야 한다. 특히 이국적인 음악, 즉 반복 형태로 이루어지는 아프리카 음악들은 학생들을 매우 흥미롭게 할 것이다.
- 다양한 나라의 문화에 대하여 그림을 그리거나 춤을 추면서 창의적인 표현 능력을 기를 수 있는 학습으로 전개되어야 한다.
- 타민족을 대표할 수 있는 전통적 민요를 중심으로 종교음악, 예술음악 그리고 우리 시대의 음악들(예: 재즈, 록 등)도 포함되어야 한다.
- 자국의 전통음악에 대하여 더욱더 관심을 가지고 이해하여야 한다.

특히 외국의 음악을 바르게 소개하는 것은 다문화 교육의 차원에서 매우 중요하다. 지난 과거에 우리는 별 의식 없이 외국곡의 원래 가사를 자유롭게 개사하여 불렀다. 그러나 이러한 현상은 외국의 문화를 이해하는 데에 도움을 줄 수 없으며, 다문화 음악교육의 의도에도 어긋난다. 다문화 음악교육의 관점에서 본다면, 가능한 한 원래 곡의 가사 의미를 살려 불러야 한다. 가사의 의미를 다르게 바꾸어 부르면 음악의 느낌이 달라질 수 있기 때문이다. 한 예로 어린이들이 즐겨 부르는 〈나비야〉는 원래 독일의 민요로 원 제목은 〈소년 한스〉이다. 이 노래는 원래 3절로 되어 있으며, 집을 떠난 꼬마 한스가 성인이 되어서 다시 집으로 돌아온다는 내용이다. 노가바 식(노래 가사 바꾸기)의 노래 〈나비야〉와 독일의 민요 〈소년 한스〉를 비교하면 다음과 같다.

악보 14-1 〈나비야〉

독일 민요

보통 빠르게
F C7 F
나 비 야 나 비 야 이 리 날 아 오 너 라
F C7 F
노 랑 나 비 흰 나 비 춤 을 추 며 오 너 라
C7 F
봄 바 람 에 꽃 잎 도 방 긋 방 긋 웃 으 며
F C7 F
참 새 도 짹 짹 짹 노 래 하 며 춤 춘 다

악보 14-2 〈소년 한스〉

독일 민요

한 스 는 갔 지 요 넓 은 세 상 밖 으 로
지 팡 이 모 자 가 어 울 렸 다 네
엄 마 슬 퍼 울 었 죠 한 스 보 고 싶 어 서
행 운 을 빌 면 서 기 다 린 다 네

[원 가사]

1절: Haenschen klein geht allein in die weite Welt hienin
(꼬마 헨센은 홀로 넓은 세상으로 나갔지요)
Stock und Hut steht ihm gut, ist gar wohl gemut
(모자와 지팡이가 그에게 정말 어울립니다)
Aber Mutter weinet sehr, hat ja nun kein Haenschen mehr
(엄마는 더 이상 헨센을 보지 못해 매우 슬펐죠)
Wuensch dir Glueck, sagt ihr Blick, kehr nur bald zurueck
(행운을 빌면서 빨리 돌아오라고 합니다)

2절: Sieben Jahr, trueb und klar, Haenschen auf der Reise war
(바깥세상에서 헨센은 7년의 세월을 보냈지요)
da besinnt sich das Kind, eilet heim geschwind
(꼬마는 느꼈지요, 집으로 빨리 달려갑니다)
Doch nun ist's kein Haenschen mehr
(이제 더 이상 작은 헨센이 아닙니다)
nein, ein grosser Hans ist er
(그는 큰 한스가 되었습니다)
Schwarz gebrannt Stirn und Hand
(이마와 손이 검게 탔습니다)
Wird er wohl erkannt?
(과연 한스를 누가 알아볼 수 있을까요?)

3절: Eins, zwei, drei gehn vorbei
(하나, 둘, 세 사람이 지나갑니다)
wissen nicht, wer das wohl sei
(그들은 한스를 알아보지 못합니다)
Schwester spricht: "Welch Gesicht" kenn den Bruder nicht
(동생이 말해요. "누구지?" 오빠를 못 알아봅니다)
Doch da kommt sein Muetterlein, schaut ihm kaum ins Aug' hinein
(엄마가 달려옵니다. 한눈에 그를 알아봅니다)
spricht sie schon: "Hans, mein Sohn!"
(엄마가 말합니다. "한스, 나의 아들아!")
"Gruess dich Gott, mein Sohn!"
("잘 왔다, 나의 아들아!")

2) 다문화 가정의 관점

다문화 가정의 자녀를 위한 다문화 음악교육은 학습자의 인지발달 단계와 흥미를 고려하여 전개되어야 한다. 효과적인 다문화 음악교육을 위해서는 우선 학습 목표의 설정과 동시에 이에 따른 적합한 악곡을 학습자들에게 알맞도록 선택하여야 한다. 그리고 학습 활동을 실천 가능한 형태로 구조화시켜야 한다. 사물놀이 및 우리나라 민요 배우기는 우리나라의 문화에 동화된다는 점에서 좋은 음악 활동이다. 또한 외국인 부모 나라의 음악을 체험하는 것은 부모 나라의 문화를 이해한다는 점에서 의미가 있다. 다 함께 즐겁게 연주하고 노래를 부름으로써 다문화 가정의 자녀들은 다른 한국 친구들과 쉽게 사귀고 학교 생활에 적응하게 될 것이다. 교사는 적합한 악곡을 선택하고, 학습 활동의 세부 목표 및 구체적인 활동 내용을 학습 계열에 따라 적절히 정리하여야 한다. 학습 활동은 '사물놀이 연주하기' '우리나라 민속음악을 부르며 신체로 표현하기' '다양한 나라의 민속음악을 그 나라 문화권의 말 또는 춤으로 표현해 보기' '다양한 나라의 민요를 부르거나 연주하고 느낌 이야기하기' 등으로 계획하되, 가능한 한 비교적 쉽고 즐겁게 활동할 수 있는 것에 초점을 맞추는 것이 좋다.

제15장

통합교육을 위한 음악교육

학교 교실은 다양한 학생으로 구성되어 있다. 최근 들어 교실에는 여러 사회적 · 문화적 배경을 지닌 학생들과 개개인의 능력과 요구가 다양한 학생들이 증가하고 있다. 근대교육제도가 성립된 이후, 학교의 교육은 일반교육과 특수교육이 분리된 상황에서 이중체제로 발전되어 왔는데, 오늘날의 특수교육은 이러한 분리교육의 필요성에 대해 의문을 제기하며 사회적 공감 속에서 통합교육(inclusive education)을 지향하고 있다. 이 장에서는 통합교육의 의미와 필요성, 통합교육 실천을 위한 이론적 기반, 통합학급의 음악 수업 모형, 음악 학습 내용 및 활동 예시 등을 소개한다.

1. 통합교육의 의미와 필요성

통합교육(inclusive education)은 기본적으로 일반학생과 장애학생의 '비분리'를 전제로 한 교육 방식을 의미한다. 특수교육은 현재 전 세계적으로 특수학교와 특수학급의 분리교육보다는 장애학생들을 일반학급에서 또래 학생들과 함께 교육받게 하는 통합교육을 지향하고 있다. 통합교육의 효과에 대해서는 관점에 따라 서로 의견이 다르고 논쟁이 있기는 하지만, 오늘날 특수교육은 장애학생이 일반학생과 완전히 통합된 일원화 교육 환경 내에서 특별한 교육적 요구를 가진 학생으로 인식되는 '완전통합교육'에 대한 가치와 철학이 보편화되는 추세이다. 특수교육에서는 통합의 당위성과 긍정적인 효과를 강조하며 통합교육의 확대를 주장하고 있다.

일반학생과 장애학생이 학교와 학급에서 이루어지는 모든 활동에 함께 참여하고 통합학급 학생들의 다양한 능력과 개성을 존중하며 모든 학생에게 유의미한 학습 경험을 제공하는 '교육적 통합'이 이루어질 때, 진정한 의미에서 통합교육이 실행되었다고 할 수 있을 것이다. "장애학생을 위한 교육의 질은 일반학생을 위한 교육의 질과 동일하여야 한다."는 주장은 통합학급에서의 평등한 교육적 실천을 요구하는 것이며, 이러한 교육적 실천을 위한 노력은 장애학생을 위한 교육의 질을 제고하는 것으로 집중되고 있다.

특히 음악 교과는 미술, 체육 교과와 함께 통합교육이 수월한 교과로 인식되고 있어 통합교육의 교육적 실천에 대한 요구는 앞으로 점차 더 증가될 것으로 보인다. 장애학생들이 통합학급에서 가장 많은 시간을 음악 수업에서 보내고 있다면, 음악 수업은 통합학급 수업 중에서 좋은 수업의 모델이 되고 통합교육을 선도하는 역할을 해야 할 것이며, 통합학급의 교사는 음악 수업에 대한 전문성과 책무성을 가져야 할 것이다.

2. 통합교육의 실천을 위한 이론적 기반

통합교육에서는 일반학생의 학습권과 장애학생의 학습권이 모두 중요하다. 통합교육을 실천하기 위해서는 일반학생뿐만 아니라 장애학생의 교육적 요구를 모두 담을 수 있는 통합교육의 개념과 방향, 교수 · 학습 방법 등의 이론적 기반이 필요하다. 통합학급의 음악 수업을 위한 이론적 기반으로 여기에서는 보편적 학습 설계와 차별화 교수를 살펴보기로 한다.

1) 보편적 학습 설계

'보편적 설계'란 다양한 특성과 특별한 요구를 가지는 사람들을 처음부터 고려하여 모든 사람의 접근을 용이하게 하고 시설 등을 편리하게 사용할 수 있도록 설계하는 것을 의미한다. 건축이나 디자인과 관련된 보편적 설계의 개념은 교육에 도입되어 '보편적 학습 설계(universal design for learning)'의 개념으로 발전되었다. 보편적 학습 설계는 장애 유형에 관계없이 모든 학습자가 혜택을 받을 수 있는 교육과정 및 교육방법을 설계하고자 하는 접근이다. 완성된 후에는 어떠한 수정이나 특별한 개조를 필요로 하지 않는 보편적 설계와 마찬가지로, 통합교육에서 주장하는 보편적 학습 설계란 일반 교육과정이나 수업과정의 처음 계획부터 장애학생을 포함한 모든 학생의 접근을 허용하는 형태로 설계하여야 한다는 것이다. 이해하기 쉽게 간결하고 직관적이며 다양한 방법을 사용하여 정보를 전달하고, 학습자의 활동이나 표현을 위해서 글, 그림, 언어, 촉각 등의 다각적인 통로를 사용할 수 있는 기회를 제공하며, 학습자들을 수업에 적극 참여시키기 위해서 선택의 자유를 주는 다양한 방법을 제공하는 것 등은 보편적 학습 설계의 개념으로부터 추출할 수 있는 원리들이다.

보편적 학습 설계에서의 '보편성'이란 모든 학생에게 적용 가능한 획일적이거나 한 가지 최선책의 개념이 아니라, 다양한 개인의 특성과 차이를 감안하여 학습자에게 적합하고 학습을 극대화할 수 있도록 변형이 가능한 융통성을 의미하는 것이다. 이러한 보편적 학습 설계는 일반 교육과정의 개발에서부터 장애학생과 일반학생을 모두 고려하여야 한다는 점에서 사전 조치라 할 수 있다.

2) 차별화 교수

차별화 교수(differentiated instruction)는 다수준 교수(multilevel instruction), 실제적 다수준 교수(authentic multilevel instruction), 다수준 차별화 교수(multilevel differentiated instruction) 등 다양한 용어로 표현되지만, '학습자들의 다양성을 존중'하고 '모든 학습자에게 질적 학습을 위한 기회'를 제공하기 위해 '교수 내용, 교수 과정, 교수 결과를 학습자들의 수준에 맞게 적절히 조정'하는 것을 핵심 내용으로 한다. 차별화 교수의 목적은 모든 학생에게 공정하고 민주적이며 동기를 부여하는 학습 환경을 제공하는 것이다.

모든 학생에게 적용되는 차별화 교수의 개념은 장애학생과 일반학생이 함께하는 통합학급을 위한 교수 과정에서는 주로 장애학생을 위한 교수 수정(instructional adaptation)과 같은 방법으로 구체화되어 사용되어 왔다. 실제로 통합교육 현장에서 교수 수정(교수 적합화)은 효과적인 통합교육의 방법으로 제시되어 왔는데, 보편적 학습 설계가 사전 조치라면 교수 수정은 사후 조치라 할 수 있다. 그러나 통합교육의 진전을 위해서는 사전 조치와 사후 조치를 분리하여 그 개념과 방식을 제한하는 것보다, 학습 설계와 실천적 과정에서 모든 학습자의 요구를 충족시키기 위한 보다 포괄적인 접근이 필요하다. 즉, 교수 수정은 장애학생만을 위한 교육적 요구로 인식되기보다는 교육적인 환경 속에서 학습을 위한 지원을 필요로 하는 모든 학생을 위한 교육적 요구로 인식될 필요가 있으며, 이러한 교육적 요구에 대한 실천은 보편적 학습 설계에 기반한 실행 방안으로 보는 관점이 더 타당해 보인다.

3. 통합학급의 음악 수업 모형

진정한 의미에서의 통합교육은 장애학생이 통합된 학급의 모든 학생에게 유의미한 학습 경험을 제공하는 교육적 통합이 실천될 때 가능하다. 음악 수업에서 통합 학급의 모든 학생에게 유의미한 학습 경험을 제공하기 위해서는 일반 교육과정과 교과서를 재구성하는 과정을 필요로 한다. 이를 위해 여기에서는 개념 중심, 활동 중심, 창의성 계발 중심의 음악 수업 모형을 살펴보기로 한다. 각각의 모형에는 장애학생을 위한 수정 지도 방안과 오류 유형별 지도 방안이 포함되어 있으며, 일반 수업 모형과 비교할 때 핵심 개념과 활동의 원리를 강조하고 목표를 세분화하여 단계적으로 실행하는 방법으로 구성되었다. 수정 지도 방안과 오류 유형별 지도 방안은 장애의 유형과 정도에 따라 통합학급 교사가 특수학급 교사와의 협력 교수로 장애학생 개개인을 위해 작성하여야 한다.

1) 개념 중심 모형

학습 목표의 내용은 장애학생을 위해 수정될 필요가 있다. 특히 새로운 정보가 제시되거나 과제를 수행하는 데 필수적인 개념이 부족할 때 학습 내용의 수정은 필수적이다. [그림 15-1]의 개념 중심 모형에 따른 인지적 학습에서는 핵심 개념과 용어를 선정하여 각각의 개념을 분리하여 반복적으로 가르치는 내용의 수정 지도 방안이 포함된다.

만약 학습 목표가 "변박자를 이해하며 지휘할 수 있다."라면 핵심 개념은 변박자, 즉 '박자의 변화'(단위박 그룹의 차이)이다. 그렇다면 수정 지도 방안에는, 예를 들어 ① 3박자를 칠 수 있다, ② 4박자를 칠 수 있다, ③ 3박자와 4박자를 교대로 치며 차이를 알 수 있다, ④ 3박자를 지휘할 수 있다, ⑤ 4박자를 지휘할 수 있다, ⑥ 3박자와 4박자의 변화를 이해하며 지휘할 수 있다 등으로 각각의 개념을 분리하여 세분

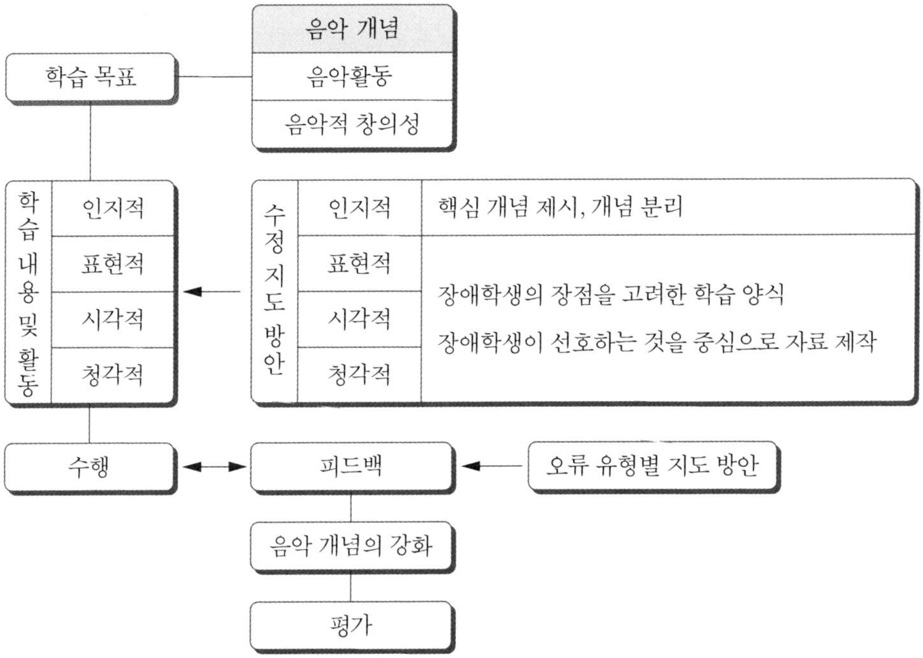

[그림 15-1] 개념 중심 통합학급 음악 수업 모형

화된 내용으로 학습하게 할 수 있다. ①에서 ⑥은 각각 작은 단위로 제시된 학습 목표이다. 학습 목표는 여러 개의 작은 단위로 제시되지만 결국에는 모든 내용을 다루게 된다. 개념이 부족하여 나타나는 행동에 대해서는 유형별로 지도 방안이 필요하다.

개념 학습을 위한 학습 자료는 색이나 그림을 사용한 시각적 자료나 리듬악기를 사용한 청각적 자료 등이 사용될 수 있으며, 신체적 표현도 좋은 방법이다. 또한 장애학생의 장점을 고려한 학습 양식이나 장애학생이 선호하는 양식 중심으로 자료를 제작하는 세심함이 요구된다. 또한 개별화 수업을 하든지 협동학습을 하든지 장애학생의 요구를 충족시켜 주기 위한 수업 전략이 응용되어야 할 것이다.

2) 활동(경험) 중심 모형

교사는 실제로 수업에서 다루어야 할 과제를 바꾸지 않고 단지 과제를 제시하는 형식을 바꿈으로써 과제에 필요한 원리를 제시할 수 있다. 즉, 학습 목표를 언어나 상징적인 방법을 쓰지 않고 직접 활동으로 제시하는 것이다. 예를 들어, "임시표가 있는 가락을 가락악기로 연주할 수 있다."라는 학습 목표가 있다면, '임시표' '가락' '가락악기'의 개념을 언어로 이해시키는 것보다, 리코더든 실로폰이든 시범을 보여 줌으로써 과제에 필요한 원리를 단순하게 제시하는 것이 바람직하다.

[그림 15-2]의 활동 중심 모형에 따른 인지적 학습에서는 활동에 필요한 원리를 제시하는 내용의 수정 지도 방안이 포함된다. 개념 학습과 마찬가지로 새로운 정보가 제시되거나 과제를 수행하는 데 필수적인 음악적 기능이 부족할 때 학습 내용은 장애학생을 위해 수정될 필요가 있다. 또한 활동 중심의 음악 수업에서도 개념 중심

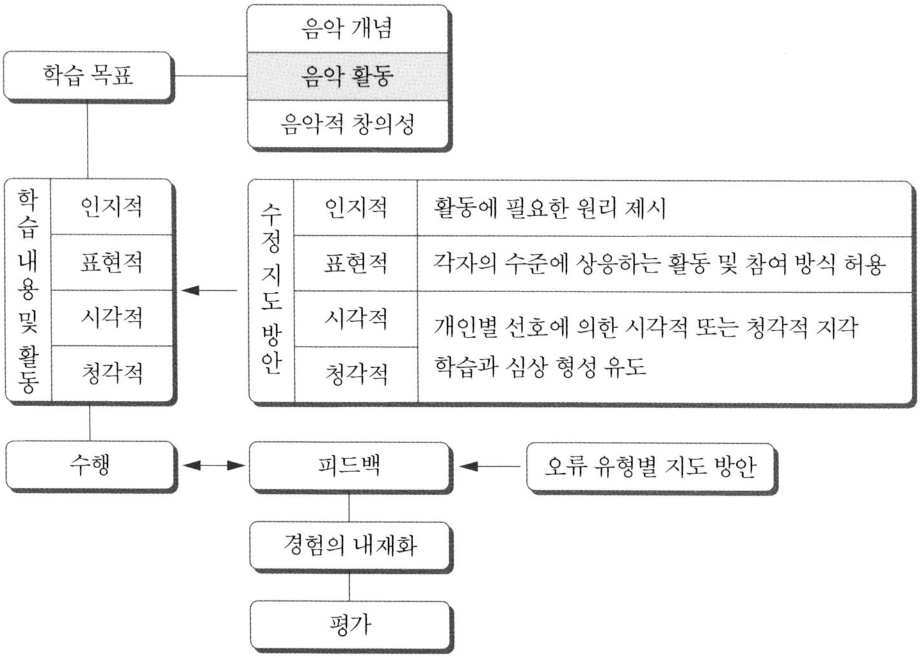

[그림 15-2] 활동 중심 통합학급 음악 수업 모형

모형에서 설명한 것과 마찬가지로 각각의 작은 활동 단위로 학습 목표가 단계적으로 제시되어야 한다. 활동 과정에서 나타나는 잘못된 습관이나 반복되는 실수는 유형별로 지도 방안이 필요하다.

기악 수업에서는 음악적 기능의 차이가 심하다면 각자의 수준에 상응하는 활동이나 참여 방식을 허용해야 하며, 감상 수업에서는 장애학생의 선호에 의한 다감각 지각 학습과 시각적 심상 또는 청각적 심상을 유도하는 내용이 포함되어야 한다.

3) 창의성 계발 중심 모형

창의성 계발 중심 모형에서는 즉흥연주가 중요하게 활용된다. 즉흥연주는 일반 학생들뿐만 아니라 장애학생들도 자발적이고 능동적으로 참여할 수 있는 음악 활동이다. 즉흥연주에서는 여러 가지 표현 매체를 사용하여 음악적이고 다감각적인 자극과 반응을 유도한다. 기초적이고 자연적인 리듬 놀이부터 모방을 통한 창의적·즉흥적 활동을 유도하기 위해서 음악 수업은 최대한 자유롭고 편안한 환경적 지원이 필요하다.

[그림 15-3]의 창의성 계발 중심 모형에 따른 학습에서는 즉흥연주에 필요한 원리를 제시하는 내용의 수정 지도 방안이 포함된다. 즉흥연주에 필요한 원리로는 리듬을 지각하고 반응하며 표현할 수 있도록 구체적이고 다양한 시범을 보여 주는 것이 필요하다. 신체표현이나 신체타악기, 리듬악기나 가락악기를 사용하여 자유롭게 즉흥연주를 유도한다. 즉흥연주 과정에서 나타나는 잘못된 습관이나 반복되는 실수는 유형별로 지도 방안이 필요하다.

또한 음악에 대한 상상력을 장애학생들의 개인별 선호에 의한 그림이나 소리로 표현해 보도록 유도한다. 창의성 계발 중심 모형에서는 개념 중심 모형이나 활동 중심 모형과는 달리 수업 내용이나 수준에 따라서 학습 내용의 수정이 반드시 필요한 것은 아니다.

지금까지 개념 중심, 활동 중심, 창의성 계발 중심의 음악 수업 모형을 간단하게

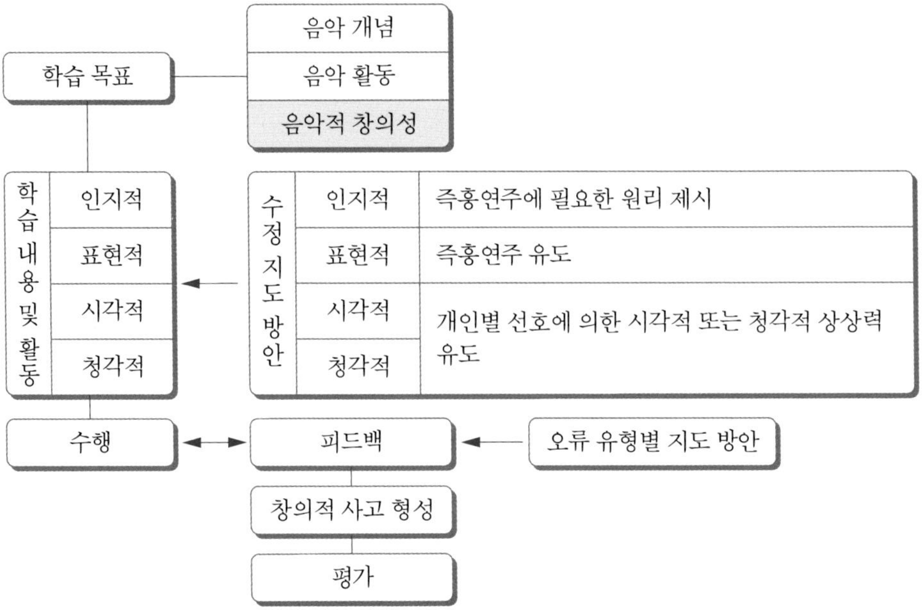

[그림 15-3] 창의성 계발 중심 통합학급 음악 수업 모형

살펴보았다. 모형에서 강조된 것은 수정 지도 방안이나 오류 유형별 지도 방안이 장애의 유형과 정도에 따라 장애학생 개개인을 위해 작성되어야 한다는 것이다. 이 부분은 특수학급 교사와의 상호 협력을 필요로 한다.

4. 통합학급의 음악 학습 내용 및 활동 예시

〈표 15-1〉부터 〈표 15-3〉까지는 3~4학년 음악지도서의 음악 활동 중에서 일반학생을 위한 학습 내용 및 활동을 장애학생을 위한 학습 내용 및 활동으로 수정한 것이다. 장애학생을 위한 학습 내용 및 활동은 보다 세분화되고 동일한 내용 및 활동이 반복적이고 단계적으로 제시되어 있어 개념의 형성을 돕고 악기 연주 기능을 향상시키며 음악 활동에 능동적으로 참여할 수 있도록 구성하였다. 팁 및 지도상의

유의점은 교사가 장애학생을 배려하여 개별적으로 접근하여야 할 내용이다. 이 중에서 '다감각적인 접근'이란 악기, 언어, 신체 움직임 등을 통한 촉각적(tactile), 시각적(visual), 청각적(acoustic) 등의 접근을 의미한다. 수정된 내용은 특정 장애를 고려한 것이 아니라 장애학생의 학습 수행 능력을 고려한 것이다.

〈표 15-1〉은 강박과 약박에 관한 지도서 학습 내용 및 활동을 장애학생을 위한 학습 내용 및 활동으로 수정한 것이다. 일반학생을 위한 학습 내용 및 활동은 장애학생을 위해 보다 세분화되었다.

〈표 15-1〉 센박과 여린박에 관한 학습 내용 및 활동

학년	리듬	통합학급의 학습 내용 및 활동: 지도서 학습 내용 및 활동	통합학급의 학습 내용 및 활동: 장애학생을 위한 수정 지도 방안	장애학생 지도를 위한 팁 및 지도상의 유의점
4	강박/약박	• 강박과 약박을 신체로 표현한다. • 2, 3, 4, 6박자의 강약을 익힌다. • 2, 3, 4, 6박자를 지휘한다.	〈도입 활동〉 ① 긴/짧은, 큰/작은, 시끄러운/부드러운 소리의 대조를 경험한다. ② 주변에서 이런 소리가 나는 물건, 동물을 말한다(시각적 · 청각적으로 이해하게 한다). 〈전개 활동〉 ① ***ff*** ~ ***pp***까지의 소리를 신체 동작이나 다양한 물건으로 자유롭게 표현한다. ② 큰/작은 소리, 강/약박의 반복을 그림(선, 모양, 패턴), 신체 동작, 말소리, 리듬악기로 표현한다. ③ 강박과 약박의 규칙성을 색이나 도형, 숫자의 반복으로 시각화시킨다. ④ 모둠별로 강박과 약박의 동작을 만들어 돌아가며 표현하고 모방한다(예: 2, 3, 4박 망치질) ⑤ 첫 박마다 큰북을 치고 리듬악기로 2, 3, 4박자의 기본 박을 익힌다. ⑥ 2(3, 4, 6)박의 강약을 말 리듬으로 표현한다. ⑦ 2(3, 4, 6)박의 강약을 말 리듬과 동작으로 표현한다. ⑧ 2(3, 4, 6)박의 강약을 살려 지휘 동작을 한다.	• 장애학생의 기능을 생각하여 동물들의 예시를 보여 주고, 그 중에서 원하는 동물들의 움직임과 소리를 모방하고 자유롭게 표현할 수 있도록 유도한다. • 다른 친구들과의 모방과 창작을 통해 친밀감을 느끼고 음악을 통한 소통 방식을 알게 한다. • 다감각적인 접근을 통하여 개념이 형성되도록 돕는다. • 자유롭게 표현하는 창의적인 부분에 대한 긍정적인 강화로 자기성취감을 가질 수 있도록 지도한다.

〈표 15-2〉는 가락악기 연주의 지도서 학습 내용 및 활동을 장애학생을 위한 학습 내용 및 활동으로 수정한 것이다. 오르프 교수법을 활용한 화음 반주와 오스티나토 반주 활동에 장애학생이 참여할 수 있도록 수정되었다.

〈표 15-2〉 가락악기 연주 학습 내용 및 활동

학년	악기 연주하기	통합학급의 학습 내용 및 활동		장애학생 지도를 위한 팁 및 지도상의 유의점
		지도서 학습 내용 및 활동	장애학생을 위한 수정 지도 방안	
3 ~ 4	가락 악기	• 실로폰으로 화음 반주를 익힌다. • 가락 오스티나토 반주에 맞춰 노래 부른다. • 리듬/가락 합주를 한다.	〈도입 활동〉 ① 소리와 소리의 어울림을 탐색한다. ② 교사의 화음 반주나 오스티나토 시범을 모방한다. 〈전개 활동〉 ① 리코더나 실로폰을 선택하여 리듬 오스티나토처럼 한 음만으로 오스티나토를 만든다. ② 짝과 함께 다른 음으로 바꿔 가며 오스티나토를 만든다. ③ 두 음으로 가락 오스티나토를 만든다. ④ 시범에 따라 선호하는 악기로 오스티나토를 (그림) 악보로 보거나 듣고 연주한다. ⑤ 오르프 악기로 두 음을 같이 연주한다(오르프 악기가 없을 경우에는 낱개 음판을 사용하거나 실로폰의 필요한 음에 색으로 표시한다). ⑥ 선호하는 악기로 합주 파트를 연습한다. ⑦ 자발적으로 악기를 바꿔 가며 합주한다.	• 오르프 악기는 필요한 음판만 사용할 수 있어 자신감을 가지게 하므로 장애학생이 선호할 경우 우선적으로 제공한다. • 일정한 리듬과 반복적인 가락으로 정서적 안정감과 성취감을 가질 수 있도록 유도한다. • 다감각적인 접근을 통하여 가락 오스티나토와 화음 반주의 개념 형성을 돕는다.

〈표 15-3〉은 즉흥연주의 지도서 학습 내용 및 활동을 장애학생을 위한 학습 내용 및 활동으로 수정한 것이다. 장애학생도 음악을 자유롭게 표현할 수 있도록 즉흥연주에 관한 학습 내용이 보다 단계적으로 구성되었다.

〈표 15-3〉 즉흥연주 학습 내용 및 활동

학년	즉흥연주	통합학급의 학습 내용 및 활동		장애학생 지도를 위한 팁 및 지도상의 유의점
		지도서 학습 내용 및 활동	장애학생을 위한 수정 지도 방안	
3~4	즉흥적으로 표현하기	• 신체타악기와 리듬악기를 사용하여 즉흥연주를 한다. • 오스티나토를 사용하여 즉흥연주를 한다.	〈도입 활동〉 ① 눈을 감고 편하게 음악에 맞춰 움직인다. ② 교사의 즉흥적인 표현을 모방한다. 〈전개 활동〉 ① 신체타악기를 이용하여 재미있는 동작과 리듬을 만들어 표현하고, 다른 친구들은 모방한다. ② 모방을 통해 변형된 즉흥연주를 문답식으로 신체타악기나 리듬악기로 음악적 대화를 만든다(구조화). ③ 오스티나토 리듬을 제시한다. ④ 자유 리듬과 오스티나토 리듬을 섞어서 만든 즉흥연주를 한다(반구조화). ⑤ 자유로운 리듬으로 즉흥연주를 한다(비구조화). ⑥ 다양한 방법으로 아동이 선호하는 악기를 선택하게 하고, 성부의 추가 등 점점 난이도 있는 즉흥연주를 한다. ⑦ 오르프 악기나 실로폰을 2음부터 시작하여 차츰 음을 넓혀 가며 음악적 대화를 만든다.	• 장애학생이 자유롭게 표현할 수 있도록 지지하고 공감한다. • 음악적 대화를 통하여 비언어적 의사소통을 할 수 있도록 천천히 시간적 여유를 주어 적절하게 반응할 수 있는 기술을 향상시키게 한다. • 자유롭게 표현할 수 있도록 처음에는 구조화 즉흥연주, 반구조화 즉흥연주, 비구조화(자유) 즉흥연주의 방법으로 장애학생의 능력에 맞게 확장시킨다.

부록

2015 음악과 교육과정

1. 성격

음악은 소리를 통해 인간의 감정과 사상을 표현하는 예술로 인간의 창의적 표현 욕구를 충족시키고 다른 사람과 소통할 수 있도록 하며 인류 문화를 계승, 발전시키는 데 기여한다. 음악 교과는 다양한 음악 활동을 통해 음악의 아름다움을 경험하고, 음악성과 창의성을 계발하며, 음악의 역할과 가치에 대한 안목을 키움으로써 음악을 삶 속에서 즐길 수 있도록 하는 교과이다.

음악 교과는 다양한 특성을 통해 음악적 감성 역량, 음악적 창의 · 융합 사고 역량, 음악적 소통 역량, 문화적 공동체 역량, 음악정보처리 역량, 자기관리 역량을 기를 수 있도록 한다.

'음악적 감성 역량'은 음악이 가지고 있는 아름다움, 특징 및 가치를 개방적 태도로 수용하고 이해하며, 깊이 있는 성찰과 상상력을 발휘하여 삶의 질을 향상시키고 행복을 창출할 수 있는 역량이다.

'음악적 창의 · 융합 사고 역량'은 음악 분야의 전문 지식과 소양을 토대로 새롭고 독창적인 아이디어를 산출해 내고, 자신이 학습하거나 경험한 음악 정보들을 다양한 현상에 융합적으로 활용할 수 있는 역량이다.

'음악적 소통 역량'은 소리, 음악적 상징, 신체 등을 활용하여 자신의 생각과 느낌을 음악적으로 표현하고, 타인의 음악적 표현을 이해하고 공감하여 효율적으로 소통하고 조정할 수 있는 역량이다.

'문화적 공동체 역량'은 음악을 통해 우리 문화의 전통과 세계의 다양한 문화를 이해함으로써 지역, 국가, 세계 공동체의 구성원으로서 요구되는 다양한 가치와 문화를 수용하고, 공동체의 문제 해결 및 발전을 위해 자신의 역할과 책임을 다할 수 있는 역량이다.

'음악정보처리 역량'은 음악과 관련된 다양한 정보와 자료를 수집, 분석, 분류, 평가, 조작함으로써 정보와 자료에 내재된 의미를 올바르게 파악하고, 적절한 매체를 활용하여 정보와 자료를 효과적으로 처리함으로써 생활의 다양한 문제를 합리적으로 해결할 수 있는 역량이다.

'자기관리 역량'은 음악적 표현과 감상 활동, 음악을 생활화하는 태도를 바탕으로 표현력과 감수성을 길러 자아 정체성을 형성하고, 자기 주도적으로 음악을 학습하고 그 과정을 관리함으로써 음악적으로 풍요로운 삶을 유지해 나갈 수 있는 역량이다.

'음악'을 중심으로 한 다른 예술 영역 및 교과와의 연계는 음악이 가지고 있는 다양한 특성을 활용하여 학생들의 음악 지식을 심화시키고 흥미를 불러일으키며 학습 경험을 확장시킨다.

첫째, 음악과 춤, 미술, 연극, 영화, 문학 등 다른 예술 영역들과의 연계는 다른 예술의 표현 수단과의 결합을 통해 음악적 정서를 표현하고 다양하게 소통하는 방법을 배우도록 함으로써 학생의 문화적 소양을 높일 수 있도록 해 준다. 특히 음악과 다른 예술을 결합하는 과정에서 음악만이 가지고 있는 고유한 특성을 발견하고 음악에 대한 이해를 심화시킬 수 있다.

둘째, 음악과 다른 교과와의 연계를 통하여 음악이 가지고 있는 인문 · 사회 · 자연과학적인 특성들을 발견함으로써 음악에 대한 시각을 확장시키고, 관련 과목에 대한 학습 효과를 증대시킬 수 있다.

2. 목표

'음악'은 음악적 정서 함양 및 표현력 계발을 통해 자기 표현 능력을 신장하고 자아 정체성을 형성하며, 문화의 다원적 가치 인식을 통해 타인을 존중하고 배려하는 소통 능력을 지닌 인재 육성을 목표로 한다. 이를 통해 우리 문화 발전에 기여하고 세계 시민으로서 문화적 소양을 지닌 전인적 인간 육성에 이바지한다.

[초등학교]

가. 음악의 구성 및 표현 방법을 이해하고, 기초적인 연주 기능을 익혀 창의적으로 표현한다.

나. 악곡의 특징을 이해하며 감상한다.

다. 음악의 가치를 인식하고, 음악 활동에 적극적으로 참여하며 음악을 즐기는 태도를 갖는다.

3. 내용 체계 및 성취기준

가. 내용 체계

[초등학교]

영역	핵심 개념	일반화된 지식	내용 요소		기능
			3~4학년	5~6학년	
표현	• 소리의 상호 작용 • 음악의 표현 방법	다양한 음악 경험을 통해 소리의 상호 작용과 음악의 표현 방법을 이해하여 노래, 연주, 음악 만들기, 신체표현 등의 다양한 방식으로 표현한다.	음악의 구성	음악의 구성	• 노래 부르기 • 악기로 연주하기 • 신체표현하기 • 만들기 • 표현하기
			자세와 연주법	자세와 연주법	
감상	• 음악 요소와 개념 • 음악의 종류 • 음악의 배경	다양한 음악을 듣고 음악 요소와 개념, 음악의 종류와 배경을 파악하여 음악을 이해하고 비평한다.	3~4학년 수준의 음악 요소와 개념	5~6학년 수준의 음악 요소와 개념	• 구별하기 • 표현하기 • 발표하기
			상황이나 이야기 등을 표현한 음악	다양한 문화권의 음악	
생활화	• 음악의 활용 • 음악을 즐기는 태도	음악을 생활 속에서 활용하고, 음악이 삶에 주는 의미에 대해 이해함으로써 음악을 즐기는 태도를 갖는다.	음악과 행사	음악과 행사	• 참여하기 • 조사하기 • 발표하기
			음악과 놀이	음악과 건강	
			생활 속의 국악	국악과 문화유산	

나. 성취기준

[초등학교 3~4학년]

(1) 표현

3~4학년의 표현 영역에서는 음악의 구성 요소에 대한 이해와 소리의 탐색 및 노래, 악기 연주, 신체표현, 음악 만들기 등의 다양한 활동을 통해 음악성과 창의성을 기른다.

[4음01-01] 악곡의 특징을 이해하며 노래 부르거나 악기로 연주한다.
[4음01-02] 악곡에 어울리는 신체표현을 한다.
[4음01-03] 제재곡의 노랫말을 바꾸거나 노랫말에 맞는 말붙임새로 만든다.
[4음01-04] 제재곡의 리듬꼴이나 장단꼴을 바꾸어 표현한다.
[4음01-05] 주변의 소리를 탐색하여 다양한 방법으로 표현한다.
[4음01-06] 바른 자세로 노래 부르거나 바른 자세와 주법으로 악기를 연주한다.

(가) 학습 요소

- 음악의 구성, 자세와 연주법

(나) 성취기준 해설

- [4음01-01], [4음01-02] 노래를 부르거나, 여러 가지 악기로 연주하고, 악곡의 전체적인 분위기와 특징에 어울리는 신체표현을 하는 등 다양한 방법으로 음악을 표현하도록 한다. 이때 악곡에 포함된 3~4학년 수준의 음악 요소를 활동과 연계하여 학습하면서 음악 개념을 형성하고, 특히 악곡의 특징을 살려서 노래 부르거나 악기로 연주 하며, 느낌을 자연스럽게 표현하고 즐거움을 느낄 수 있도록 한다.
- [4음01-03], [4음01-04], [4음01-05] 악곡의 노랫말과 음악의 구성 요소를 활용하여 음악적 산출물을 자유롭게 만들고 이를 표현하도록 하며, 주변 환경의 다양한 소리에 관심을 갖고 이를 재현하는 활동을 하도록 한다. 주어진 노랫말을 자신의 느낌대로 바꾸어 부르거나 노랫말의 의미에 부합하는 말붙임새로 만들어 표현하도록 한

다. 또한 악곡의 리듬꼴과 장단꼴을 주어진 조건에 적합하게 바꾸어 노래 부르거나 악기로 연주할 수 있도록 한다. 그리고 자연의 소리나 주변 환경의 다양한 소리에 대해 살펴보고, 목소리, 악기, 신체, 물체 등을 이용하여 창의적으로 표현하도록 한다.

- [4음01-06] 노래를 부를 때 앉아서 또는 서서 부르거나, 자세에 따라 소리가 달라지는 것을 경험하여 좋은 소리를 위한 바른 자세를 유지할 수 있도록 한다. 또한 악기를 연주할 때 자세 및 주법이 좋은 울림에 영향을 줄 수 있음을 체험하고, 악기의 특징에 따른 바른 자세와 기본적인 주법을 익혀 연주하도록 한다.

(다) 교수 · 학습 방법 및 유의 사항

- 다양한 음악적 경험을 통해 음악을 구성하는 요소들을 이해하고, 악곡의 특징을 목소리, 악기, 신체, 그림 등을 활용하여 창의적으로 표현하도록 한다.
- 학생들의 생각과 경험을 바탕으로 노랫말을 창의적으로 바꿀 수 있도록 지도하며, 노랫말의 의미를 살려 말붙임새를 만들도록 한다.
- 악곡의 리듬꼴과 장단꼴을 충분히 습득한 후, 창의적으로 리듬꼴과 장단꼴을 바꾸어 표현할 수 있도록 단계적으로 지도한다.
- 자연이나 생활 속의 다양한 소리를 탐색하여 목소리, 악기, 신체, 물체 등으로 표현하도록 한다.
- 노래, 악기 연주, 신체표현을 통합적으로 활용하여 표현할 수 있도록 한다.
- 노래 부르기는 노랫말과 가락의 관계를 탐색하고, 그에 따른 느낌을 자유롭게 표현하도록 한다.
- 가락, 시김새, 창법을 지도할 때에는 손, 가락선 악보 등을 활용하여 다양하게 표현하도록 한다.
- 악기의 소리를 탐색하고 그 특징을 살려 연주하도록 한다.
- 학생의 수준에 따라 그림, 기호, 문자, 악보 등을 활용하여 음악을 만들어 표현하도록 한다.
- 이론 위주의 수업보다 활동 중심의 수업을 통해 악곡의 특징을 지도한다.
- 국악곡은 되도록 국악기로 반주하여 국악의 특징을 살려 노래 부를 수 있도록 한다.
- 자유롭게 소리를 탐색하고 음악을 창의적으로 만들 수 있는 분위기를 조성한다.
- 국악과 관련된 음악 만들기는 국악기를 활용하거나 노래 부르기를 통해 그 결과를

표현할 수 있도록 한다.
- 노래 부르기나 악기 연주 시 바른 자세로 연주할 수 있도록 지도한다.
- 악기의 좋은 소리를 유지하기 위해 악기를 관리하는 법을 안내한다.

(라) 평가 방법 및 유의 사항
- 평가의 내용에 따라 실기 평가, 관찰, 포트폴리오 등 다양한 유형의 방법을 적절하게 활용한다.
- 교사의 평가뿐만 아니라 상호 평가, 자기 평가 등 학생의 평가를 병행하여 실시할 수 있다.
- 노래 부르기, 악기 연주하기, 음악 만들기 등의 표현 활동은 기능, 표현, 태도 등을 고루 반영하여 평가한다.

(2) 감상

3~4학년의 감상 영역에서는 음악 요소와 개념을 알고 상황이나 이야기 등을 표현한 음악을 듣고 종류 및 배경을 파악하여 음악적 이해와 감성의 폭을 넓힌다.

[4음02-01] 3~4학년 수준의 음악 요소와 개념을 구별하여 표현한다.
[4음02-02] 상황이나 이야기 등을 표현한 음악을 듣고 느낌을 발표한다.

(가) 학습 요소
- 3~4학년 수준의 음악 요소와 개념, 상황이나 이야기 등을 표현한 음악

(나) 성취기준 해설
- [4음02-01] 악곡에서 3~4학년 수준의 음악 요소와 개념을 알고 소리, 언어, 그림, 신체 등의 다양한 방식으로 표현하도록 한다.
- [4음02-02] 상황이나 이야기 등을 표현한 음악을 듣고, 장면이나 줄거리에 어울리는 음악의 표현적 요소에 대해 파악하고 느낌을 발표하도록 한다.

(다) 교수 · 학습 방법 및 유의 사항

- 실음을 통해 음악 요소와 개념을 구별할 수 있도록 지도한다.
- 음악 요소와 개념은 시각적, 청각적, 신체적 활동 등을 적극적으로 활용하여 지도한다.
- 악곡의 특징을 파악하기 위해 음원, 그림, 영상 등 여러 가지 자료를 활용한다.
- 음악 감상을 통해 학생들이 음악에 대한 미적 체험을 할 수 있도록 다양한 교수 · 학습 방법을 활용한다.

(라) 평가 방법 및 유의 사항

- 평가의 내용에 따라 실음 지필 평가, 관찰, 포트폴리오, 보고서 등 다양한 유형의 방법을 적절하게 활용한다.
- 교사의 평가뿐만 아니라 상호 평가, 자기 평가 등 학생의 평가를 병행하여 실시할 수 있다.
- 음악에 관한 포괄적 이해의 정도와 태도 등을 평가한다.

(3) 생활화

3~4학년의 생활화 영역에서는 학생들이 자기 주변의 행사에 참여하고 실내외의 다양한 놀이를 하면서 음악을 활용하고 즐기는 태도를 갖도록 한다. 또한 생활 속의 국악을 통해 우리음악을 애호하는 마음과 태도를 기른다.

[4음03-01] 음악을 활용하여 가정, 학교, 사회 등의 행사에 참여하고 느낌을 발표한다.
[4음03-02] 음악을 놀이에 활용해 보고 느낌을 발표한다.
[4음03-03] 생활 속에서 활용되고 있는 국악을 찾아 발표한다.

(가) 학습 요소

- 음악과 행사, 음악과 놀이, 생활 속의 국악

(나) 성취기준 해설

- [4음03-01] 생일과 기념일 등의 가족 행사, 입학식과 졸업식 및 학예회 등의 학교 행

사, 지역의 축제 등과 같은 행사에서 음악을 활용할 수 있는 방법에 대해 살펴보고, 직간접적으로 참여한 느낌을 발표하도록 한다.

- [4음03-02] 다양한 종류의 놀이에 사용된 음악에 관심을 갖고 음악이 사용된 놀이를 하거나, 음악을 활용하여 놀이를 해본 느낌을 발표하도록 한다.
- [4음03-03] 국악곡이 노동, 의식, 놀이 등 오늘날 생활 속에서 활용되는 사례를 찾아 발표하도록 한다.

(다) 교수 · 학습 방법 및 유의 사항

- 음악 수업과 학생들의 생활 속에서 놀이 활동이 이어질 수 있도록 지도한다.
- 생활 속에서 학생들이 접할 수 있는 국악을 조사하여 발표하도록 한다.
- 학교 내외의 음악 활동과 관련된 다양한 정보와 기회를 제공하여 학생들이 적극적으로 음악 활동에 참여할 수 있도록 지도한다.
- 다양한 행사에 적합한 음악을 선택 · 활용하여 음악의 쓰임과 역할을 이해하도록 지도한다.

(라) 평가 방법 및 유의 사항

- 평가의 내용에 따라 관찰, 포트폴리오, 보고서 등 다양한 유형의 방법을 적절하게 활용한다.
- 교사의 평가뿐만 아니라 상호 평가, 자기 평가 등 학생의 평가를 병행하여 실시할 수 있다.
- 학교 내외의 음악 활동에 참여하는 정도, 음악에 대한 태도와 생활화의 실천 정도 등을 평가한다.

[초등학교 5~6학년]

(1) 표현

5~6학년의 표현 영역에서는 음악의 구성 요소에 대한 이해와 노래, 악기 연주, 신체표현, 음악 만들기 등의 다양한 활동을 통해 음악성과 창의성을 기른다.

[6음01-01] 악곡의 특징을 이해하며 노래 부르거나 악기로 연주한다.
[6음01-02] 악곡에 어울리는 신체표현을 한다.
[6음01-03] 제재곡의 노랫말을 바꾸거나 노랫말에 맞는 말붙임새로 만든다.
[6음01-04] 제재곡의 일부 가락을 바꾸어 표현한다.
[6음01-05] 이야기의 장면이나 상황을 음악으로 표현한다.
[6음01-06] 바른 자세와 호흡으로 노래 부르거나 바른 자세와 주법으로 악기를 연주한다.

(가) 학습 요소

- 음악의 구성, 자세와 연주법

(나) 성취기준 해설

- [6음01-01], [6음01-02] 노래를 부르거나, 여러 가지 악기로 연주하고, 악곡의 전체적인 분위기와 특징에 어울리는 신체표현을 하는 등 다양한 방법으로 음악을 표현하도록 한다. 이때 악곡에 포함된 5~6학년 수준의 음악 요소를 활동과 연계하여 학습하면서 음악 개념을 형성하고, 특히 악곡의 특징을 살려서 노래 부르거나 악기로 연주하며, 느낌을 자유롭게 표현할 수 있도록 한다.
- [6음01-03], [6음01-04], [6음01-05] 악곡의 노랫말과 음악의 구성 요소를 활용하여 음악적 산출물을 창의적으로 만들고 이를 표현하도록 한다. 주어진 노랫말을 가락과의 관계를 생각하며 바꾸어 부르거나 노랫말의 의미에 부합하는 말붙임새로 만들어 표현하도록 한다. 또한 악곡의 일부 가락을 주어진 조건에 적합하게 바꾸어 노래 부르거나 악기로 연주할 수 있도록 한다. 그리고 이야기의 장면이나 상황에서 음악적으로 표현할 수 있는 요소를 탐색하여 목소리, 악기, 신체, 물체 등을 이용하여 음악으로 표현할 수 있도록 한다.
- [6음01-06] 노래를 부를 때 앉아서 또는 서서 부르거나, 자세에 따라 소리가 달라지는 것을 경험하고, 바른 자세와 호흡의 조절에 따라 좋은 소리를 낼 수 있도록 한다. 또한 악기를 연주할 때 악기의 특징에 따른 바른 자세와 기본적인 주법을 익혀 연주하도록 한다.

(다) 교수 · 학습 방법 및 유의 사항

- 다양한 음악적 경험을 통해 음악을 구성하는 요소들을 이해하고, 악곡의 특징을 목소리, 악기, 신체, 그림 등을 활용하여 창의적으로 표현하도록 한다.
- 학생들의 생각과 경험을 바탕으로 창의적으로 노랫말을 바꿀 수 있도록 지도하며, 노랫말의 의미를 살려 말붙임새를 만들도록 한다.
- 가락 바꾸기는 노랫말과 가락의 관계를 탐색하고, 악곡의 특징에 대한 이해를 바탕으로 가락을 바꾸도록 지도한다.
- 노래 부르기는 노랫말의 의미를 파악하고, 정확한 발음과 바른 호흡으로 노랫말을 전달할 수 있도록 지도한다.
- 자연이나 생활 속의 다양한 소리를 탐색하여 목소리, 악기, 신체, 물체 등으로 표현하도록 한다.
- 노래, 악기 연주, 신체표현을 통합적으로 활용하여 표현할 수 있도록 한다.
- 노래 부르기는 노랫말과 가락의 관계를 탐색하고, 그에 따른 느낌을 자유롭게 표현하도록 한다.
- 가락, 시김새, 창법을 지도할 때에는 손, 가락선 악보 등을 활용하여 다양하게 표현하도록 한다.
- 악기의 소리를 탐색하고 그 특징을 살려 연주하도록 한다.
- 학생의 수준에 따라 그림, 기호, 문자, 악보 등을 활용하여 음악을 만들어 표현하도록 한다.
- 이야기의 장면이나 상황을 음악으로 표현하는 것과 관련된 음악 요소를 탐색하고 이를 신체, 목소리, 악기, 물체 등으로 표현할 수 있도록 한다.
- 이론 위주의 수업보다 활동 중심의 수업을 통해 악곡의 특징을 지도한다.
- 국악곡은 되도록 국악기로 반주하여 국악의 특징을 살려 노래 부를 수 있도록 한다.
- 자유롭게 소리를 탐색하고 음악을 창의적으로 만들 수 있는 분위기를 조성한다.
- 국악과 관련된 음악 만들기는 국악기를 활용하거나 노래 부르기를 통해 그 결과를 표현할 수 있도록 한다.
- 노래 부르기나 악기 연주 시 바른 자세로 연주할 수 있도록 지도한다.
- 악기의 좋은 소리를 유지하기 위해 악기를 관리하는 법을 안내한다.

(라) 평가 방법 및 유의 사항

- 평가의 내용에 따라 실기 평가, 관찰, 포트폴리오 등 다양한 유형의 방법을 적절하게 활용한다.
- 교사의 평가뿐만 아니라 상호 평가, 자기 평가 등 학생의 평가를 병행하여 실시할 수 있다.
- 노래 부르기, 악기 연주하기, 음악 만들기 등의 표현 활동은 기능, 표현, 태도 등을 고루 반영하여 평가한다.

(2) 감상

5~6학년의 감상 영역에서는 다양한 문화권의 음악을 듣고 음악 요소와 개념, 음악의 종류와 배경을 파악하여 음악적 이해와 감성의 폭을 넓힌다.

[6음02-01] 5~6학년 수준의 음악 요소와 개념을 구별하여 표현한다.
[6음02-02] 다양한 문화권의 음악을 듣고 음악의 특징에 대해 발표한다.

(가) 학습 요소

- 5~6학년 수준의 음악 요소와 개념, 다양한 문화권의 음악

(나) 성취기준 해설

- [6음02-01] 악곡에서 5~6학년 수준의 음악 요소와 개념을 알고 소리, 언어, 그림, 신체 등의 다양한 방식으로 표현하도록 한다.
- [6음02-02] 아시아 · 유럽 · 아메리카 · 아프리카 · 오세아니아 등의 문화권에 해당하는 음악을 듣고, 악곡의 특징 및 분위기에 대해 구별하고 발표하도록 한다.

(다) 교수 · 학습 방법 및 유의 사항

- 실음을 통해 음악 요소와 개념을 구별할 수 있도록 지도한다.
- 음악 요소와 개념은 시각적, 청각적, 신체적 활동 등을 적극적으로 활용하여 지도한다.
- 악곡의 특징을 파악하기 위해 음원, 그림, 영상 등 여러 가지 자료를 활용한다.

• 다른 교과와의 연계를 통해 음악의 다양한 문화적 배경을 폭넓게 이해할 수 있도록 한다.
• 음악 감상을 통해 학생들이 음악에 대한 미적 체험을 할 수 있도록 다양한 교수 · 학습 방법을 활용한다.

(라) 평가 방법 및 유의 사항
• 평가의 내용에 따라 실음 지필 평가, 관찰, 포트폴리오, 보고서로 등 다양한 유형의 방법을 적절하게 활용한다.
• 교사의 평가뿐만 아니라 상호 평가, 자기 평가 등 학생의 평가를 병행하여 실시할 수 있다.
• 음악에 관한 포괄적 이해의 정도와 태도 등을 평가한다.

(3) 생활화

5~6학년의 생활화 영역에서는 학생들이 자기 주변의 행사에 참여하고 음악이 정서적 안정과 신체적 건강에 미치는 영향을 이해함으로써 일상생활에서 음악을 활용하고 즐기는 태도를 갖도록 한다. 또한 지역의 음악 문화유산에 대한 탐색을 통해 우리 음악 문화를 애호하는 마음과 태도를 기른다.

[6음03-01] 음악을 활용하여 가정, 학교, 사회 등의 행사에 참여하고 느낌을 발표한다.
[6음03-02] 음악이 심신 건강에 미치는 영향에 대해 발표한다.
[6음03-03] 우리 지역에 전승되어 오는 음악 문화유산을 찾아 발표한다.

(가) 학습 요소
• 음악과 행사, 음악과 건강, 국악과 문화유산

(나) 성취기준 해설
• [6음03-01] 생일과 기념일 등의 가족 행사, 입학식과 졸업식 및 학예회 등의 학교 행사, 지역의 축제 등과 같은 행사에서 음악을 활용할 수 있는 방법에 대해 살펴보고,

관객의 입장에서뿐만 아니라 공연자 또는 연주자로서 직접 체험한 과정과 느낌에 대하여 발표하도록 한다.

- [6음03-02] 음악이 사람의 행동과 심리 상태에 미치는 영향에 대해 조사하여 발표하고, 음악 활동이 정서적 안정과 신체적 건강에 영향을 미친 경험을 발표하도록 한다.
- [6음03-03] 지역에 전승되어 오는 국악 관련 문화재를 찾아 발표하도록 한다.

(다) 교수 · 학습 방법 및 유의 사항

- 학교 내외의 음악 활동과 관련된 다양한 정보와 기회를 제공하여 학생들이 적극적으로 음악 활동에 참여할 수 있도록 지도한다.
- 다양한 행사에 적합한 음악을 선택 · 활용하여 음악의 쓰임과 역할을 이해하도록 한다.
- 음악이 몸과 마음의 안정, 정서의 순화, 치유 등 심신 건강에 영향을 미치는 사례를 조사하여 발표하도록 한다.
- 지역에 대한 애호심과 국악에 대한 올바른 가치관을 형성할 수 있도록 지도한다.

(라) 평가 방법 및 유의 사항

- 평가의 내용에 따라 관찰, 포트폴리오, 보고서 등 다양한 유형의 방법을 적절하게 활용한다.
- 교사의 평가뿐만 아니라 상호 평가, 자기 평가 등 학생의 평가를 병행하여 실시할 수 있다.
- 학교 내외의 음악 활동에 참여하는 정도, 음악에 대한 태도와 생활화의 실천 정도 등을 평가한다.

[음악 요소와 개념 체계표]

초등학교 3~4학년	초등학교 5~6학년
• 박, 박자 • 장단, 장단의 세 • 음의 길고 짧음 • 간단한 리듬꼴 • 장단꼴 • 말붙임새	• 박, 박자 • 장단, 장단의 세 • 여러 가지 리듬꼴 • 장단꼴 • 말붙임새
• 음의 높고 낮음 • 차례가기와 뛰어가기 • 시김새	• 음이름, 계이름, 율명 • 장음계, 단음계 • 여러 지역의 토리 • 시김새
 • 소리의 어울림	• 주요 3화음 • 다양한 소리의 어울림
• 형식(메기고 받는 형식, ab 등)	• 형식(긴자진 형식, 시조 형식, aba, AB 등)
• 셈여림 • 빠르기/한배 • 목소리, 물체 소리, 타악기의 음색	• 셈여림의 변화 • 빠르기의 변화/한배의 변화 • 관악기, 현악기의 음색

4. 교수·학습 및 평가의 방향

가. 교수 · 학습 방향

음악과의 교수 · 학습에서는 모든 영역의 학습 활동에서 다양한 악곡을 활용하도록 하며, 이를 위한 최적의 학습 환경을 조성한다. 그리고 학생들의 음악적 능력과 수준, 흥미도, 현실성, 지역성 등을 고려하여 다양한 방법을 활용한다.

(1) 교수·학습 계획

(가) 교수 · 학습 계획은 교육과정의 목표 및 내용에 근거하고, 학생의 발달 단계와 능

력 수준, 흥미도 및 지역성 등을 고려하여 수립한다.

(나) 교수 · 학습 계획을 수립할 때에는 학년의 특성을 고려하여 학습 내용과 수준에 알맞은 창의적이고 다양한 교수 · 학습 방법과 자료를 활용할 수 있도록 한다.

(다) 교사는 지역, 학교 및 학생의 특성에 따라 교육과정의 내용을 융통성 있게 재구성할 수 있다.

(라) 음악 표현 능력과 음악에 관한 포괄적 이해력을 발달시킬 수 있도록 영역별 연계성을 고려하여 계획한다. 또한 학교급별 · 학년군별 · 영역별 연계성을 전체적으로 고려하여 학생이 음악 학습 전반에 대해 포괄적이고 종합적인 이해와 능력을 발달시킬 수 있도록 계획한다.

(마) 수업 주제의 성격과 특징에 적절한 교수 · 학습 방법을 계획한다.

(바) 전통적인 매체와 디지털 매체를 포함한 다양한 교수 · 학습 자료를 활용할 수 있도록 계획한다.

(사) 학생의 요구와 학교의 실정에 따라 적절한 악기를 선택하여 지도한다.

(아) 음악 교과와 다른 교과와의 연계를 고려하여 지도한다.

(2) 학교급별 지도

(가) 초등학교

초등학교 학생의 발달 단계를 고려하여 학습 내용 및 활동을 선택하고 음악 활동을 중심으로 기초적인 표현력과 이해력을 신장시키도록 한다. 또한 즐겁고 창의적인 활동을 통해 음악을 즐길 수 있는 마음 자세를 기르도록 한다.

(3) 교수·학습 시설 및 기자재

교수 · 학습의 효율화를 위하여 되도록 음악 활동의 각 영역에 적합한 시설과 교구, 교재를 구비하여 활용한다.

(가) 방음 시설을 한 음악실과 음악 준비실을 갖추도록 한다.

(나) 리듬악기, 가락악기, 건반악기, 전자악기 등 다양한 악기를 구비하여 활용한다.

(다) 멀티미디어 기기를 포함한 다양하고 질 높은 음향 시설을 구비하여 활용한다.

나. 평가 방향

음악과의 평가는 교과의 성격과 교수 · 학습 내용에 따른 타당하고 신뢰성 있는 다양한 평가 방법을 활용함으로써 음악과 교육과정의 목표를 구현할 수 있는 평가가 되도록 한다.

(1) 평가 계획

(가) 평가는 교육과정의 범위와 수준에 근거하여 계획한다.

(나) 평가의 범위와 수준은 단위별(지역, 학교급, 학교 등)로 학생과 학교의 상황을 고려하여 선택할 수 있다.

(다) 평가 계획을 구체적으로 수립하여 학년 초 또는 학기 초에 평가의 내용, 기준 및 방법을 학생에게 예고한다.

(라) 학습한 내용을 바탕으로 학생의 학업성취도를 평가하되, 학습 과정에서 관찰되는 행동과 태도의 변화 등도 반영한다.

(마) 각 영역의 성격과 내용을 충실하게 반영하되, 실제로 수업을 통해 다루어진 내용에 대해 평가함으로써 타당성과 신뢰성이 높은 평가가 되도록 한다.

(바) 실기 평가의 내용, 과제, 매체 등은 학생과 학교의 상황을 고려하여 다양하게 제시하고, 가능한 한 선택의 기회를 부여할 수 있도록 한다.

(2) 평가 결과 활용

평가 결과는 교수 · 학습 계획과 수업 방법 개선을 위한 자료로 활용하고, 성취기준을 달성하는 데 어려움이 있는 학생들을 위해 별도의 학습 지도 계획 및 방법을 개발하기 위한 자료로 활용한다.

참고문헌

교육과학기술부(2008). 중학교 교육과정 해설 (Ⅳ). 광주: 한솔사.

교육과학기술부(2009). 2009 개정 음악과 교육과정. 초 · 중등학교 교육과정 총론. 서울: 교육과학기술부.

교육부(2015). 음악과 교육과정. 교육부 고시 제2015-74호. 서울: 교육부.

교육인적자원부(2006). 다문화가정 교육지원을 위한 자료 개발 연구. 정책연구과제 2006-이슈 3.

교육인적자원부(2007). 2007년 개정 초등학교 음악과 교육과정 해설. 서울: 교육인적자원부.

권덕원(2000). 다문화주의 음악교육과 국악교육. 음악과 문화, 제2호, 49-75.

권덕원, 석문주, 최은식, 함희주(2008). 음악교육의 기초(개정판). 경기: 교육과학사.

권자영(2007). 한국적 다문화주의 음악교육의 대안에 대한 연구. 성신여자대학교 교육대학원 석사학위논문.

길애경, 임미경(1997). 초등음악지도법. 서울: 수문당.

노동은(1995). 한국근대음악사 I. 한길사.

문용린 외(2010). 창의인성교육 활성화 방안 연구. 서울: 한국과학창의재단

민경훈(2001). 생활음악문화의 환경조성에 관한 연구. 음악교육연구, 20, 21-32.

민경훈(2004). 세계화에 있어서 다문화적 음악교육의 과제와 전망. 음악과 민족, 28, 432-455.

민경훈, 김신영, 김용희, 방금주, 승윤희, 양종모, 이연경, 임미경, 장기범, 조순이, 주대창, 현경실(2017). 음악교육학 총론(제3판). 서울: 학지사

박문열(2007). 그림악보와 call chart를 활용한 다문화 음악학습 지도방안 연구. 제주교육대학교 교육대학원 석사학위논문.

방금주, 박남순(2006). 음악교과 교수학습. 서울: 학지사.

변영계(2008). 교수 · 학습 이론의 이해. 서울: 학지사.

석문주 (1999). 교실에서의 음악 감상. 서울: 교육과학사.

성경희(1988). 음악과 교육론. 서울: 갑을출판사.

성경희(1994). 중학교 음악과 수업 방법 개선에 관한 연구(II). 서울: 한국교육개발원.

승윤희(2002). 음악교육의 심리학적 기반의 중요성에 관한 연구. 음악교육연구, 23, 145-179.

승윤희(2007). 생물심리학과 음악 교수 · 학습 방법 연구. 음악과 민족, 34, 399-425.

승윤희(2010). 통합교육(Inclusive Education)을 위한 음악교과교육의 학문적 기초에 관한 연구. 음악교육연구, 38, 1-29.

승윤희(2011). 통합교육(Inclusive Education)의 실천을 위한 음악 수업 연구: 오르프 음악활동을 중심으로. 학습자중심교과교육연구, 11(4), 245-265.

승윤희(2017). 음악 개념 학습의 이해와 오개념 방지를 위한 음악 지도. 음악교육공학, 33, 115-133.

양종모(1994a). 음악 읽고 쓰기에 관한 연구. 음악교육연구, 13(1), 130-150.

양종모(1994b). 헝가리의 음악교육. 국악교육, 12(1), 129-143.

양종모(1995).헝가리 음악 교육의 리듬 학습단계. 음악과 민족, 10, 431-449.

양종모(1998). 개인차를 고려한 수업 및 평가 방안 연구. 서울: 한국교육과정평가원

양종모(1999). 졸탄 코다이의 음악 교재에 나타난 민요 활용 방법. 단국대학교 대학원 박사학위논문.

양종모(2000). 졸탄 코다이 연습곡의 원천. 음악학, 7, 273-300.

양종모(2018). 음악 3(초등학교 교과서). 서울: (주)천재교과서.

오성배(2005). 코시안(Kosian) 아동의 성장과 환경에 관한 사례 연구. 한국교육, 32, 61-83.

오지선(2003). 한국근대음악교육: 조선총독부의 음악교육 정책을 중심으로. 서울: 예솔.

윤명숙(2010). 초등학교 교육과정 총론의 변천에 관한 연구: 편제와 시간배당을 중심으로. 청주교육대학교 교육대학원 석사학위논문.

이강숙(1883). 열린음악의 세계. 서울: 현암사.

이석원(1994). 음악 심리학. 서울: 심설당.

이성삼, 이홍렬(1985). 음악감상론. 서울: 정음사.

이주연(2007). 다문화적 접근을 통한 아시아 민요 지도방안 연구: 코시안의 문화정체성 함양

을 중심으로. 이화여자대학교 대학원 석사학위논문.

이홍수(1990). **음악교육의 현대적 접근**. 서울: 세광출판사.

이훈구, 한종철, 정찬섭, 오경자, 한광희, 황상민(2003). **인간행동의 이해(제2판)**. 서울: 법문사.

임미경, 장기범, 함희주(2002). **음악교육의 이론과 실제**. 서울: 벨로체.

정세문(1986). **音樂科 學習指導: 理論과 實際**. 서울: 창지사.

정영근(2001). 세계화시대 다문화 교육의 목표와 과제. **한독교육학연구, 6**(1), 143-162.

정재은(2004). 달크로즈 교수법. 제35회 한국음악교육학회 학술대회 자료. 현대인재개발원.

정진원(2010). 음악적 창의성: 활동유형별 특성 및 사고과정을 통한 재조명. **예술교육연구, 8**(3), 77-94

조효임, 장기범, 이경언(1999). **오르프 음악교육의 이론과 실제**. 서울: 학문사.

한수연, 정진원, 박우룡, 이현영(2007). 예술영재교육 프로그램 개발(I). 서울: 한국문화예술교육진흥원

함희주(1997). 창의성 계발을 위한 음악 교수-학습 지도모형 사례 연구. **음악교육연구, 16**, 1-26.

初等科音樂教育研究會(2008). 初等科音樂教育法. 音樂之友社.

Abeles, H. F., Hoffer, C., & Klotman, R. H. (2002). *Foundations of music education* (2nd ed.). New York: Schirmer Books.

Balkin, A. (1985). The creative music classroom: Laboratory for creativity in life. *Music Educators Journal, 71*(5, January), 43-46.

Bónis, F. (Ed.) (1974). *The selected writings of Zoltán Kodály* (trans. by Lili Halapy and Fred Macnicol). Budapest: Corvina Press.

Boyle, J. D., & Radocy R. E. (1987). *Measurement and evaluation of musical experiences*. New York: Schirmer Books.

Burton, L. (1974). *Comprehensive musicianship through classroom music zone 1-4*. Menlo Park, CA: Addison-Wesley Publishing Company.

Camien, R. (2007). *Music appreciation* (6th ed.). New York: McGraw Hill.

Choksy, L. (1999). *The Kodály method* (3rd ed.). Englewood Cliffs, NJ: Prentice-Hall.

Choksy, L., Abramson, R. M., Gillespie, A. E., Woods, D., & York, F. (2001). *Teaching music in the twenty-first century* (2nd ed.). Englewood Cliffs, NJ: Prentice-Hall.

Committee on Elimination of Racial Discrimination (CERD) (2007). Committee on elimination of racial discrimination comsiders report of Republic of Korea [on line].

Copland, A. (1988). *What to listen for in music?* New York, NY: Penguin Books.

Dowling, W. J. (1999). The development of music perception and cognition. In D. Deutsh (Ed.), *The psychology of music* (2nd ed.) (pp. 603-625). San Diego: Academic Press.

Edelstein, S. (1980). *Creating curriculum in music*. Menlo Park, CA: Addison-Wesley Publishing Company.

Ferris, J. (2009). *Music: The art of listening*. NJ: McGraw Hill.

Frazee, J., & Kreuter, K. (1987). *Discovering Orff: A curriculum for music teachers*. New York: Schott.

Gembris, H. (2002). The development of musical abilities. In R. Colwell (Ed.), *The new handbook of research on music teaching and learning* (pp. 487-508). New york: Oxford University Press.

Grout, D. J. (2002). **서양음악사**(서우석 외 역). 서울: 심설당.

Hargreaves, D. J. (1986). *The Developmental psychology of music*. New York: Cambridge University Press.

Hargreaves, D. J. (1996) The development of artistic and musical competence. In I. D. Deliege & J. Sloboda (Eds.), *Musical beginnings*. New York: Oxford University Press.

Haroutounian, J. (2002). *Kindling the spark*. Oxford: Oxford University Press.

Hoffer, M., & Hoffer, C. (1987). *Music in the elementary classroom: Musicianship and teaching*. Orlando, FL: Harcount Brace Jovanovich, Inc.

Ittzés, M. (1970). Zoltán Kodály's singing exercises. Kodály Semina, Kecskét: Kodály Pedagogical Institute of Music.

Ittzés, M. (1993). Zoltán Kodály's singing exercises. (a summary). Kodály Semina, Kecskét: Kodály Pedagogical Institute of Music.

Jaques-Dalcroze, É., & Sadler, M. E. (2006). *The eurhythmics of Jaques-Dalcroze*. Bibliolife, LLC.

Jöde, F. (1927). *Musikdienst am Volk-Werkschriften der Musikantengilde*, Bd.3. Berlin: Wolfenbüttel.

Kratus, J. (1996). A developmental approach to teaching music improvisation. *International Journal of Music Education, 26,* 3-13.

Leonhard, C., & House, R. W. (1971). *Foundations and principles of music education*. New York: McGraw Hill.

Leonhard, C., & House, R. W. (1997). **음악교육의 기초와 원리**(안미자 역). 서울: 이화여자대학교 출판부. (원전은 1971년에 출판).

Mark, M. L. (1986). *Contemporary music education* (2nd ed.). New York: Schirmer Books.

McPherson, G. E. (2003). *The child as musician*. Oxford: Oxford University Press.

Merkt, I. (1993). Interkulture Musikerziehung. *Musik und Bildung, 22*. Mainz.

Miller, H. M. (1981) **음악 감상을 위하여**(양일용 역). 서울: 태림출판사.

Monroe, W. S. (1907). *History of the Pestalozzian movement in the United States*. Syracuse, N.Y.: C. W. Bardeen.

Nolte, E. (1994). Interkulturelle Musikerziehung: Entwicklung, Theoreme und grundschulspezifische Aspekte: 각국 초등학교에서의 간문화적 음악 교육의 전망. 대구교육대학교 국제학술세미나. 대구교육대학교.

Parncutt, R., & McPhersona, G. (Eds.) (2002). *The science and psychology of music performance: Creative strategies for teaching and learning*. Oxford: Oxford University Press.

Peterson, J. M., & Hittie, M. M. (2010). *Inclusive teaching: The journey towards effective schools for all learners* (2nd. ed.). Upper Saddle River, NJ: Pearson Education, Inc.

Philpott, C. (2007). *Learning to teach music in the secondary school*. London: Taylor & Francis

Plato (2004). *Republic*. (Trans. by E. W. Scharffenberger). New York: Barnes & Noble Books. (Originally published in 370s B.C.)

Sadie, S., & Tyrrell, J. (Eds.) (1980). *The new grove dictionary of music and musician*, vol 20. London: MacMillan Publishers Limited.

Schüetz, V. (1997). Interkulturelle Musikerziehung, Vom Umgang mit dem Fremden als

Weg zum Eigenen. *Musik und Bildung, Heft 5*. Muenchen: Schott.

Sunderman, L. (1971). *Historical foundations of music education in the United States*. Metuchen, NJ: The Scarecrow Press.

Swanwick, K. (1994). *Musical knowledge: Intuition, analysis and music education*. New York: Routledge.

Szönyi, E. (1990). *Kodály's principles in practice* (trans. by John Weissman). Budapest: Corvina Press.

Szönyi. E. (1974). *Musical reading and writing I* (trans. by R. Geoffry). Budapest: Editio Musica Budapest.

Thomas, R. B. (1971). *Manhattanville music curriculum program: Synthesis: A structure for music education*. Elnora, NY: Media Inc.

Wallas, G. (1926). *The art of thought*. New York: Harcourt Brace and Jvanovichi.

Webster, P. (1987). Conceptual bases for creative thinking in music. In J. Peery, I. Peery, & T. Draper (Eds.), *Music and child development* (pp. 158-174). New York: Springer-Verlag.

Webster, P. (1992). Research on creative thinking in music: The assesment literature. In C. Colwell (Ed.), *Handbook of research music teaching and learning* (pp. 266-279). New York: Schirmer Books.

Webster, P. (2002). Creative thinking in music: advancing a model. In T. Sullivan & L. Willingham (Eds.), *Creativity and music education* (pp. 16-34). Toronto: Britannia Printers.

White, J. D. (2005). 음악감상(김성남 역). 서울: 음악춘추사.

Wiggins, J. (2001). *Teaching for musical understanding*. New York: McGraw Hill.

Winter, S. M.(2007). *Inclusive early childhood education: A collaborative approach*. Upper Saddle River, NJ: Pearson Education, Inc.

Wolfgang, S. (1987). *Musikpädagogik heute: Tendenzen und Aspekte*. Wolfenbuttel. (citied 2007. 8.10)

Zimmerman, M. P. (1971). *Musical characteristics of children*. Reston, VA: MENC.

찾아보기

인명

내용

저자 소개

▶ **승윤희** Seung, Yunhee

연세대학교 기악과 졸업

미국 보스턴대학교 음악교육학 박사

전 광주교육대학교 음악교육과 교수

현 한국교원대학교 초등교육과 교수

▶ **민경훈** Min, Kyung-hoon

경희대학교 작곡과 졸업

독일 뮌스터대학교 음악교육학 박사

전 대구교육대학교 음악교육과 교수

현 한국교원대학교 음악교육과 교수

▶ **양종모** Yang, Jong-Mo

서울대학교 성악과 졸업

단국대학교 음악교육학 박사

전 한국교육과정평가원 선임연구위원

현 부산교육대학교 음악교육과 교수

▶ **정진원** Chung, Jin-Won

서울대학교 기악과 졸업

미국 컬럼비아대학교 음악교육학 박사

현 춘천교육대학교 음악교육과 교수

예비교사와 현장교사를 위한
초등 음악교육(2판)
Music Education in Elementary School (2nd ed.)

2013년 3월 20일 1판 1쇄 발행
2018년 2월 20일 1판 3쇄 발행
2019년 3월 15일 2판 1쇄 발행

지은이 • 승윤희 · 민경훈 · 양종모 · 정진원
펴낸이 • 김진환
펴낸곳 • (주)학지사
04031 서울특별시 마포구 양화로 15길 20 마인드월드빌딩
대표전화 • 02-330-5114 팩스 • 02-324-2345
등록번호 • 제313-2006-000265호

홈페이지 • http://www.hakjisa.co.kr
페이스북 • https://www.facebook.com/hakjisa

ISBN 978-89-997-1784-0 93370

정가 18,000원

이 도서의 국립중앙도서관 출판시도서목록(CIP)은 서지정보유통지원시스템 홈페이지(http://seoji.nl.go.kr)와 국가자료공동목록시스템(http://www.nl.go.kr/kolisnet)에서 이용하실 수 있습니다.
(CIP 제어번호: CIP2019007696)